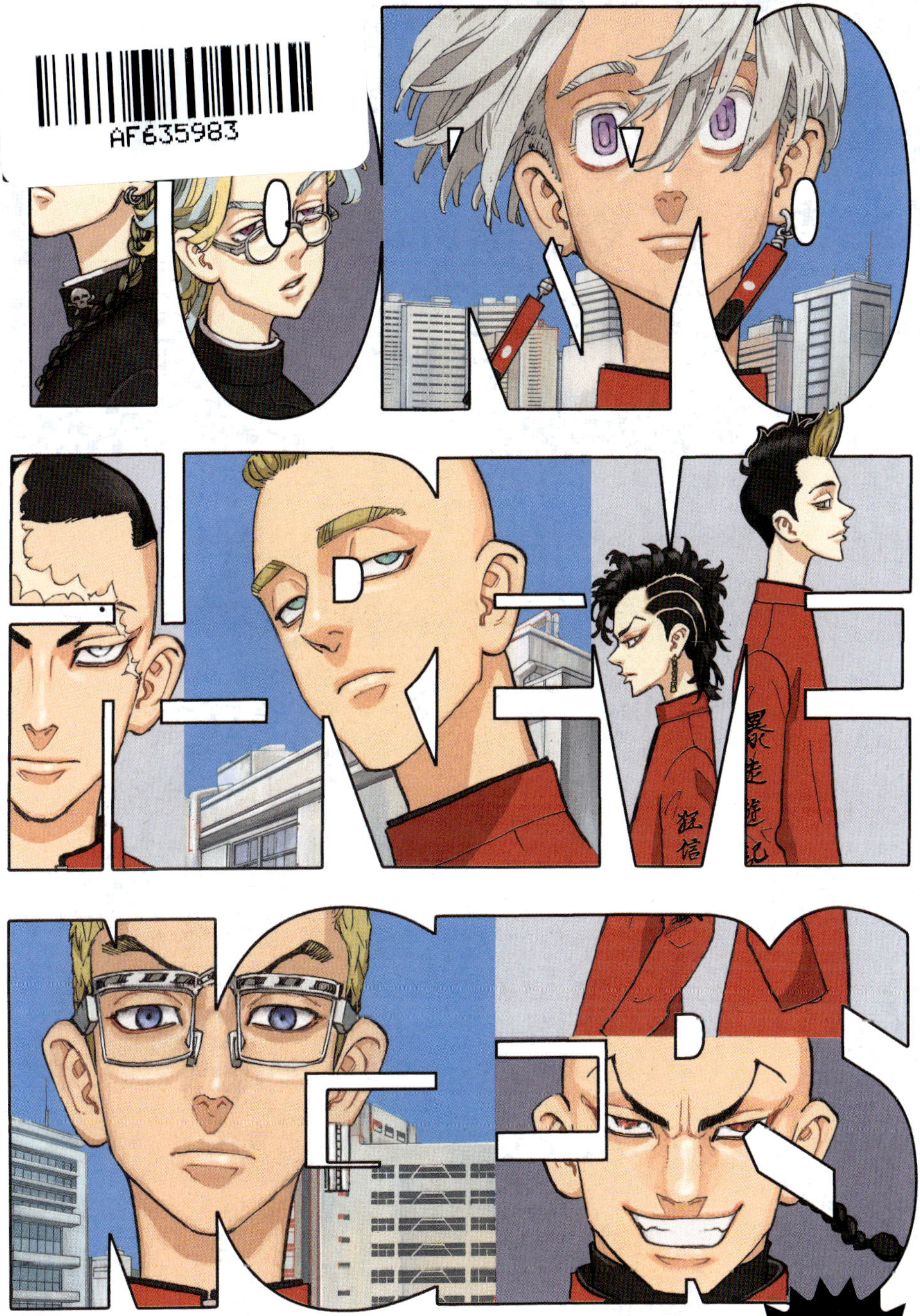

TOKYO REVENGERS

Mein Redakteur zeigte mir einen Entwurf für ein Poster mit Bildern im Text, den ich dann auf meine Weise arrangiert und angepasst habe.
(Erstveröffentlichung: Weekly Shonen Magazine, Ausgabe 22+23/2020, Farbseite am Kapitelanfang)

FARB-ILLUSTRA-TIONEN

Mit Kommentaren von Autor Ken Wakui!

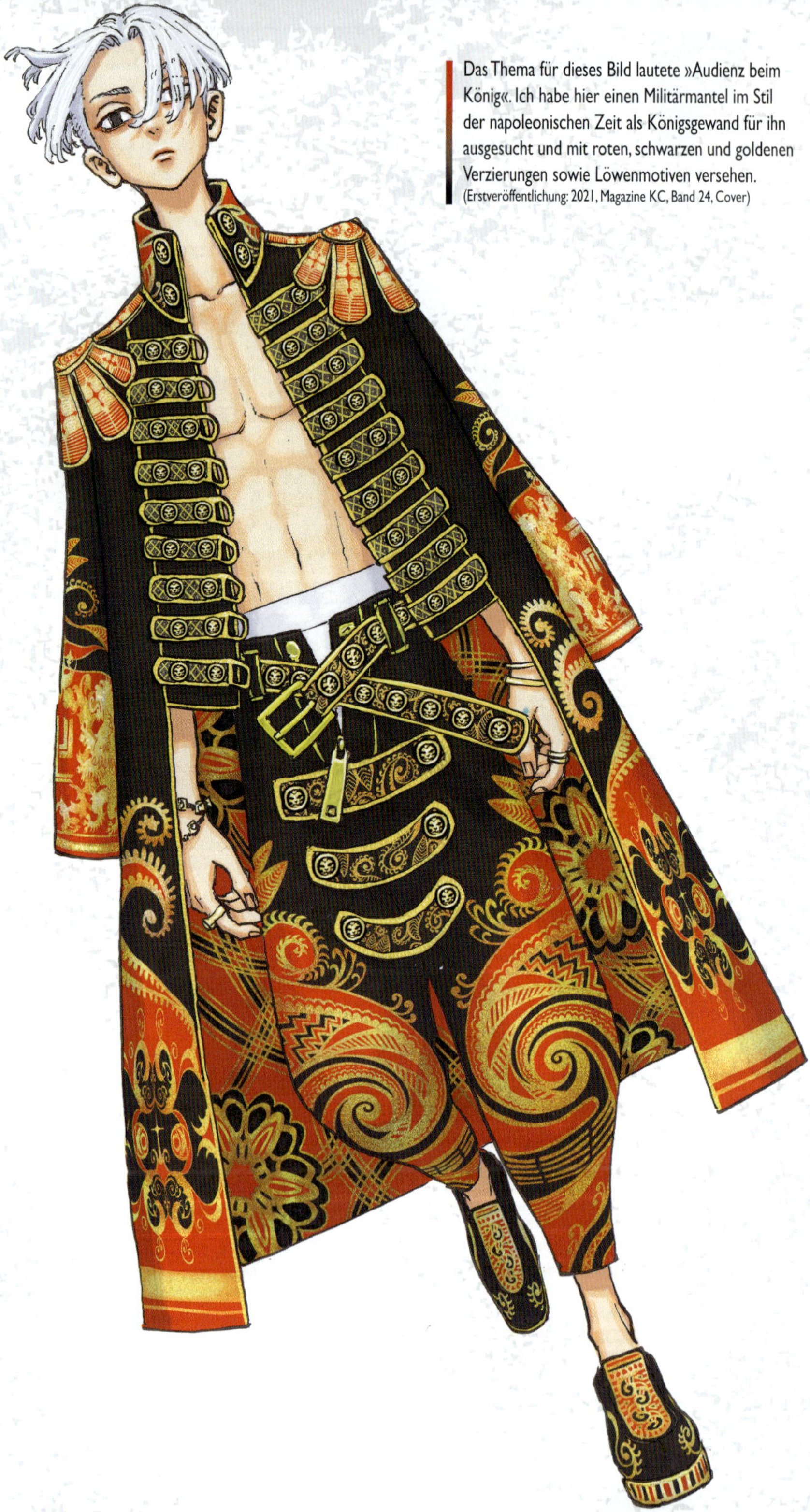

Das Thema für dieses Bild lautete »Audienz beim König«. Ich habe hier einen Militärmantel im Stil der napoleonischen Zeit als Königsgewand für ihn ausgesucht und mit roten, schwarzen und goldenen Verzierungen sowie Löwenmotiven versehen.
(Erstveröffentlichung: 2021, Magazine KC, Band 24, Cover)

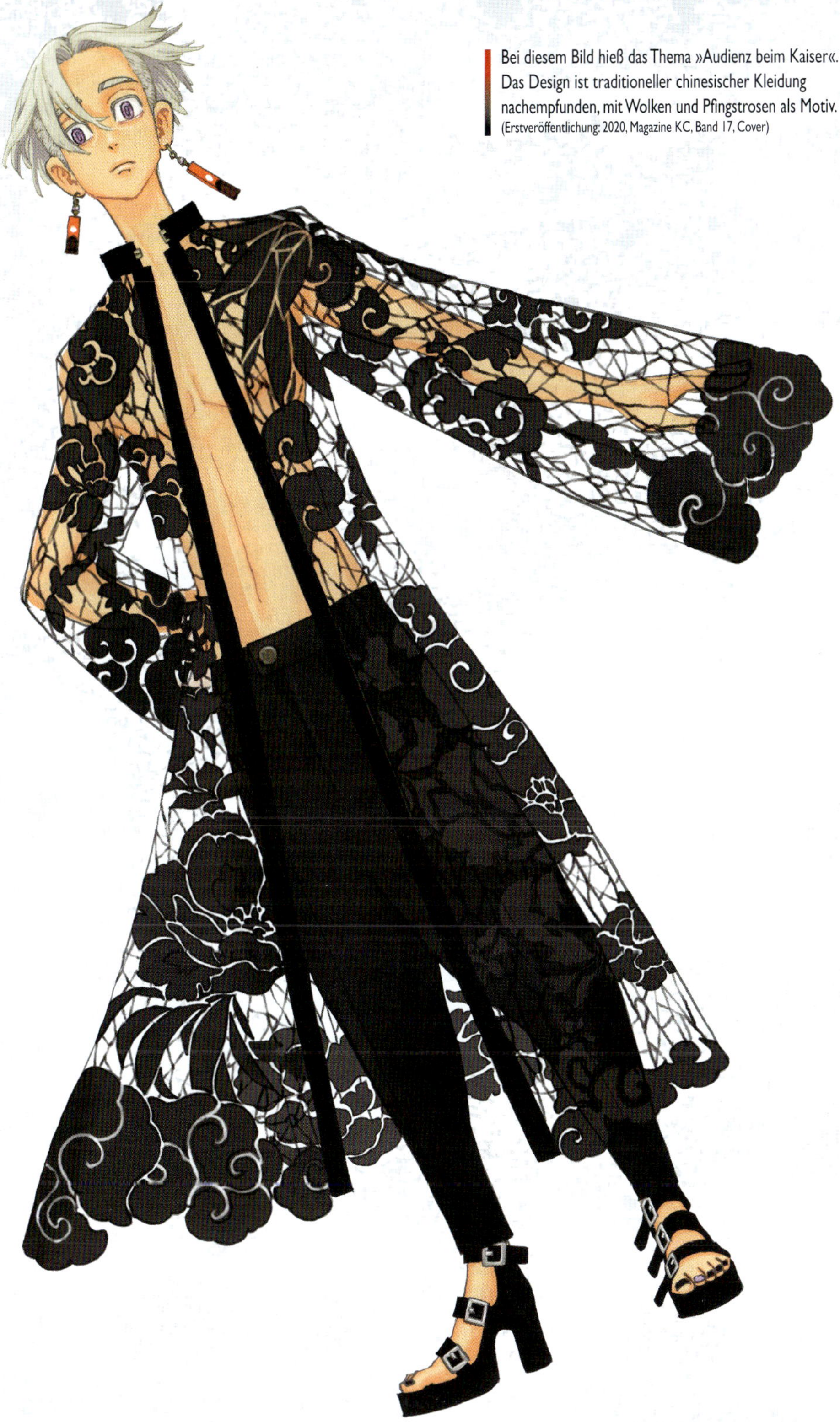

Bei diesem Bild hieß das Thema »Audienz beim Kaiser«. Das Design ist traditioneller chinesischer Kleidung nachempfunden, mit Wolken und Pfingstrosen als Motiv.
(Erstveröffentlichung: 2020, Magazine KC, Band 17, Cover)

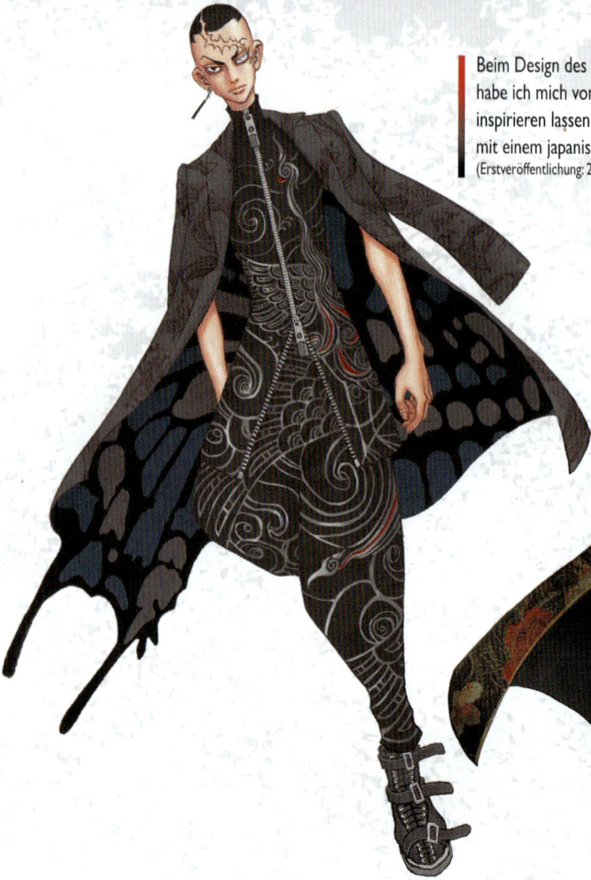

Beim Design des Mantels und dem Muster des Futters habe ich mich von den Flügeln eines Schwalbenschwanzes inspirieren lassen. Darunter habe ich ihm ein Outfit mit einem japanischen Kranichmotiv verpasst.
(Erstveröffentlichung: 2020, Magazine KC, Band 20, Cover)

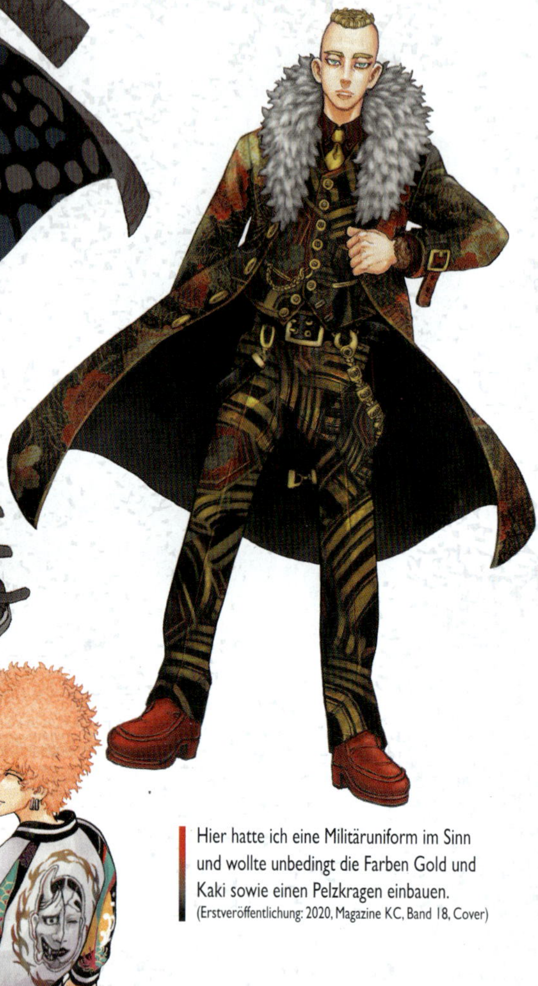

Hier hatte ich eine Militäruniform im Sinn und wollte unbedingt die Farben Gold und Kaki sowie einen Pelzkragen einbauen.
(Erstveröffentlichung: 2020, Magazine KC, Band 18, Cover)

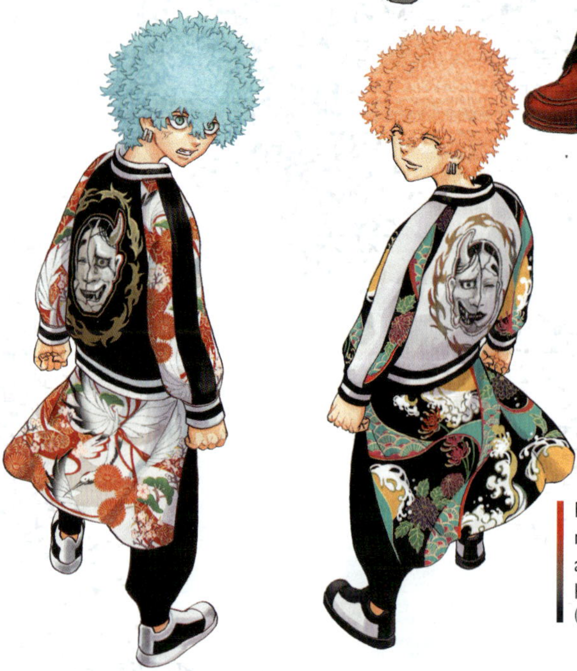

Für die Illustration habe ich ihre üblichen Collegejacken mit traditionell japanischen Motiven kombiniert. Was aussieht wie eine Verlängerung ihrer Jacken, sind Hemden, die sie sich um die Hüfte gebunden haben.
(Erstveröffentlichung: 2019, Magazine KC, Band 15, Cover)

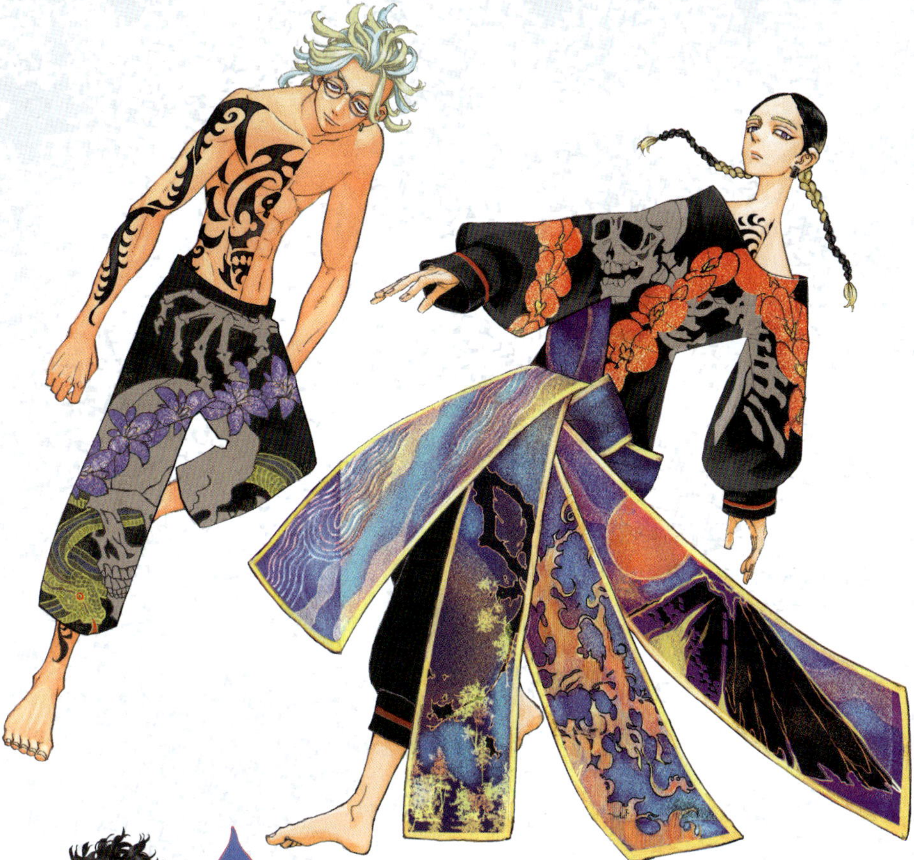

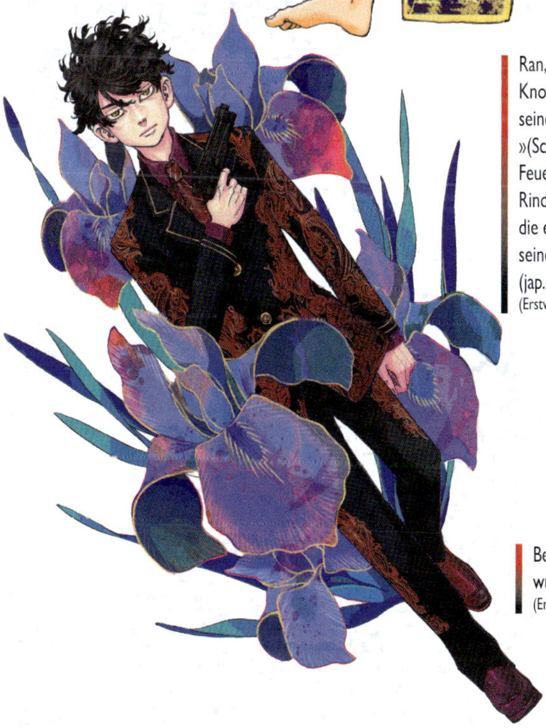

Ran, der Ältere der Brüder, trägt ein Outfit mit einem Knochengerippe und Orchideen (jap. *ran*) darauf. Das Design seines Gürtels ist von der Redewendung *fuurinkazan* – »(Schnell wie der) Wind, (still wie der) Wald, (stark wie das) Feuer, (unbeweglich wie der) Berg« – inspiriert.
Rindo, der Jüngere, hat eine Tätowierung auf dem Oberkörper, die einen Totenkopf mit Spinnenbeinen darstellt. Der Schädel auf seiner Hose ist von einer goldenen Schlange und Herbstenzian (jap. *rindou*) umgeben.
(Erstveröffentlichung: 2020, Magazine KC, Band 19, Cover)

Bei dieser Illustration mit Pistole und Schwertlilien wurde ich von Naotos Charakter inspiriert.
(Erstveröffentlichung: 2020, Magazine KC, Band 16, Cover)

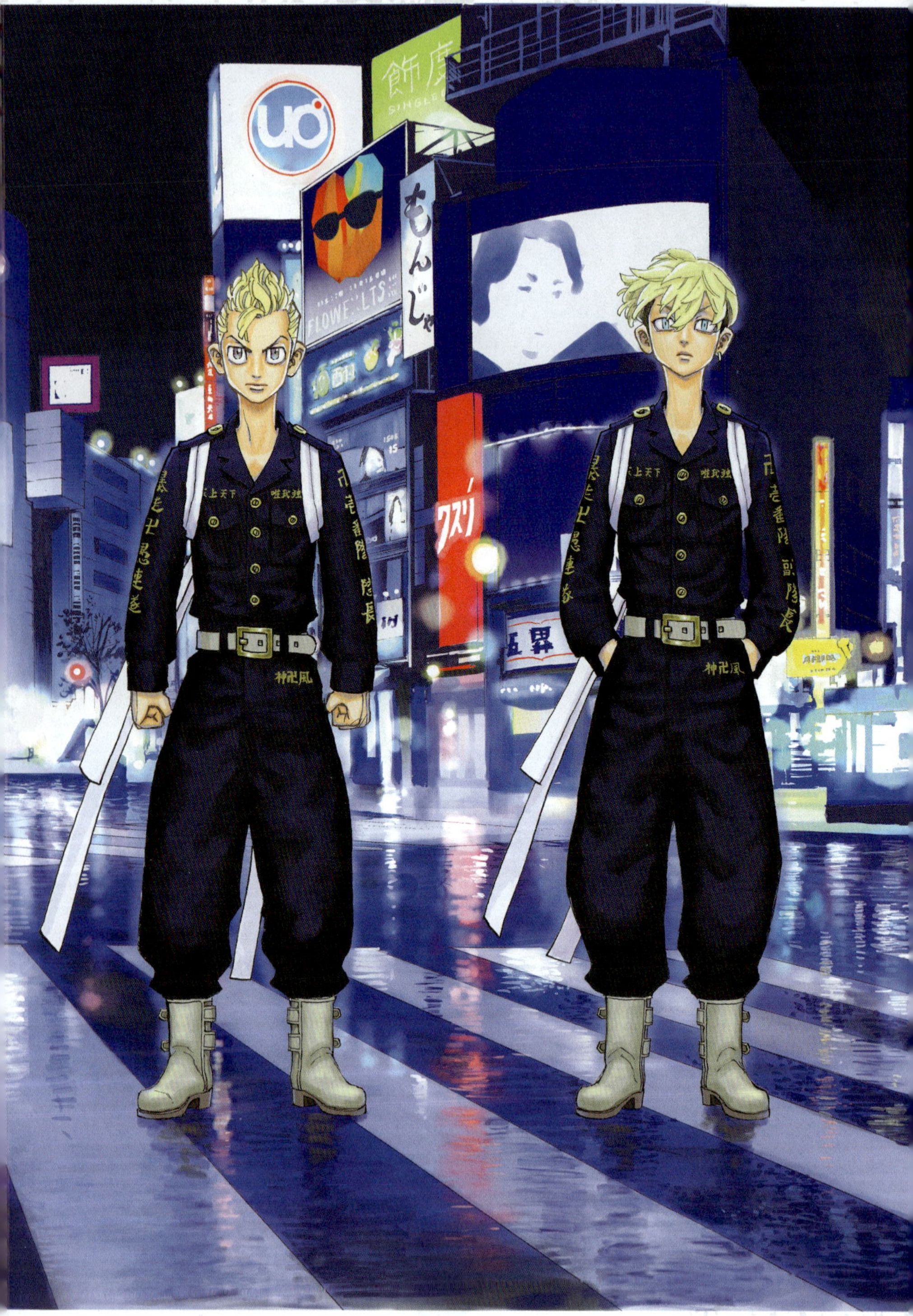
もんじゃ
クスリ

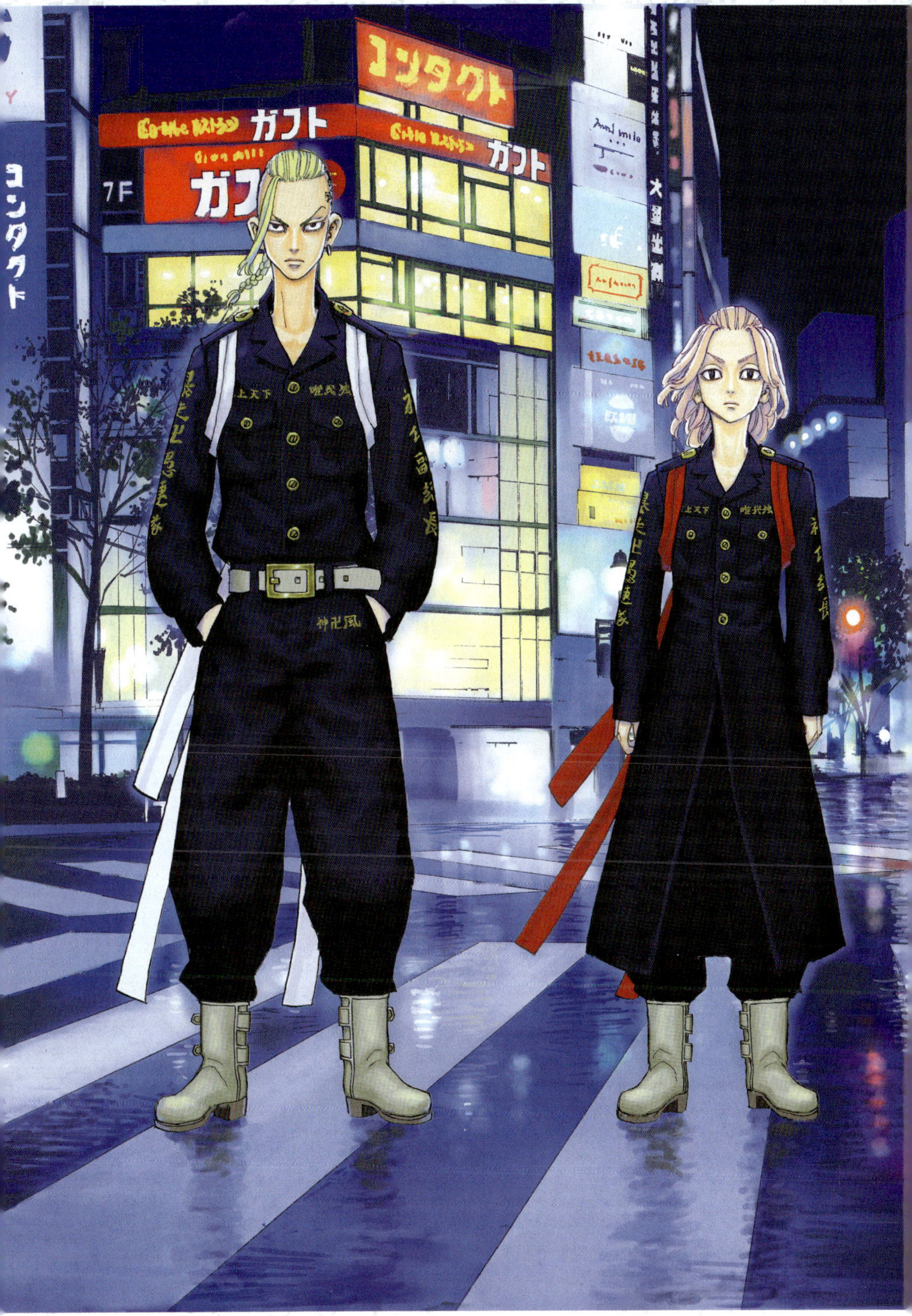

Hier wollte ich schlicht und einfach ein Bild von den vieren auf der Shibuya-Kreuzung im Regen zeichnen.
(Erstveröffentlichung: Weekly Shonen Magazine, Ausgabe 45/2020, Doppelfarbseite vorn im Magazin)

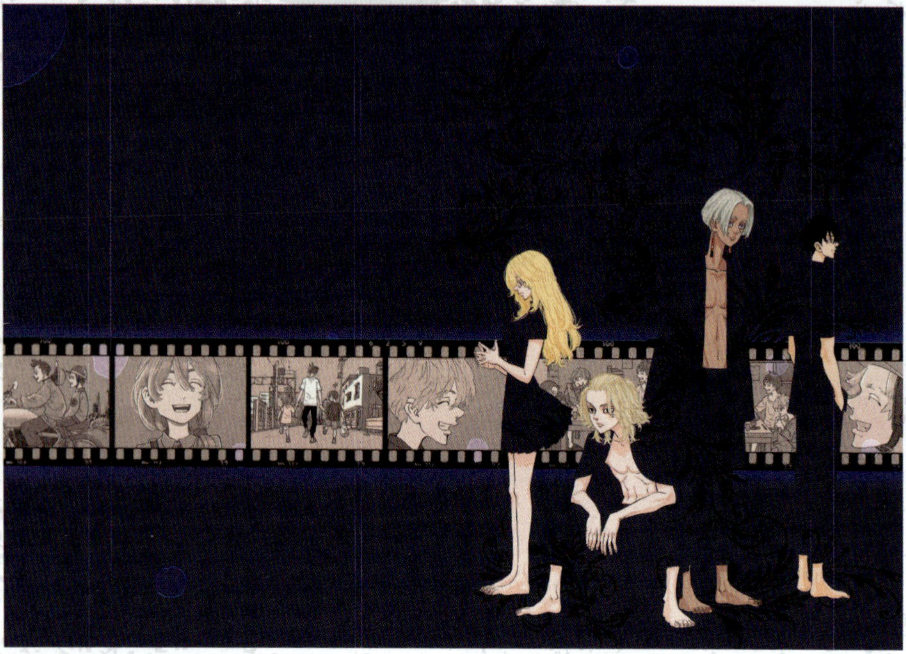

Das Thema für diese Illustration war die Beziehung zwischen den Mitgliedern der Familie Sano.
Ich habe ihre Erinnerungen als 8-mm-Film dargestellt, um eine nostalgische Atmosphäre zu schaffen.
(Erstveröffentlichung: Weekly Shonen Magazine, Ausgabe 16/2020, Doppelfarbseite vorn im Magazin)

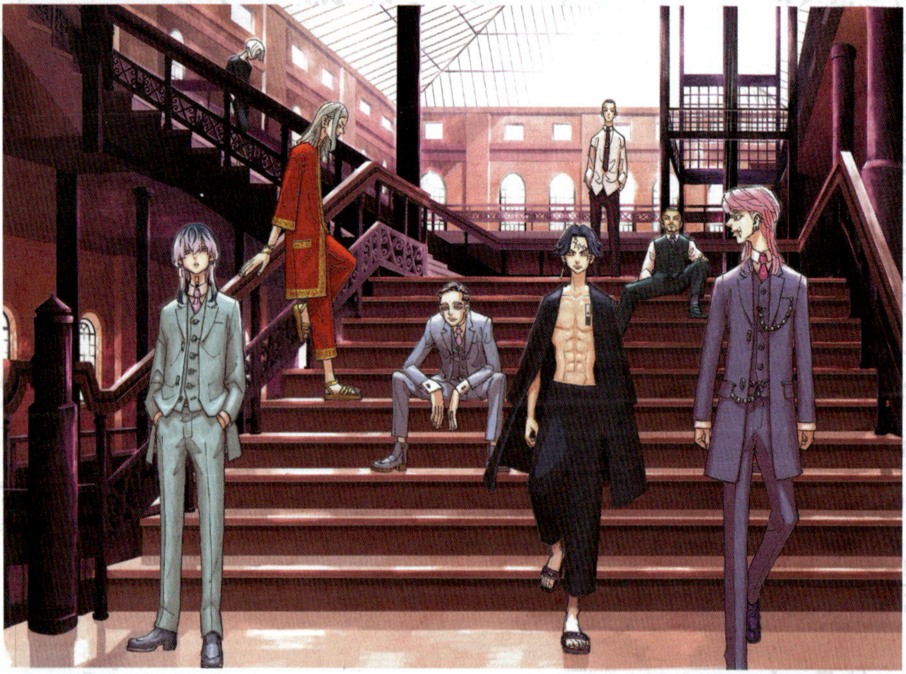

Hier sehen wir Bonten. Ich wollte ihnen einen erwachsenen und formellen Touch geben. Der Name Bonten leitet sich zum Teil von Tenjiku ab. Mikey und die anderen Führungsmitglieder erweisen Izana ihren Respekt, indem sie alle irgendwo an ihrem Körper ein Tattoo mit dem Motiv von Izanas Ohrringanhängern tragen.
(Erstveröffentlichung: Weekly Shonen Magazine, Ausgabe 19/2021, Doppelfarbseite vorn im Magazin)

Tokyo Revengers

Character Guide 3

Tenjiku

INHALT

Dieser Band deckt vorwiegend die Ereignisse bis Kapitel 188 (Doppelband 11) ab, enthält aber auch einige Details zu späteren Kapiteln.

Aus Yokohama trifft eine neue Bedrohung ein!

Die Tokyo-Manji-Gang vs. Yokohama Tenjiku!

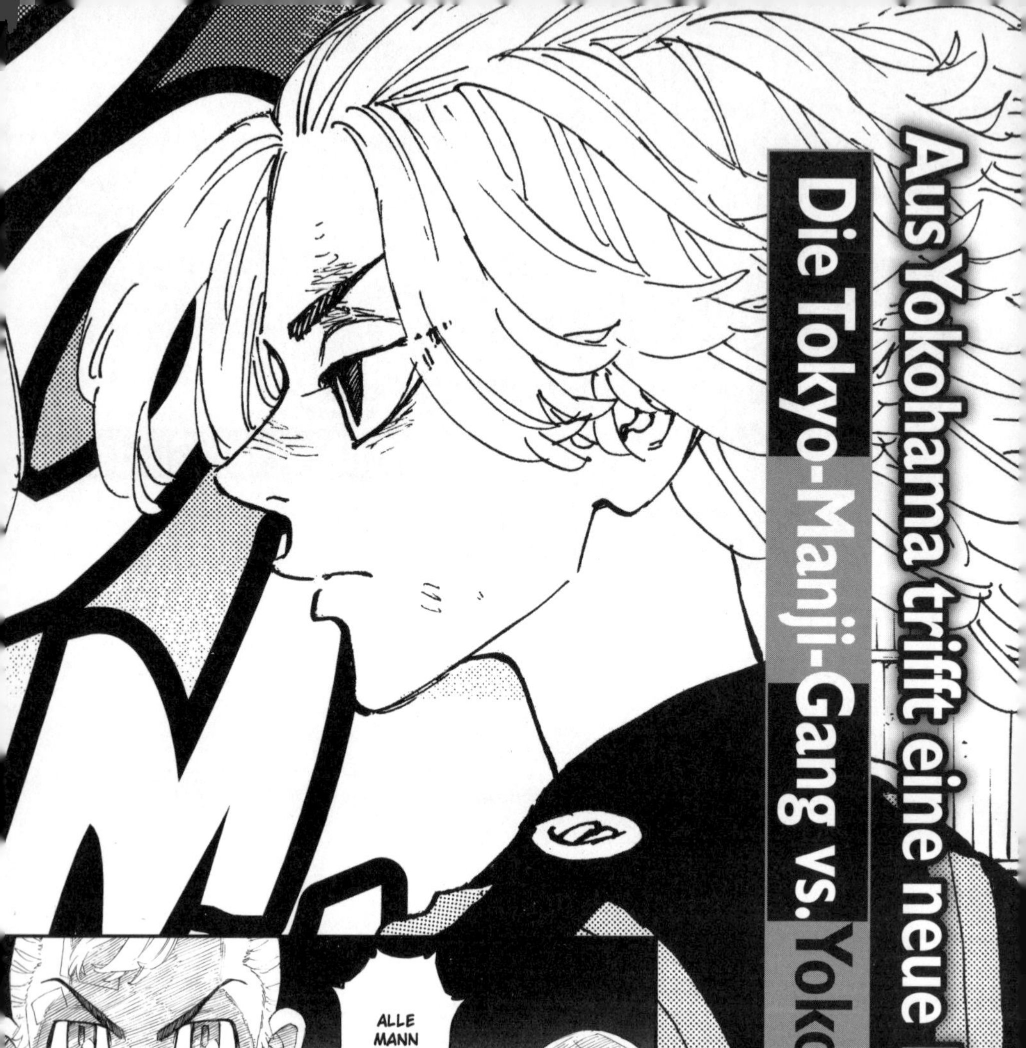

Kaum ist der Kampf gegen die 10. Generation von Black Dragon überstanden, sieht sich die Tokyo-Manji-Gang bereits mit einem neuen Gegner konfrontiert. Yokohama Tenjiku, eine von Izana Kurokawa angeführte Gang, marschiert in Shibuya und Shinjuku ein, mit dem Ziel, die Manji-Gang zu vernichten. Hinter dem Angriff auf die Mitglieder der Manji-Gang, darunter auch Takemichi und Mitsuya, steckt niemand anders als Kisaki, der sich inzwischen Tenjiku angeschlossen hat und nun als deren Stabsberater fungiert! Das ist der Auslöser für den größten Kampf der Geschichte um die Spitze der japanischen Rowdy-Welt.

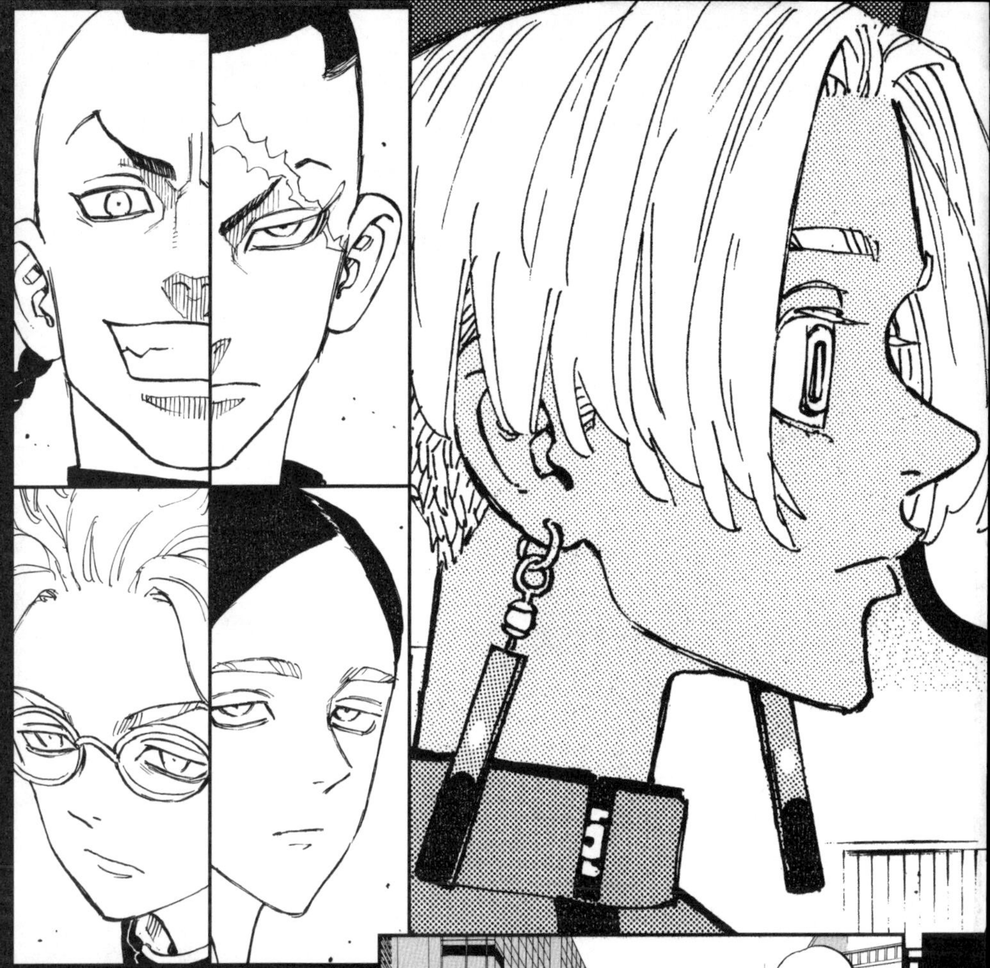

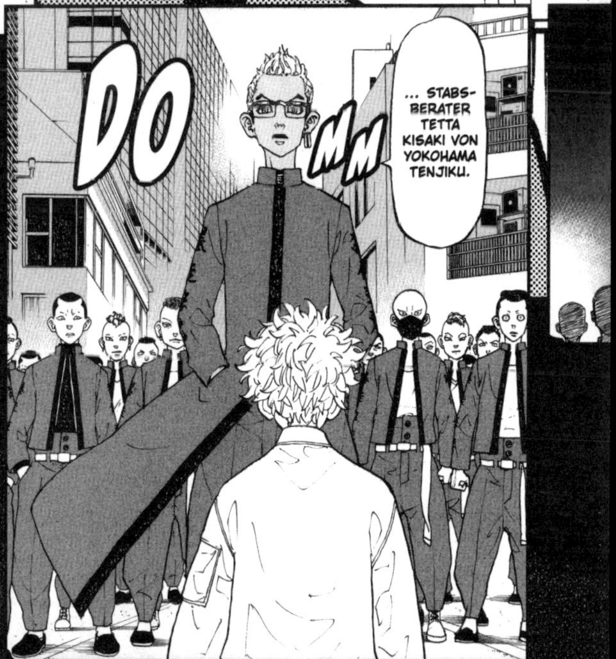

Der Kampf um die Vorherrschaft in Japan beginnt!

Yokohama Tenjiku

Um die Unterwelt unter ihre Kontrolle zu bringen, unterwerfen sie alle Rowdys in Tokyo!

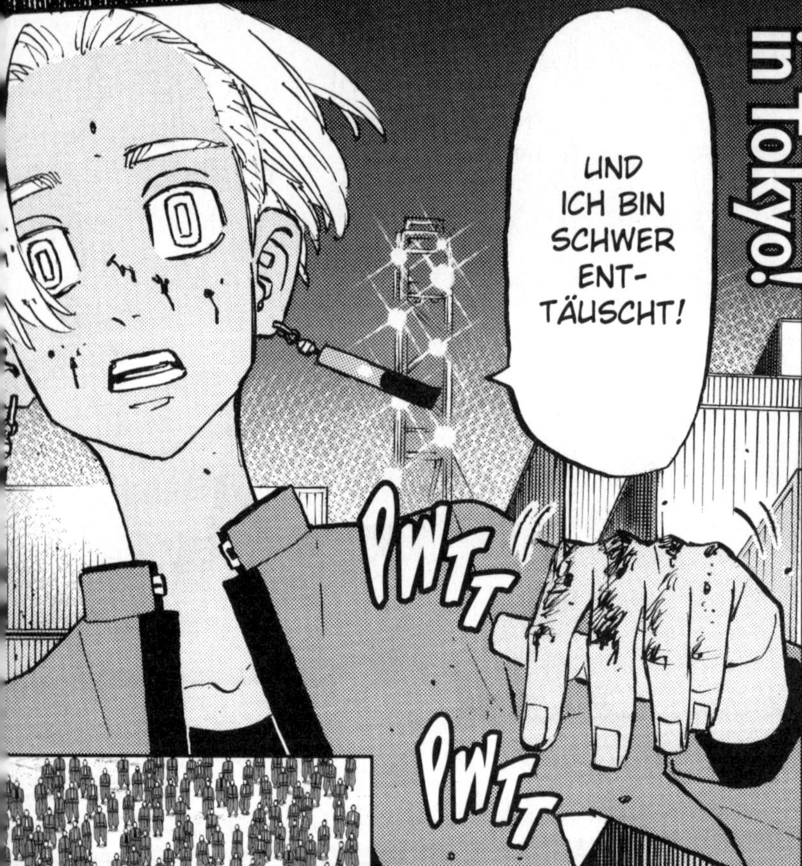

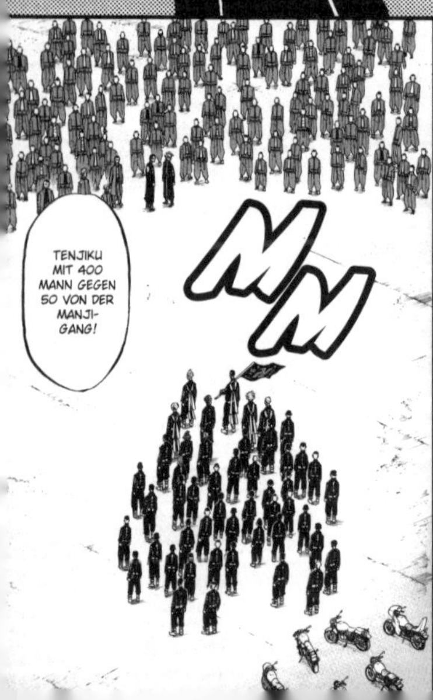

Der Tod von Shin'ichiro Sano reduzierte Izana Kurokawa, wie er selbst sagt, auf ein Häufchen Asche. Doch nach seiner Begegnung mit Tetta Kisaki beschließt er, die Gang Yokohama Tenjiku zu gründen, und setzt sich zum Ziel, diese zur größten Verbrecherorganisation des Landes zu machen und mit ihr die gesamte japanische Unterwelt zu kontrollieren. Unter der Führung der schlagkräftigen »Ruchlosen Generation«, einer Gruppe von 1987 geborenen Rowdys, und ihren Vier Generälen gelingt es Tenjiku, eine gewaltige Truppe von 400 Männern unter sich zu vereinen.

Organigramm

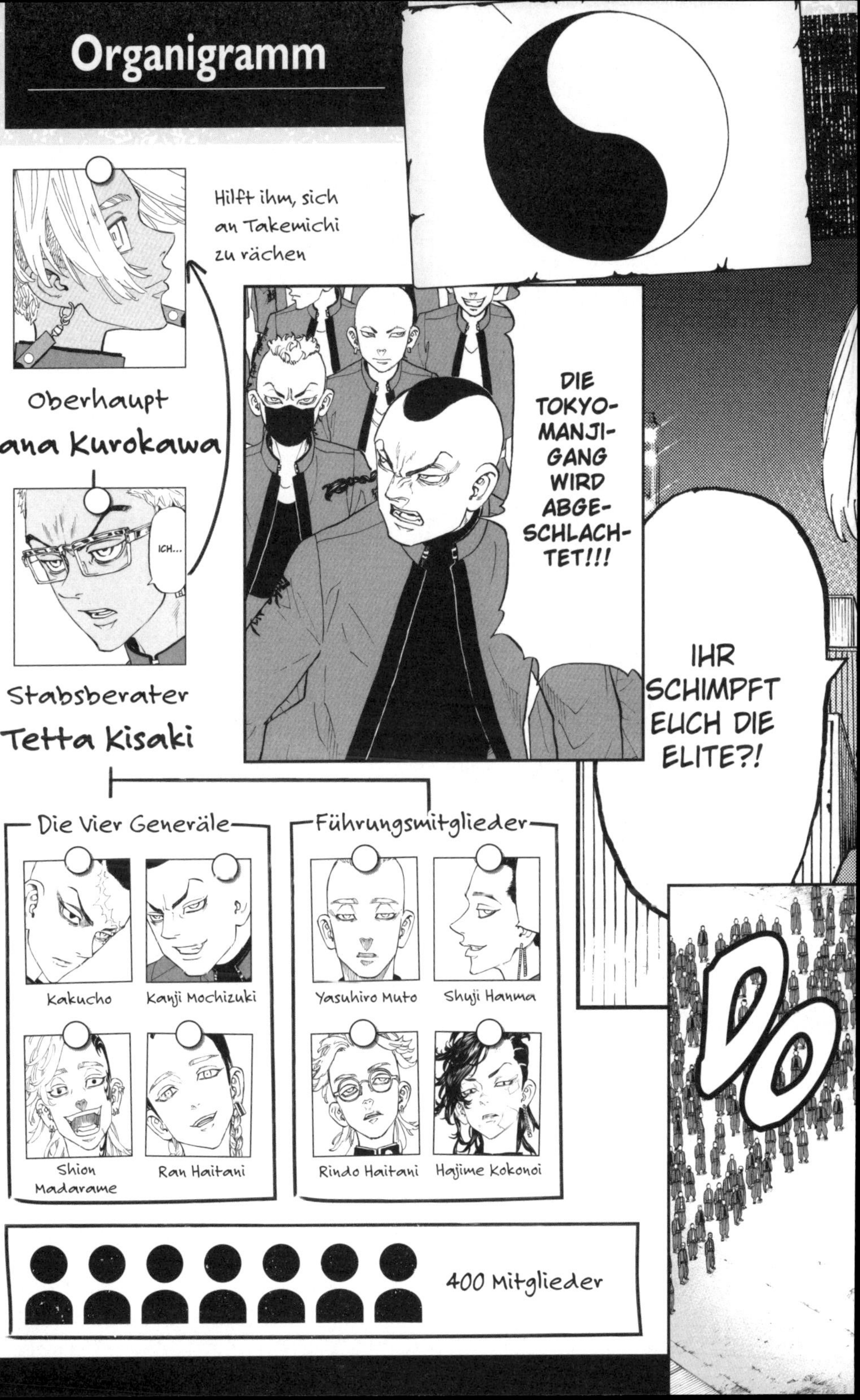

Yokohama Tenjiku

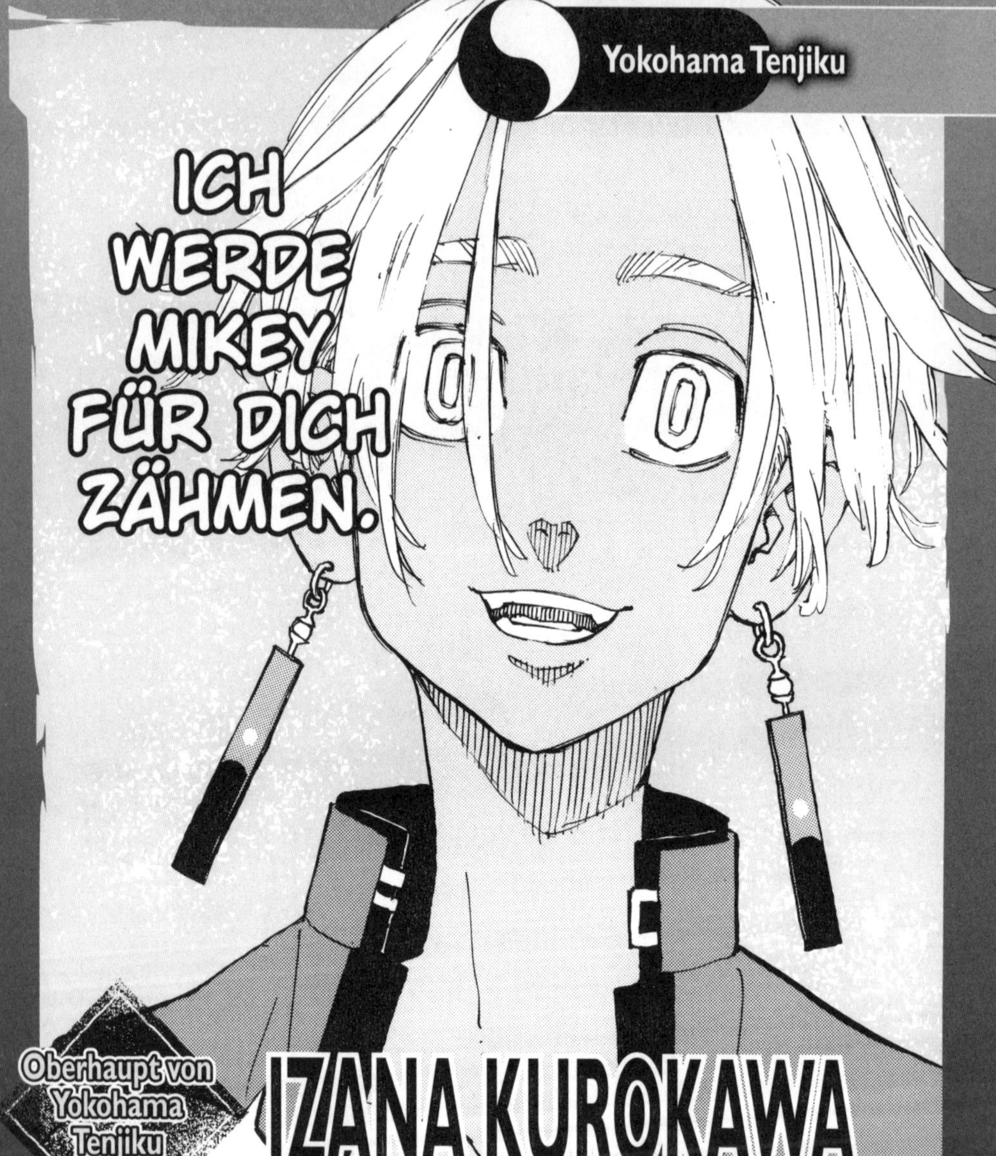

Oberhaupt von Yokohama Tenjiku
Mikeys Stiefbruder

IZANA KUROKAWA

♦ Größe: 1,65 m ♦ Gewicht: 58 kg ♦ Geburtstag: 30. August 1987 ♦ Sternzeichen: Jungfrau
♦ Blutgruppe: A ♦ Spitzname: der Unsterbliche Izana ♦ Themenfarbe: Blauviolett
♦ Liebt: seine Tropenfische (Kampffische) zu betrachten ♦ Hasst: Manjiro Sano
♦ Besondere Fähigkeit: zerstören, was anderen Menschen wichtig ist ♦ Bewundert: Shin'ichiro Sano
♦ Kommt nicht so gut zurecht mit / Hat Angst vor: Shin'ichiro Sano ♦ Traum: »Unser Königreich« ♦ Bemerkenswerte (oder bedauernswerte) Leistung: Da sein Diener (Kakucho) mit der Zeit immer stärker wurde und er bei einem Übungskampf fast gegen ihn verloren hätte, stellte er die Regel auf, dass man den Fäusten des Königs nicht ausweichen darf, und prügelte ihn windelweich.
♦ Lieblingsort: überall, wo kein drückendes Wetter herrscht ♦ Ein Tag aus seinem Leben: Heute herrscht schon wieder hoher Luftdruck. Er füttert seine Kampffische. Dann überlegt er, ob er am Fenster *Bohemian Rhapsody* spielen soll, um seinen Gefühlen Luft zu machen.

Der Boss von Tenjiku, der stärksten Gang aus Yokohama!

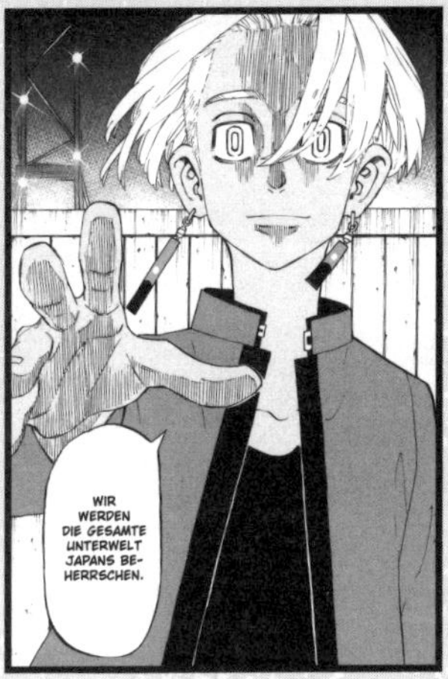

Izana möchte Tenjiku, die Gang, die er gegründet hat, zur größten Verbrecherorganisation des Landes machen und mit ihr über die Unterwelt Japans herrschen. Bereits als 8. Oberhaupt von Black Dragon galt er als brutal und gewissenlos. Zusammen mit den anderen 1987ern, die unter Rowdys auch als die »Ruchlose Generation« gefürchtet werden, erklärt er der Manji-Gang den Krieg. Darüber hinaus ist er auch Mikeys Stiefbruder.

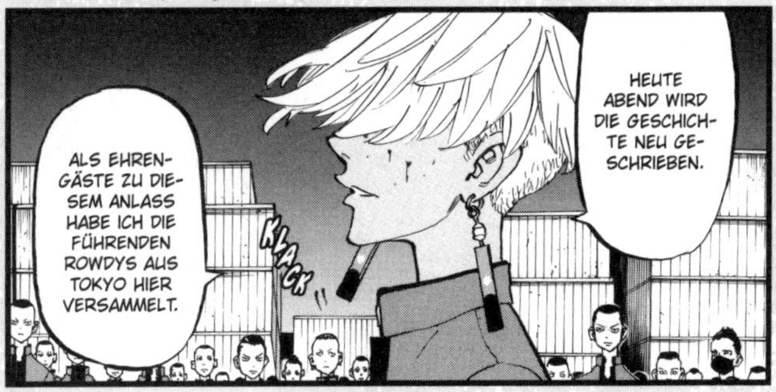

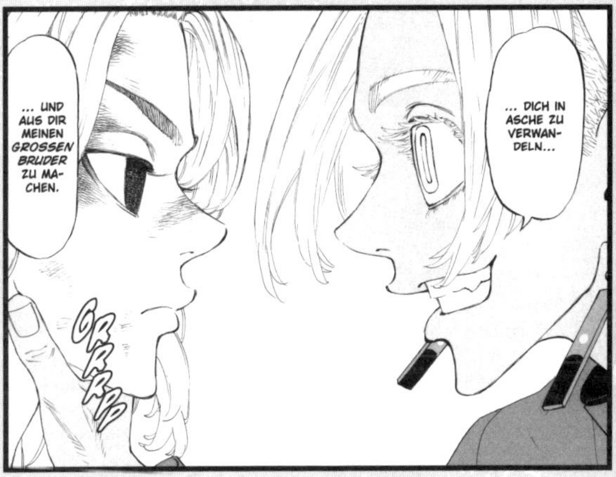

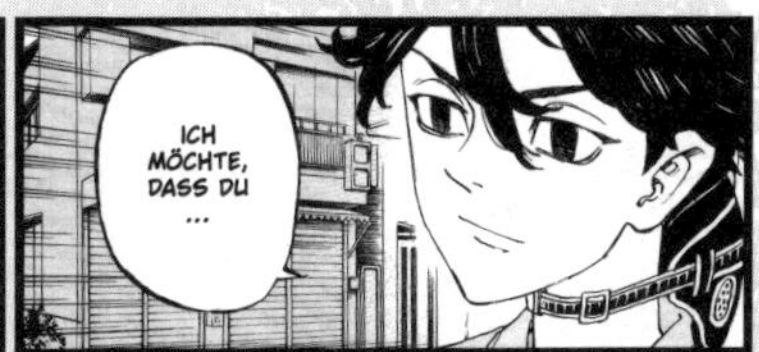

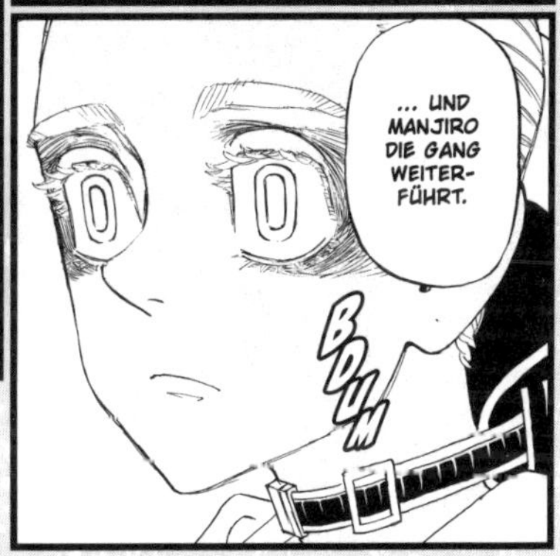

Richtet seinen Hass auf Mikey, der ihm seiner Meinung nach Shin'ichiro weggenommen hat

Als Kind wird Izana von seiner Mutter weggegeben und in einem Heim untergebracht. Erst Shin'ichiro, der ihn eines Tages besucht und sich als sein großer Bruder vorstellt, bringt Licht ins Dunkel seiner Einsamkeit. Doch Shin'ichiro, von dem er dachte, dass er nur für ihn da sei, hat noch einen anderen kleinen Bruder – Mikey. Es wirft Izana völlig aus der Bahn, als er erfährt, dass die Liebe seines Bruders nicht ihm allein gehört. Er hasst Mikey und will ihn psychisch zerstören, um einen zweiten Shin'ichiro aus ihm zu machen.

Danach

Beschützt Kakucho und wird tödlich verwundet

Izana wird von tödlichen Schüssen getroffen, als er sich schützend vor Kakucho wirft. Sterbend erkennt er, dass er in Wahrheit gar nicht allein war: Kakucho, der ihn nie im Stich gelassen hatte und immer bei ihm war, war seine Familie.

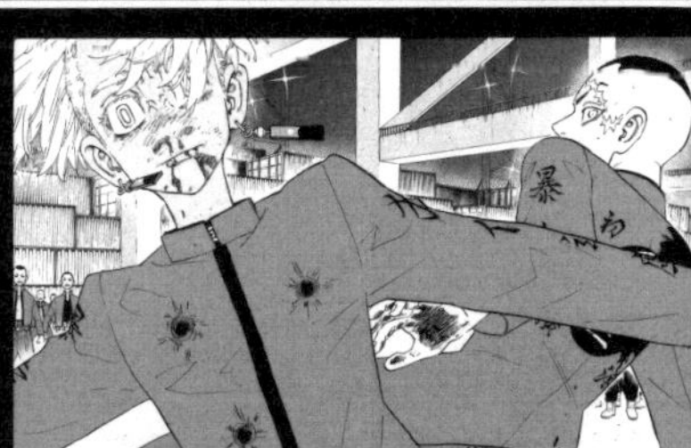

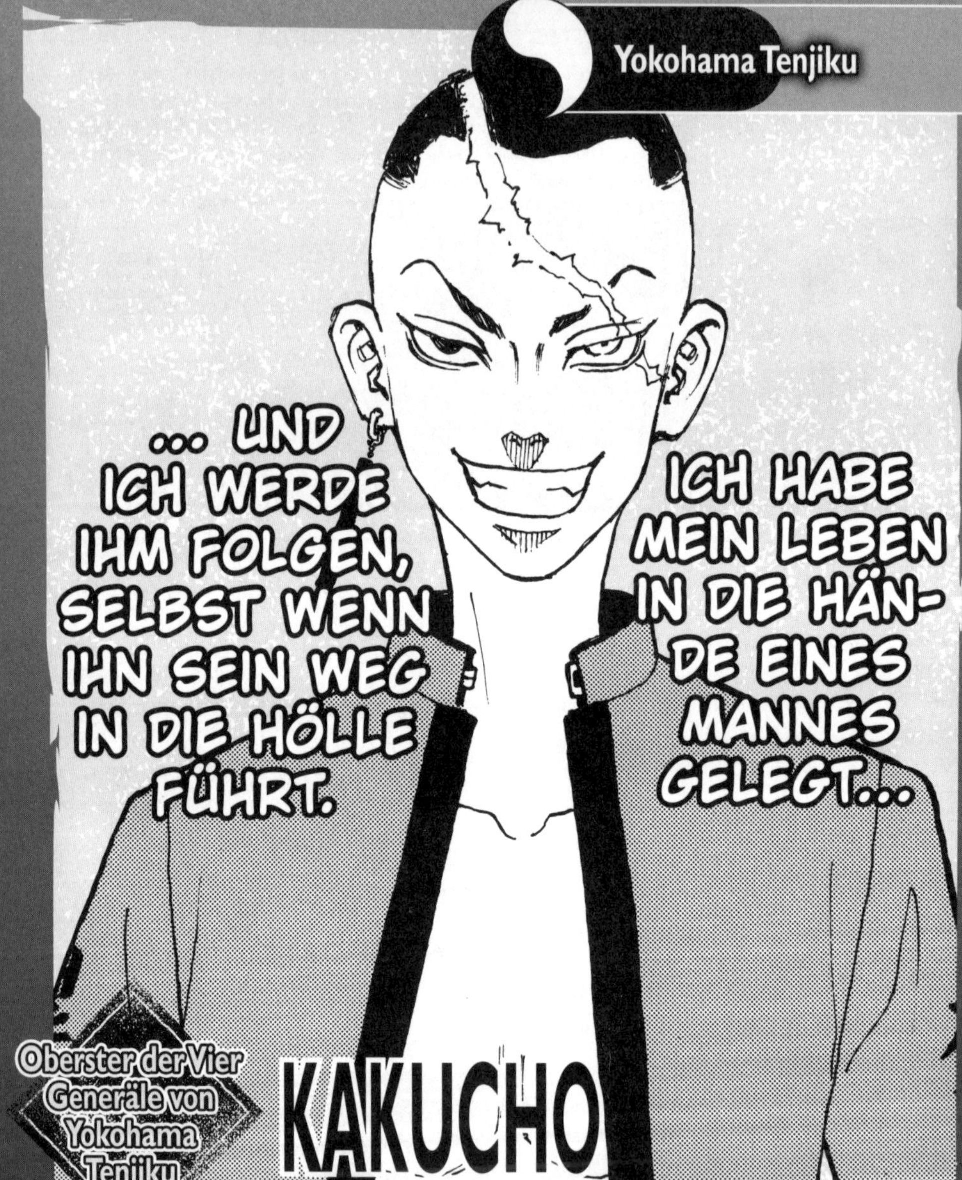

♦ Größe: 1,79 m ♦ Gewicht: 63 kg ♦ Geburtstag: unbekannt ♦ Sternzeichen: unbekannt ♦ Blutgruppe: 0 ♦ Spitzname: der Hitzkopf ♦ Themenfarbe: Grau ♦ Liebt: Trainieren ♦ Hasst: Schwächlinge ♦ Besondere Fähigkeit: ein Schwinger aus dem toten Winkel seines Gegners ♦ Bewundert: Izana Kurokawa ♦ Kommt nicht so gut zurecht mit / Hat Angst vor: niemandem ♦ Traum: »Unser Königreich« ♦ Bemerkenswerte (oder bedauernswerte) Leistung: Als er die Haitani-Brüder bat, bei Tenjiku mitzumachen, erklärten sie sich unter der Bedingung einverstanden, dass ihre Uniformen eine andere Farbe als die anderen bekämen. Da Kakucho kein großes Problem darin sah und es ihm auch egal war, stimmte er zu, wurde jedoch später deswegen von Izana, der keine Freude damit hatte, auseinandergenommen. ♦ Lieblingsort: das Kinderheim, in dem er aufgewachsen war ♦ Ein Tag aus seinem Leben: Er steht frühmorgens auf, treibt dann erst einmal für eine Stunde Sport und macht Yoga. Danach geht er raus und prügelt sich mit ein paar bulligen Rockern. Anschließend geht er wieder nach Hause, um zur Auflockerung Gewichte zu drücken. Am Abend setzt er sein Training mit einem kleinen Kampf gegen ein paar Möchtegernrowdys fort.

Der »Hitzkopf« an der Spitze der Vier Generäle von Tenjiku!

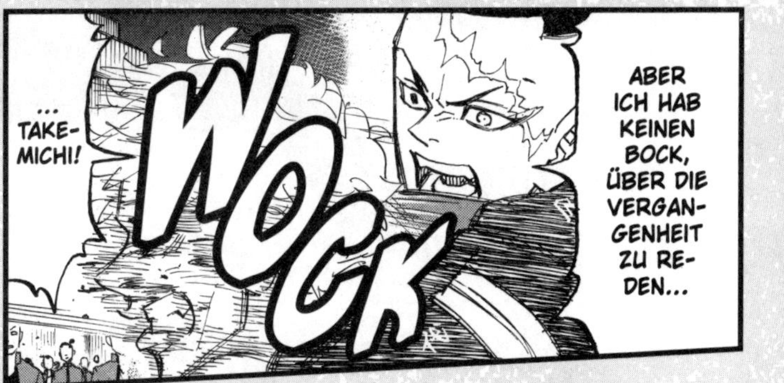

Kakucho ist ein Freund von Takemichi aus Kindertagen, doch die beiden hatten sich seit der zweiten Klasse nicht mehr gesehen. Schon damals war er ein sturer Hitzkopf, der sich gern mit jedem anlegte und es hasste, zu verlieren. Dank dieser Entschlossenheit entwickelte er sich zu einem starken Kämpfer, der nun sogar den Vorsitz über die Vier Generäle von Tenjiku innehat. Er verehrt Izana als seinen Helden und hat ihm absolute Treue geschworen. Beim Kanto-Zwischenfall stellt er sich in Izanas Namen gegen Takemichi und die Manji-Gang.

Tut alles für Izana, der ihm einen Lebenssinn gab

Nachdem er seine Eltern bei einem Unfall verloren hat, wird Kakucho in einem Heim untergebracht, wo er Izana begegnet. In Izanas Traum, ein Reich für all jene aufzubauen, die keine Familie haben, findet Kakucho ein neues Lebensziel und beschließt, sich Izana zu verschreiben.

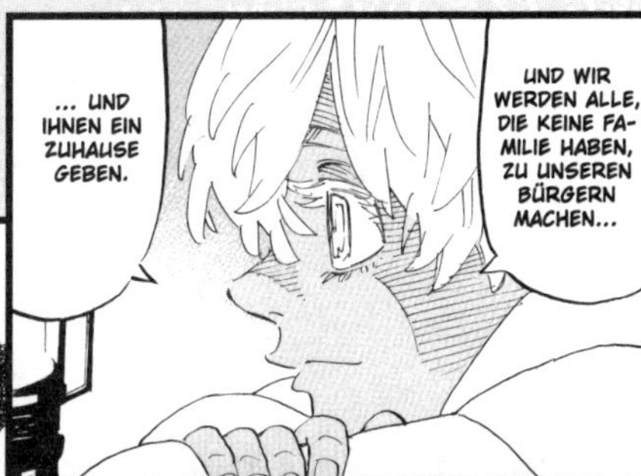

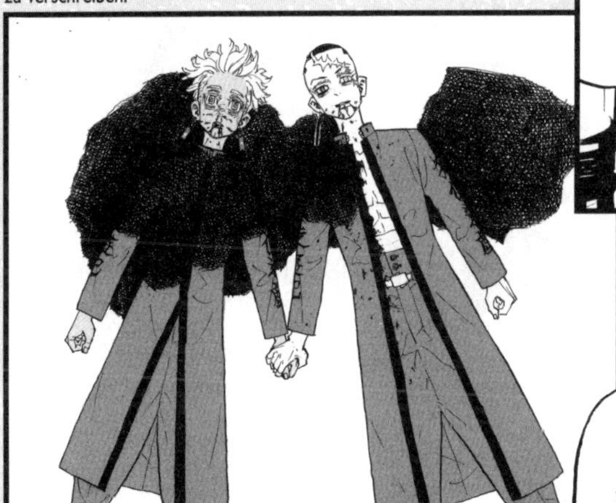

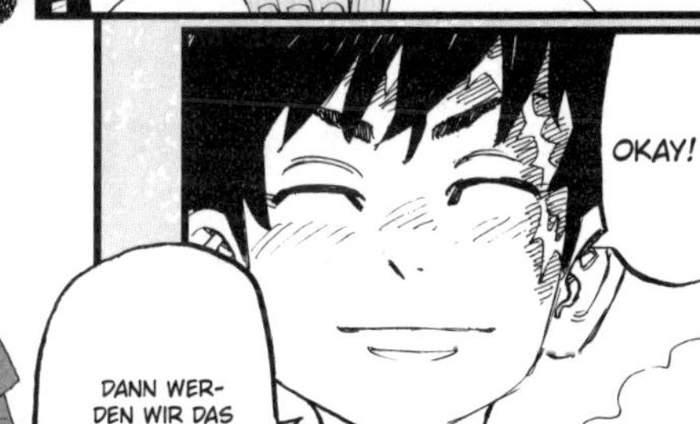

Danach

Der Tod von Izana bringt das Ende ihres Traums

Nach Izanas Tod ist Kakucho der Meinung, dass damit auch ihr gemeinsamer Traum gestorben sei. Doch Takemichis Worte, dass das von Kakucho abhänge, bringen ihn ins Grübeln. Ob der Traum ein Ende hat, liegt nun ganz allein in in den Händen von Kakucho, der überlebt hat.

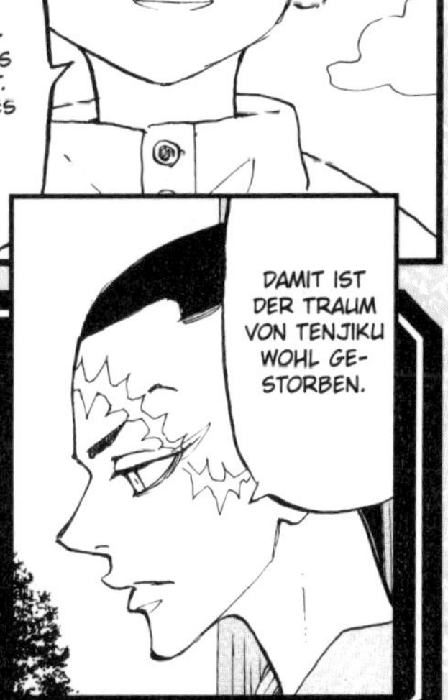

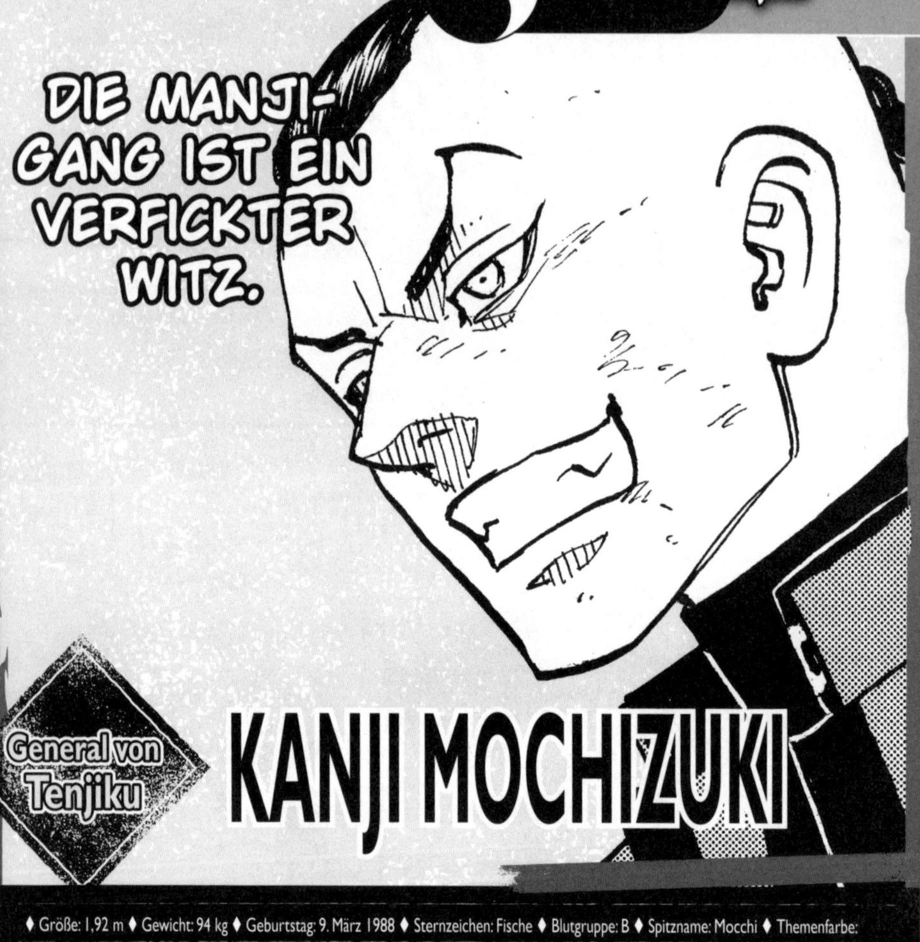

General von Tenjiku

KANJI MOCHIZUKI

♦ Größe: 1,92 m ♦ Gewicht: 94 kg ♦ Geburtstag: 9. März 1988 ♦ Sternzeichen: Fische ♦ Blutgruppe: B ♦ Spitzname: Mocchi ♦ Themenfarbe: Karamellbraun ♦ Liebt: Mais ♦ Hasst: Mais zwischen den Zähnen ♦ Besondere Fähigkeit: gut im Armdrücken ♦ Bewundert: Izana Kurokawa ♦ Kommt nicht so gut zurecht mit: Shion Madarame ♦ Traum: Boss eines Yakuza-Clans zu werden ♦ Bemerkenswerte (oder bedauernswerte) Leistung: In einem Lokal gab es die Aktion, dass man nichts zahlen musste, wenn man 50 Riesengyoza schafft. Also forderte er Kakucho zu einem Wettessen heraus, gewann und brauchte auch nicht zu bezahlen. Auf dem Heimweg begannen sie zu streiten. Kakucho verpasste ihm einen Magenhieb, woraufhin ihm das ganze Essen wieder hochkam. Die beiden lachten sich halb tot. ♦ Lieblingsort: Treffpunkt von Jugemu in Kawasaki

Ein Mitglied der »Ruchlosen Generation«, das einen Polizisten angegriffen hatte

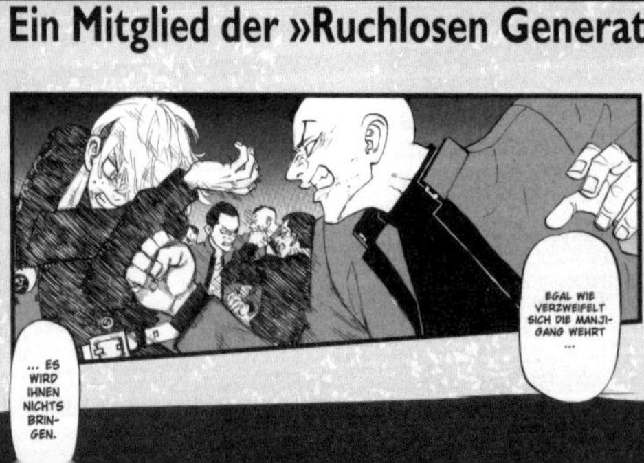

Mochizuki gehört zu einer Gruppe von Jungs, die als die 1987er oder auch die »Ruchlose Generation« bekannt ist. Er ist der ehemalige Boss der Gang Jugemu aus Kawasaki und musste einige Zeit in der Jugendstrafanstalt verbringen, nachdem er einen Polizisten verprügelt hatte, der sich bei einer Schlägerei eingemischt hatte. Dort begegnet er Izana und unterstützt ihn bei seinem Plan, eine Gang aufzubauen, die einmal die Unterwelt von Japan beherrschen soll. Zu Beginn des Kanto-Zwischenfalls stürmt er zusammen mit seiner persönlichen Truppe Shibuya und überfällt Takemichi, die »Furiosen Fünf« und weitere Mitglieder der 1. Division.

Yokohama Tenjiku

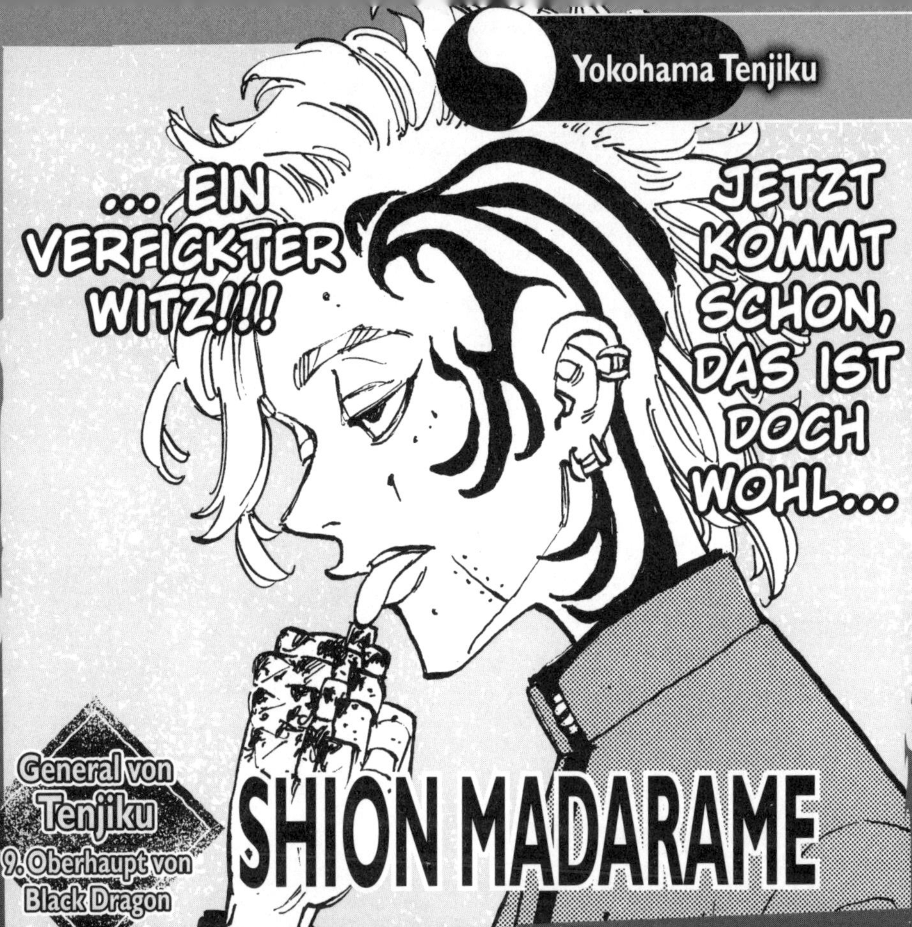

General von Tenjiku
9. Oberhaupt von Black Dragon

SHION MADARAME

♦ Größe: 1,80 m ♦ Gewicht: 66 kg ♦ Geburtstag: 21. März 1988 ♦ Sternzeichen: Widder ♦ Blutgruppe: AB ♦ Spitzname: der Tollwütige Hund
♦ Themenfarbe: Kanariengelb ♦ Liebt: Black Dragon ♦ Hasst: Wichtigtuer ♦ Besondere Fähigkeit: gut im Umgang mit dem Schlagring
♦ Bewundert: Izana Kurokawa ♦ Kommt nicht so gut zurecht mit / Hat Angst vor: Manjiro Sano ♦ Traum: einmal Izanas rechte Hand zu sein
♦ Bemerkenswerte (oder bedauernswerte) Leistung: als Mitglied der »Ruchlosen Generation« angesehen zu werden ♦ Lieblingsort: Yokohama Tenjiku
♦ Ein Tag aus seinem Leben: Rindo ist sich der Bedeutung von Hierarchie bewusst, hält sich brav daran und behandelt Shion, der ein Jahr älter ist, entsprechend respektvoll. Er beschwert sich wie so oft bei Rindo: »Wenn man unsere Generation stärkemäßig mit der von der Manji-Gang vergleicht, dann stimmt da doch was nicht. Zu jeder anderen Zeit hätten du oder ich locker ganz Japan erobern können. Aber guck dir Izana, Kakucho, Mikey oder Draken mal an, das ist doch nicht fair.« Rindo: »Hast echt meinen vollsten Respekt, Shion, dass du dich trotzdem nicht unterkriegen lässt und immer voll abgehst.« Shion: »Ich weiß, warum ich dich mag, Rindo.«

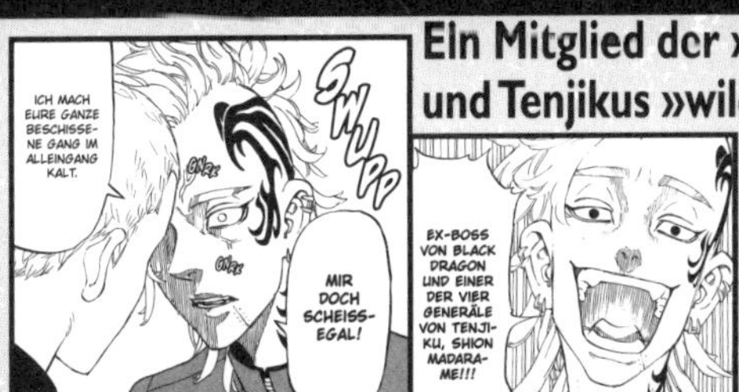

Ein Mitglied der »Ruchlosen Generation« und Tenjikus »wildeste Bestie«

Wie ein tollwütiger Hund lässt auch er nicht von seinem Gegner ab, selbst wenn dieser bereits auf dem Boden liegt, und schlägt weiter mit dem Schlagring auf ihn ein. Bevor er in der Jugendstrafanstalt Teil der von Izana angeführten »Ruchlosen Generation« wurde, war er das Oberhaupt der 9. Generation von Black Dragon. Beim Kanto-Zwischenfall tritt er beim sogenannten Vorkampf für Tenjiku an und wird von Peh niedergestreckt.

Yokohama Tenjiku

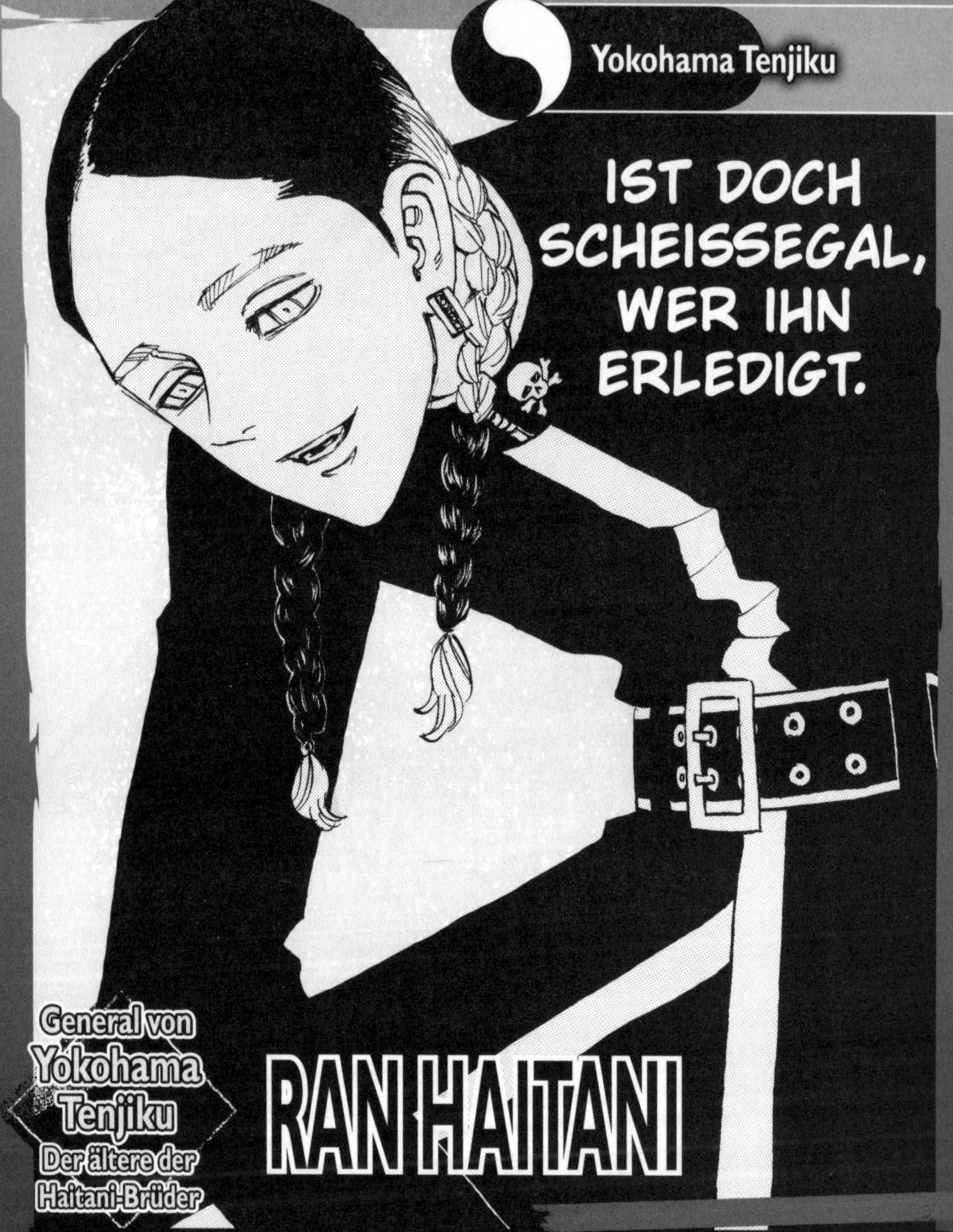

General von Yokohama Tenjiku
Der ältere der Haitani-Brüder

RAN HAITANI

♦ Größe: 1,83 m ♦ Gewicht: 70 kg ♦ Geburtstag: 26. Mai 1987 ♦ Sternzeichen: Zwillinge ♦ Blutgruppe: A ♦ Themenfarbe: Purpur ♦ Liebt: die Marken Yves Saint Laurent und Montblanc ♦ Hasst: schlaflose Nächte ♦ Besondere Fähigkeit: Selbstdarstellung ♦ Bewundert: Kakucho ♦ Kommt nicht so gut zurecht mit: Kisaki & Hanma ♦ Traum: ein Star im Ausland zu werden ♦ Bemerkenswerte (oder bedauernswerte) Leistung: Schlief einmal 24 Stunden durch ♦ Lieblingsort: sein Bett ♦ Ein Tag aus seinem Leben: Wie jede Woche geht er zum Friseur seines Vertrauens in Harajuku, einem Charismatiker wie er selbst. Er mag Leute, die als charismatisch bezeichnet werden. Friseur: »Und, Ran? Wie willst du sie heute haben?« Ran: »Wie die letzte Melodie, die Miles Davis auf dem Klavier gespielt hat.« Friseur: »Bist heute wieder in bester Form, was? Aber nur dass du's weißt, Miles Davis hat Trompete gespielt.« Für die beiden charismatischen Persönlichkeiten ist damit alles gesagt. Sie verstehen einander. Ran liebt den Moment, wenn er mit seiner neuen Frisur hinaus auf die Straße tritt und mit schnellem Schritt losmarschiert.

Drängelt sich gern vor, kommandiert gern herum und wirft sich gern in Pose

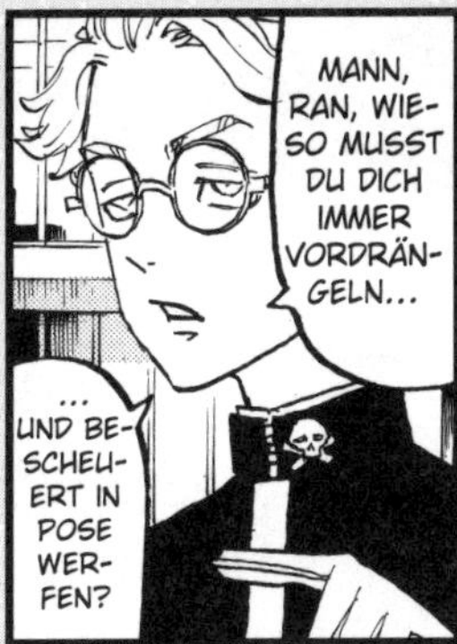

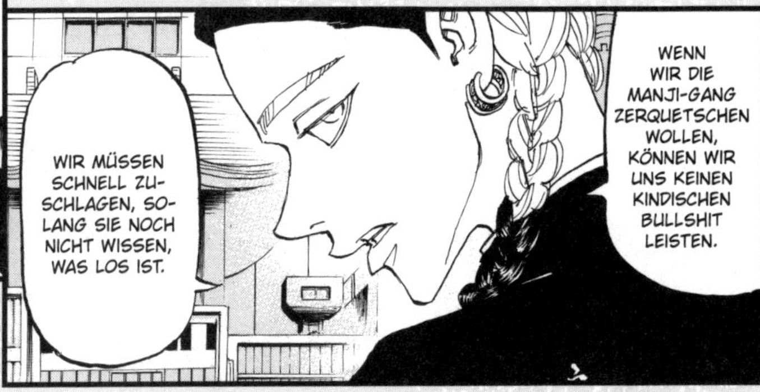

Ein fähiger Kämpfer, der den Boss von Kyogoku, die früher einmal die größte Gang in Tokyo war und Roppongi kontrollierte, in Sekundenschnelle ausschaltete. Seinem kleinen Bruder Rindo zufolge muss er sich immer vordrängeln und danach in Pose werfen. So auch beim Angriff von Tenjiku auf die Manji-Gang in Shinjuku, als er Mitsuya, der sich gerade in einem Zweikampf mit Mocchi befindet, überraschend von hinten niederschlägt. Zudem kommandiert er über Mocchis Kopf hinweg dessen Truppen herum, obwohl sie als Generäle eigentlich gleichgestellt sind, was seine herrische Seite verdeutlicht.

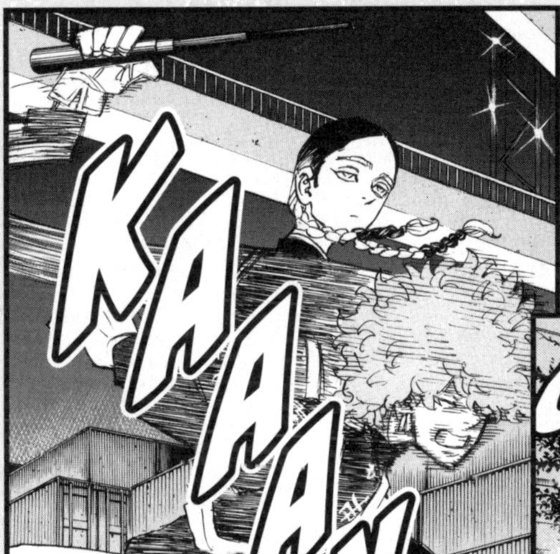

Keine Hemmungen, Waffen einzusetzen!

Um zu gewinnen, schreckt er nicht davor zurück, Waffen und hinterhältige Methoden einzusetzen. In Shinjuku greift er Mitsuya hinterrücks mit einem Ziegelstein an. Beim Kampf gegen die Manji-Gang prügelt er mit einem Schlagstock auf Angry ein. Seine ausdruckslose Miene, während er die Waffe schwingt, kann man nur als unheimlich beschreiben.

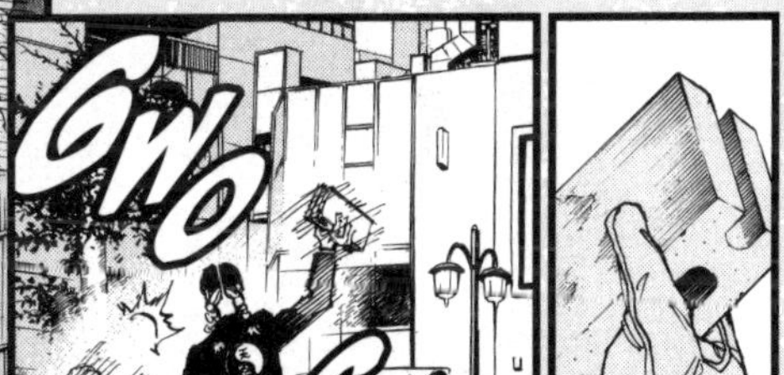

Danach

Würdigt das Leben von Izana und Kakucho

»Irgendwie habe ich euch immer bewundert.« Mit diesen Worten verabschiedet sich Ran von Izana und Kakucho. Als jemand, der gemeinsam mit seinem Bruder in der Welt der Rowdys lebt, kann er nachempfinden, was in Izana und Kakucho vorging.

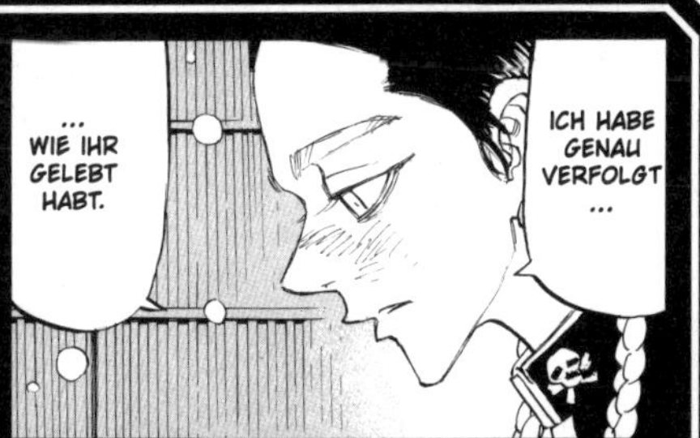

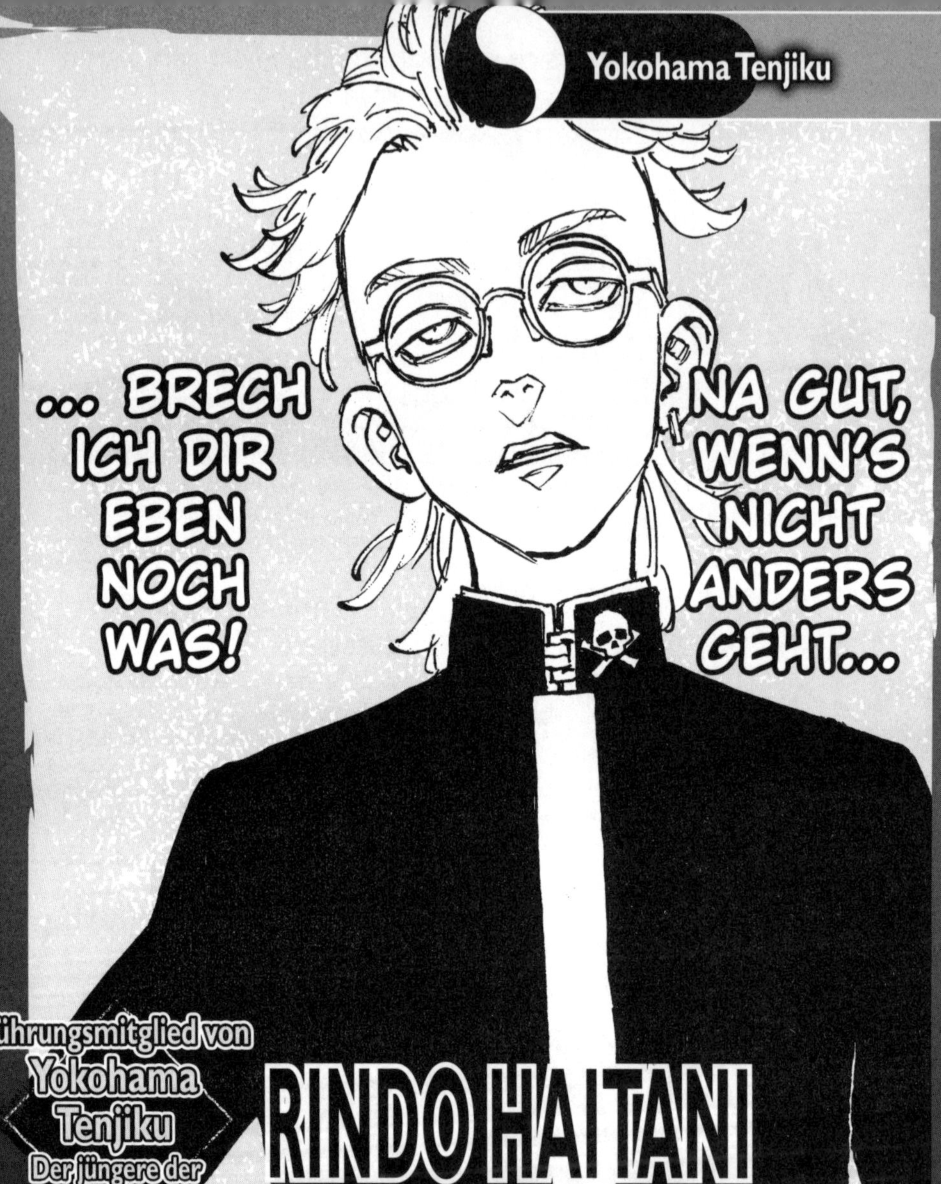

♦ Größe: 1,72 m ♦ Gewicht: 65 kg ♦ Geburtstag: 20. Oktober 1988 ♦ Sternzeichen: Waage ♦ Blutgruppe: B ♦ Themenfarbe: Amethyst ♦ Liebt: DJ zu spielen, Krafttraining ♦ Hasst: fettes Essen ♦ Besondere Fähigkeit: Beherrscht Jiu-Jitsu ♦ Bewundert: Antônio Rodrigo Nogueira ♦ Kommt nicht so gut zurecht mit / Hat Angst vor: seinem Brüder ♦ Traum: Besitzer des beliebtesten Nachtklubs in ganz Japan zu werden ♦ Bemerkenswerte (oder bedauernswerte) Leistung: Als sie sich gerade erst kennengelernt hatten, fragte ihn Kakucho, ob er nicht zum Training mitkommen wolle. Er kam bereitwillig mit, weil er dachte, dass sie vielleicht ins Fitnessstudio gehen und sich dort einen kleinen Wettkampf im Gewichtheben liefern würden. Doch dann stürmte Kakucho plötzlich ein Yakuza-Büro und startete dort eine Schlägerei. In seiner Panik begann Rindo ebenfalls um sich zu schlagen. Er würde Kakucho nie wieder zum »Training« begleiten. ♦ Lieblingsort: Roppongi ♦ Ein Tag aus seinem Leben: Auch heute hat er wieder ein Dutzend Freunde mit nach Hause gebracht, mit denen er schon seit Mittag im Wohnzimmer sitzt und sich betrinkt. Um 16 Uhr steht sein Bruder auf. Da dieser kurz nach dem Aufstehen immer furchtbar miese Laune hat, flüchtet er aufs Klo. Als er nach einer Weile heimlich einen Blick ins Wohnzimmer wirft, sieht er seine Freunde, die von Ran in seinem Ärger gezwungen wurden, sich bis auf die Unterhose auszuziehen und still auf dem Boden zu knien. Er beschließt, seinem Bruder dessen Lieblingssüßspeise, ein Montblanc-Törtchen, zu besorgen.

Perfektes Teamwork mit seinem Bruder

Die Kombiattacken, die er gemeinsam mit seinem Bruder Ran ausführt, wurden bereits dem Vizeboss von Kyogoku, einer ehemaligen Gang aus Roppongi, zum Verhängnis. Beim Kanto-Zwischenfall schießt er sich auf Hakkai ein.

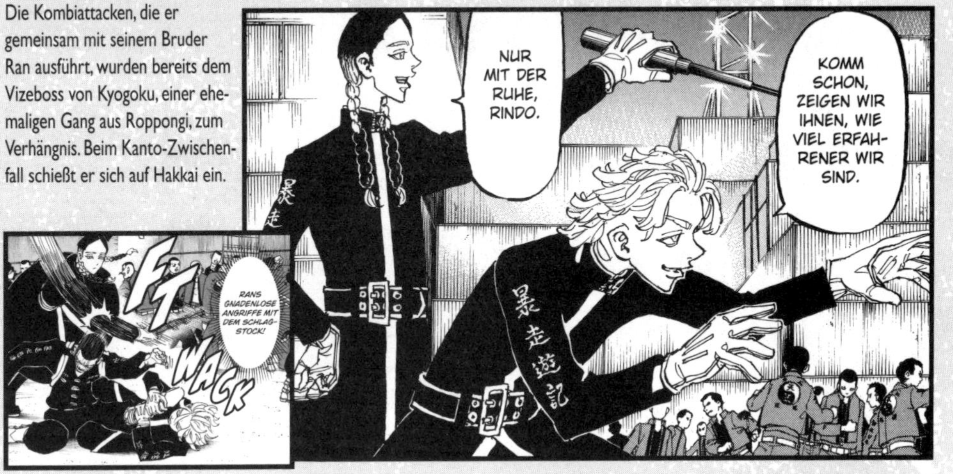

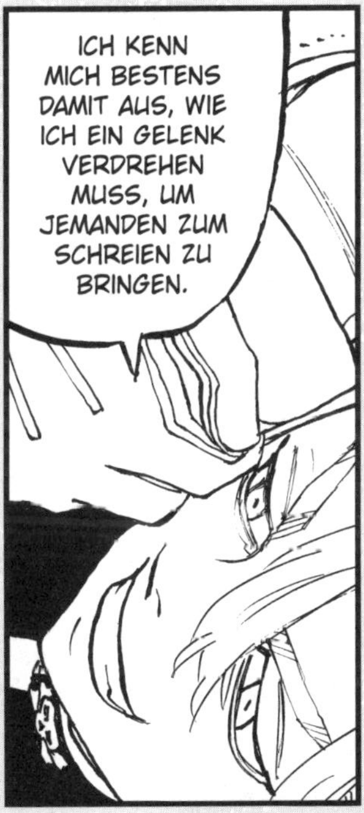

Der Hebeltechnikexperte

Laut eigener Aussage kennt sich Rindo bestens damit aus, wie er ein Gelenk verdrehen muss, um jemanden zum Schreien zu bringen. Er ist ein Experte für Hebeltechniken, der jede noch so seine kleine Blöße seines Gegners ausnutzt, um ihm gnadenlos die Gelenke zu überdrehen. Sein Können zeigt sich an der Leichtigkeit, mit der er Angry erst ein Bein und dann einen Arm bricht.

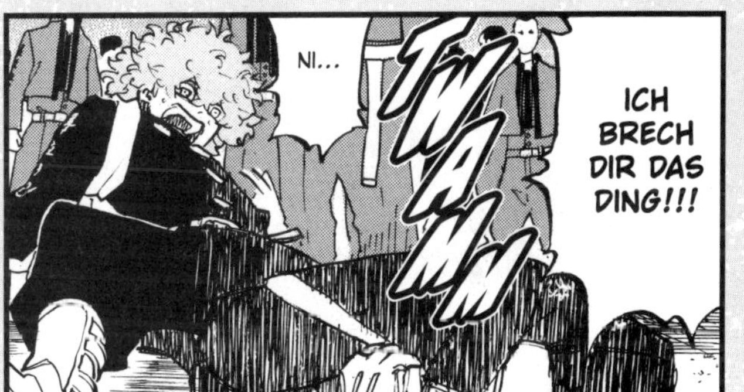

Danach

Wird mit seinem Bruder zusammen festgenommen

Nach der Niederlage von Tenjiku bleibt er mit Ran, Mocchi und den anderen zurück und wird verhaftet. Als wäre ihm durch den Tod von Izana etwas klar geworden, lässt er sich ohne Widerstand von der Polizei abführen.

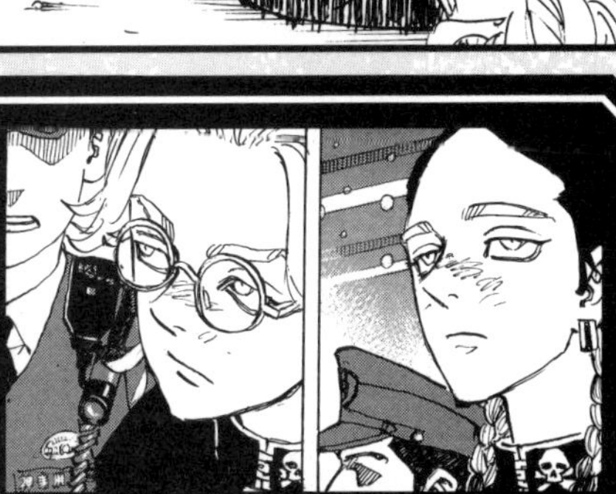

Yokohama Tenjiku

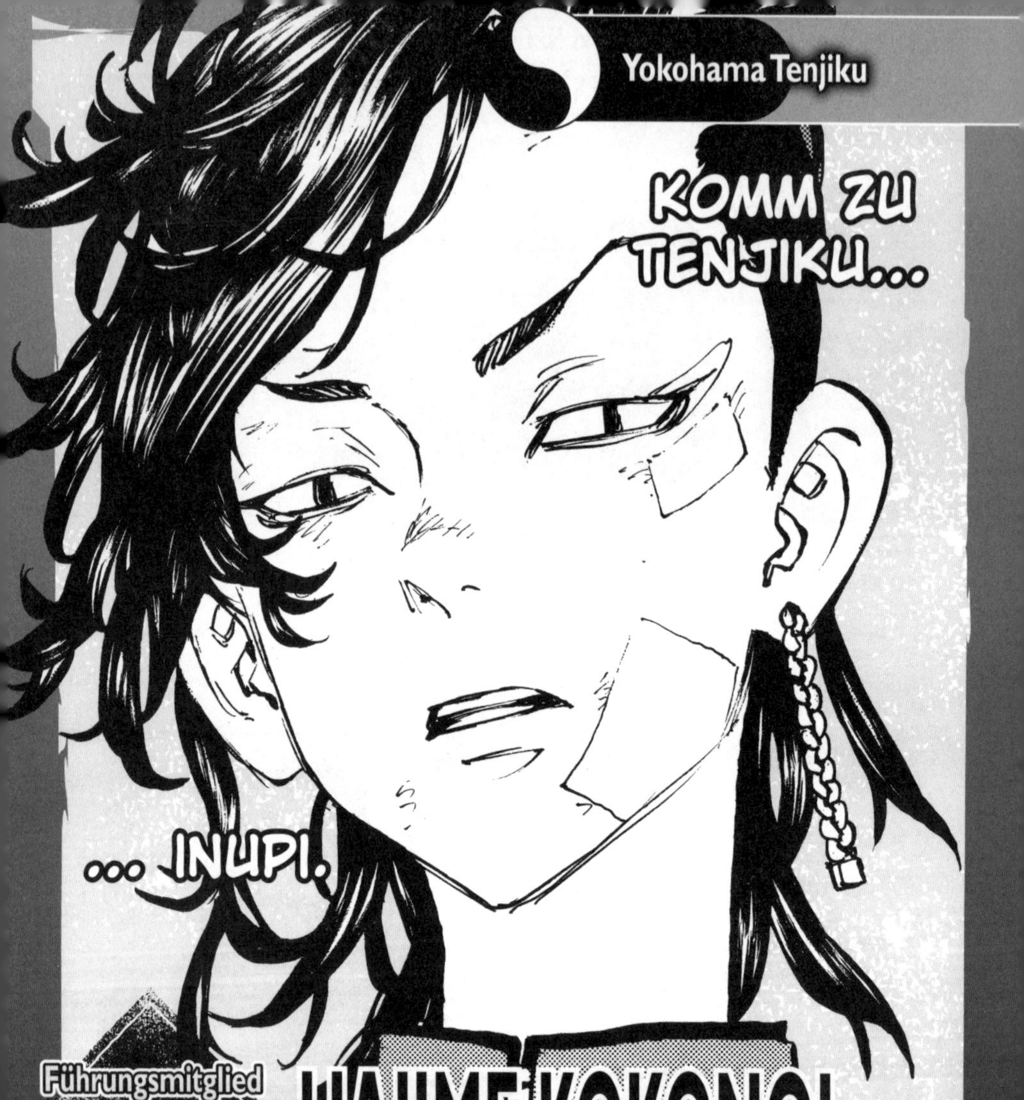

Führungsmitglied von Tenjiku

HAJIME KOKONOI

♦ Größe: 1,74 m ♦ Gewicht: 60 kg ♦ Geburtstag: 1. April 1989 ♦ Sternzeichen: Widder
♦ Blutgruppe: A ♦ Spitzname: Koko ♦ Themenfarbe: Gold ♦ Liebt: Energiekristalle
♦ Hasst: Geld ♦ Besondere Fähigkeit: sich im Hintergrund zu halten (steht nicht gern im Vordergrund), Unmengen zu essen
♦ Bewundert: Steve Jobs ♦ Kommt nicht so gut zurecht mit / Hat Angst vor: Typen, die er nicht kontrollieren kann, wie zum Beispiel Takemichi Hanagaki ♦ Traum: auf der Gewinnerseite des Lebens zu stehen
♦ Bemerkenswerte (oder bedauernswerte) Leistung: keine, weil ihm schon von klein auf alles leichtfiel
♦ Lieblingsort: die Bücherei

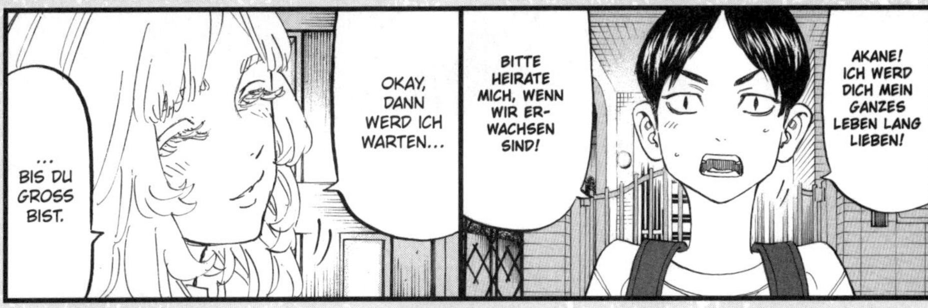

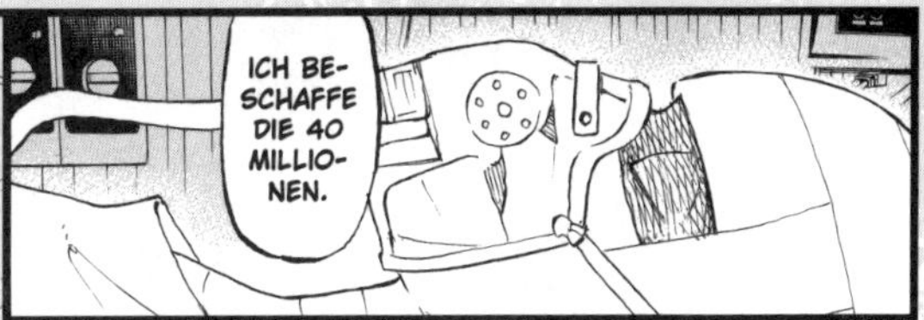

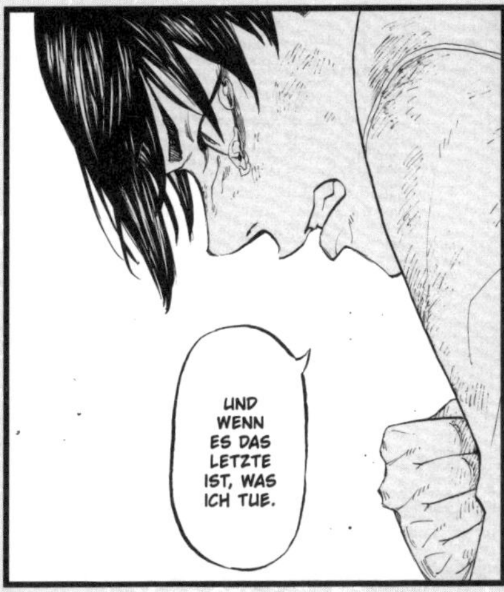

Um das Mädchen, das er liebt, zu retten, sucht er nach Wegen, um an Geld zu kommen

Schon als er Teil der 10. Generation von Black Dragon war, verstand sich Koko darauf, mit Geld umzugehen und es zu vermehren. Ursprünglich hatte er sich das Wissen dazu selbst angeeignet, um Akane Inui, das Mädchen, in das er verliebt war und das eine teure Behandlung benötigte, zu retten. Nach Akanes Tod stellt er seine Fähigkeiten zunächst in den Dienst von Taiju und später von Izana.

Inupis Worte verändern etwas in ihm

Er folgt Muchos Aufforderung, sich Tenjiku anzuschließen, und steht beim Kampf gegen die Manji-Gang nun Inupi gegenüber. Die ehrlichen Worte seines Freundes versetzen ihn in die Vergangenheit zurück, und erfüllt von Erinnerungen an seine geliebte Akane offenbart er seine Gefühle. Etwas in ihm hat sich verändert.

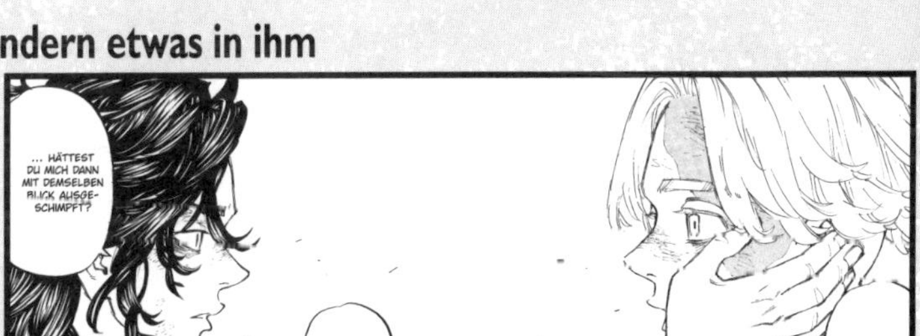

Danach

Inupi und er gehen getrennte Wege

Nachdem er Akane, seinen einzigen Lebensinhalt, verloren hatte, ließ sich Koko immer wieder für finanzielle Zwecke ausnutzen. Doch er erkennt, dass er so nicht weitermachen kann, sagt Inupi Lebewohl und schlägt seinen eigenen Weg ein.

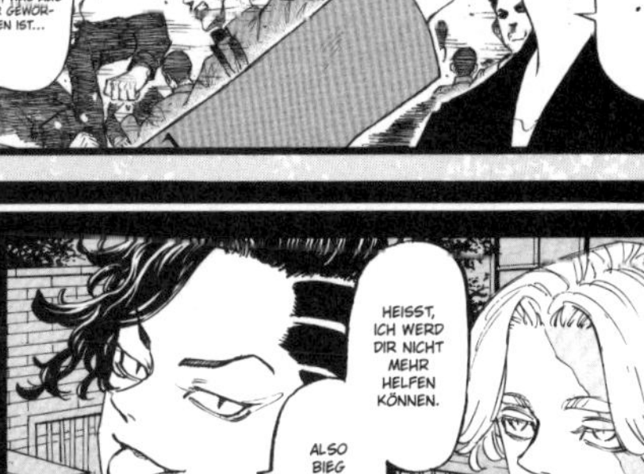

Yokohama Tenjiku

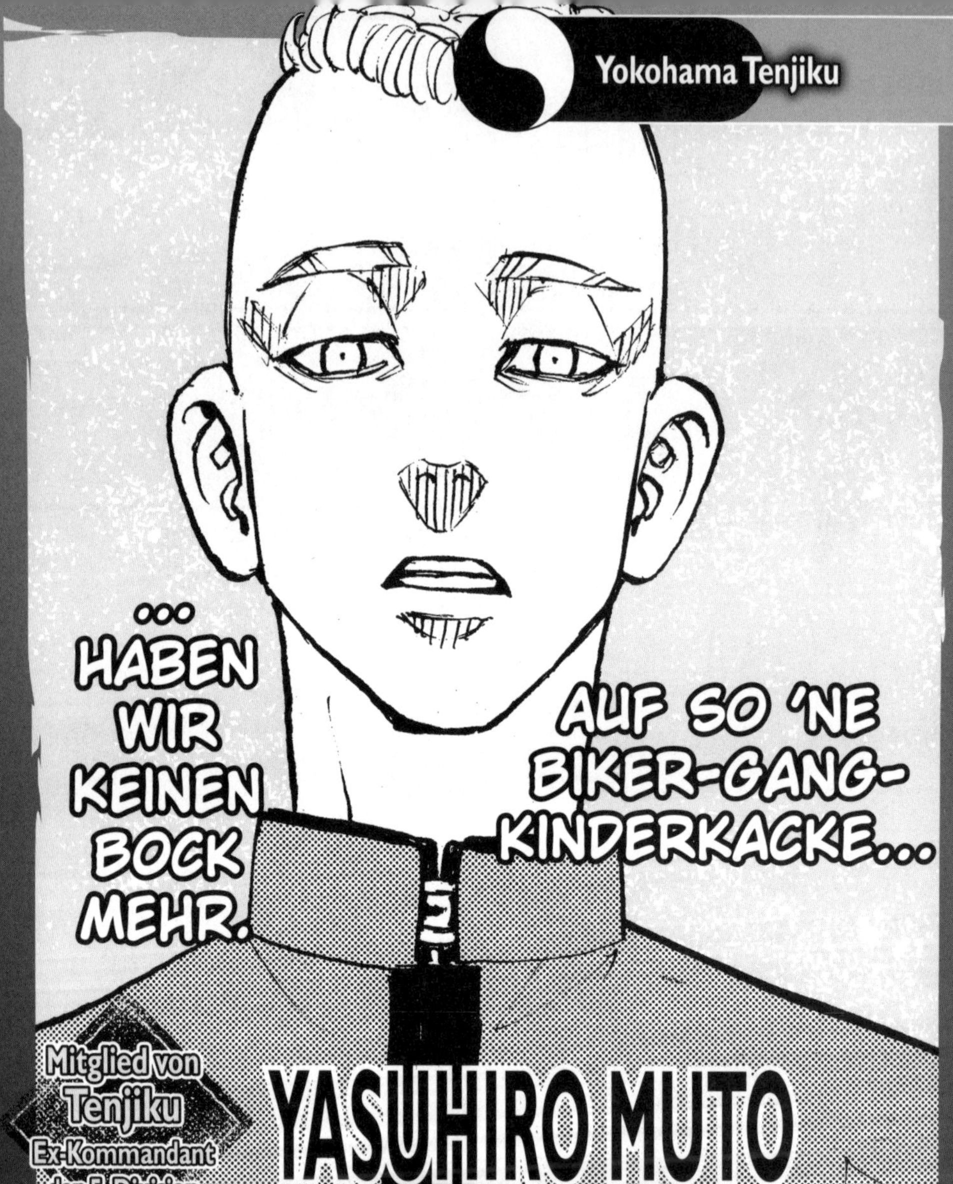

Mitglied von Tenjiku
Ex-Kommandant der 5. Division

YASUHIRO MUTO

♦ Größe: 1,87 ♦ Gewicht: 86 kg ♦ Geburtstag: 28. April 1987 ♦ Sternzeichen: Stier ♦ Blutgruppe: 0 ♦ Spitzname: Mucho ♦ Themenfarbe: Kaki ♦ Liebt: den Geruch von Lederjacken ♦ Hasst: Brustfilet vom Huhn (hat schon so viel davon gegessen, dass er es nicht mehr sehen kann) ♦ Besondere Fähigkeit: Ist gut im Shogi ♦ Bewundert: Izana Kurokawa ♦ Kommt nicht so gut zurecht mit: Baji & Kazutora ♦ Traum: ein Café zu betreiben ♦ Bedauernswerte Leistung: Da es Sanzu offenbar schwerfällt, sich ihm zu öffnen, bringt er ihm einen Käsekuchen von Cozy Corner mit, den er selbst besonders gern mag. Doch Sanzu wirkt zögerlich. Als er ihn fragt, was los ist, antwortet dieser: »Ich mag keinen Käse. Aber ich stelle mich der Herausforderung.« Nachdem er den Kuchen gegessen hat, fällt kein weiteres Wort mehr. Es ist wirklich nicht leicht, jemanden dazu zu bringen, sich zu öffnen. ♦ Lieblingsort: die Jugendstrafanstalt, in der er auf die anderen aus der »Ruchlosen Generation« traf ♦ Ein Tag aus seinem Leben: Er besucht die Kawata-Brüder zu Hause. In Smileys Zimmer finden sich lauter typische Dinge, wie zum Beispiel ein Surfboard an der Wand oder ein staubbedecktes Keyboard in der Ecke, mit denen ein unbeliebter Mittelschüler zeigen möchte, wie cool er doch ist. Angry zufolge steht Smiley eigentlich auf Modellbaukästen und Manga, aber weil solche Sachen als uncool gelten, versteckt er sie.

Er folgt seinem eigentlichen König und verlässt die Manji-Gang für Tenjiku

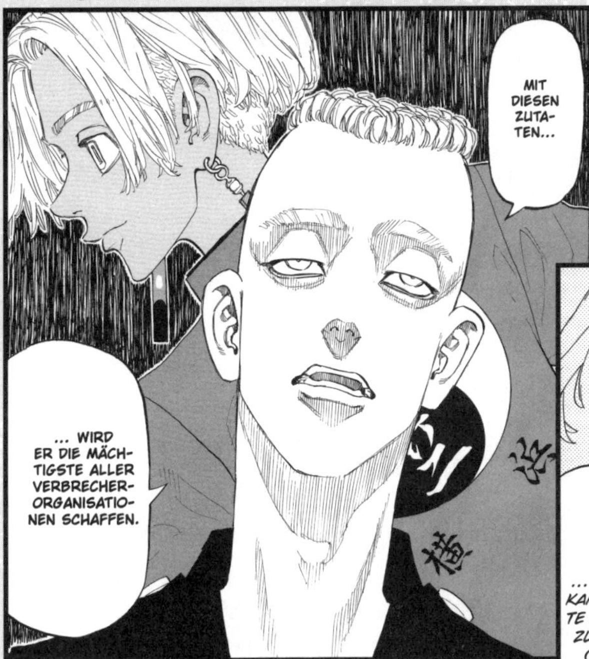

Bevor er der Manji-Gang beitrat, verübte Mucho zusammen mit Izana, den er als seinen absoluten König betrachtet, allerlei Verbrechen, von Raub bis hin zu Körperverletzung. Nun, wo sein König zurückgekehrt ist, zögert Mucho keine Sekunde lang, die Manji-Gang zu verraten und Tenjiku beizutreten, um Izana zu unterstützen.

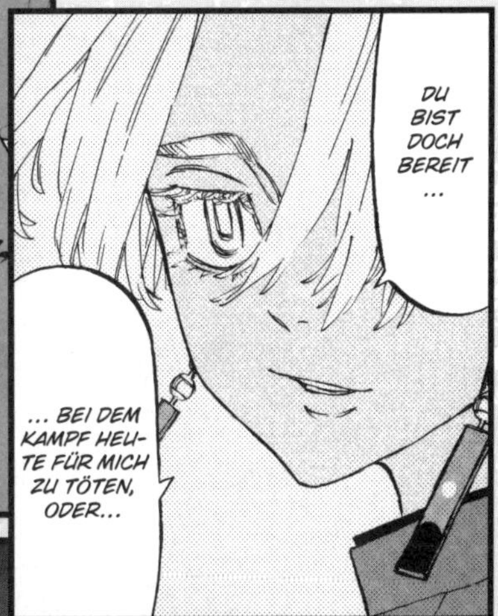

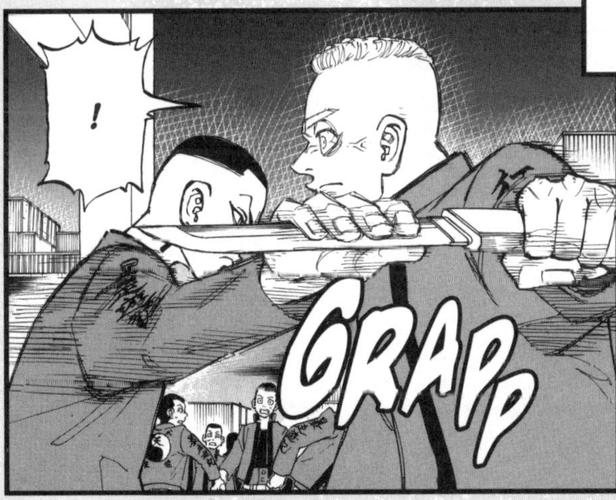

Für Izana greift er zum Messer!

Aus Loyalität zu Izana und beeinflusst von der Mentalität einer Gang, die für einen Sieg auch zu töten bereit ist, greift er bereitwillig zum Messer. Er wird jedoch von Kakucho, der nichts von solchen Methoden hält, gestoppt und k. o. geschlagen. So konnte eine weitere mörderische Tat gerade noch verhindert werden.

Danach

Nachdem er Zeuge von Izanas Tod wurde, lässt er sich freiwillig verhaften

Mucho akzeptiert Tenjikus Niederlage und rät Mikey abzuhauen, während er sich selbst dazu entscheidet, vor Ort zu bleiben und sich von der Polizei festnehmen zu lassen. Gestützt von Sanzu, seiner rechten Hand, scheint er seine anständige Gesinnung wiedergewonnen zu haben.

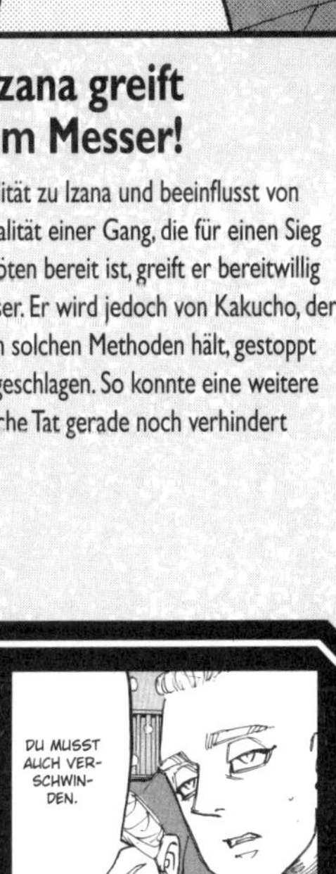

Yokohama Tenjiku

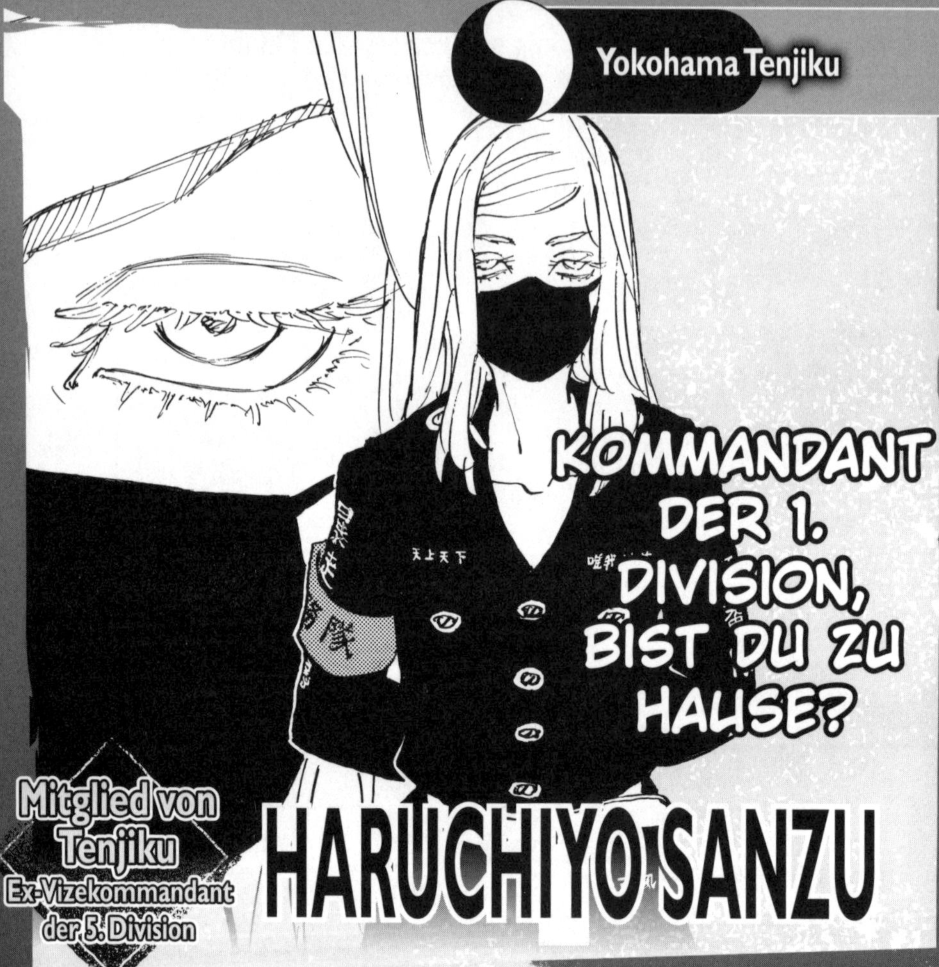

Mitglied von Tenjiku
Ex-Vizekommandant der 5. Division

HARUCHIYO SANZU

♦ Größe: 1,72 m ♦ Gewicht: 55 kg ♦ Geburtstag: 3. Juli 1990 ♦ Sternzeichen: Krebs ♦ Blutgruppe: AB ♦ Themenfarbe: nahe bei Magenta liegendes Pink ♦ Liebt: Käsekuchen von Cozy Corner ♦ Hasst: scharfes Essen (weil er dann schwitzen muss) ♦ Besondere Fähigkeit: Beherrscht Schwertkampfkunst ♦ Bewundert: Mikey ♦ Kommt nicht so gut zurecht mit: übereifrigen Typen ♦ Traum: Mikeys rechte Hand zu sein ♦ Bemerkenswerte (oder bedauernswerte) Leistung: Als Geburtstagsgeschenk für seinen Kommandanten beschließt er, einen Typen, den Mucho nicht ausstehen kann, ausfindig zu machen, ihn windelweich zu prügeln, seine Haare auszureißen und diese schön verpackt Mucho zu überreichen. Doch statt sich darüber zu freuen, bekommt dieser einen Tobsuchtsanfall. Es ist wirklich nicht einfach, es dem Kommandanten recht zu machen. ♦ Lieblingsort: ein kalter Lagerschuppen im Winter ♦ Ein Tag aus seinem Leben: An dem Tag, an dem Baji Hanagaki eine verpasst und aus der Manji-Gang austritt, fällt ihm ein, dass er Baji unbedingt noch etwas fragen muss, und läuft ihm hinterher. Sanzu: »Baji, hast du echt vor, die Gang zu verlassen?« Baji: »Ja.« Sanzu: »Okay. Schade. Aber darf ich dich dann noch was fragen?« Baji: »Wenn's um Walhalla geht, vergiss es.« Sanzu: »Welche Haarkur verwendest du?« Baji: »Hä?« Sanzu: »Ich wollte das schon die ganze Zeit wissen. Du hast immer so wunderbar glatte Haare.« Baji: »Du bist echt 'n komischer Vogel. Ich verwende bloß stinknormale Seife.« Sanzu: »Alles klar! Danke, Baji!« Als er es ein paar Tage später ausprobiert, stehen ihm die Haare hart und struppig vom Kopf ab. Er schwört, dass er Baji umbringt, wenn dieser ihm das nächste Mal über den Weg läuft.

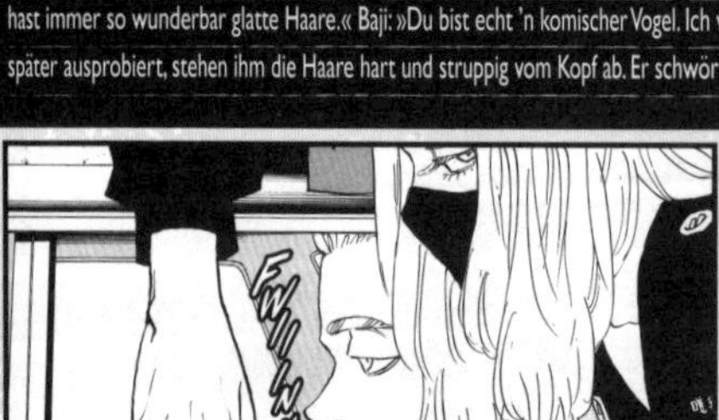

Verrät zusammen mit Mucho die Manji-Gang

Er ist Muchos enger Vertrauter und wechselt mit ihm gemeinsam zu Tenjiku, nachdem Mucho die Manji-Gang verraten hat. Nach dem Kanto-Zwischenfall gelingt ihm die Flucht vor der Polizei und er verschwindet spurlos.

Yokohama Tenjiku

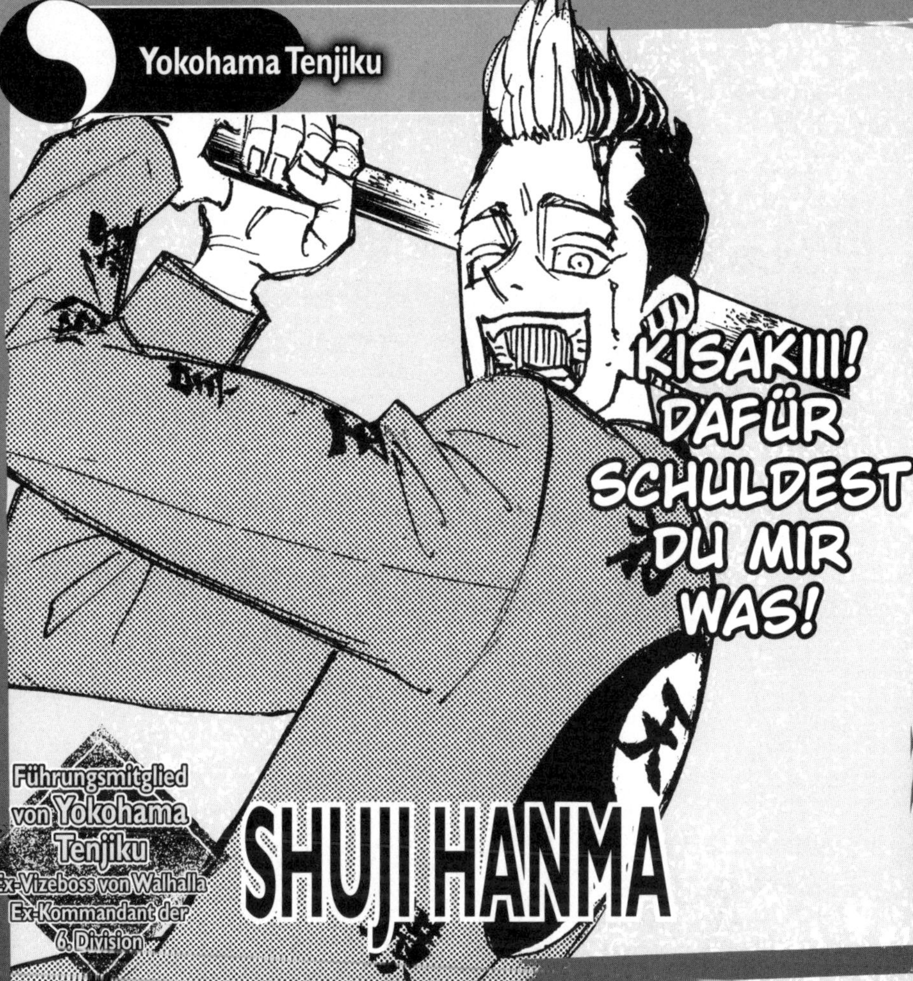

Führungsmitglied von Yokohama Tenjiku
Ex-Vizeboss von Walhalla
Ex-Kommandant der 6. Division

SHUJI HANMA

♦ Größe: 1,92 m ♦ Gewicht: 70 kg ♦ Geburtstag: 27. Oktober 1989 ♦ Sternzeichen: Skorpion ♦ Blutgruppe: AB ♦ Themenfarbe: Violett ♦ Liebt: Nervenkitzel ♡ ♦ Hasst: jeden außer sich selbst ♦ Besondere Fähigkeit: Zähne einschlagen ♦ Bewundert: Ältere, die ihm was ausgeben ♦ Traum: hundert Diener zu haben, die sich von früh bis spät um alles kümmern, worauf er keinen Bock hat ♦ Bemerkenswerte (oder bedauernswerte) Leistung: Dank seiner ausgezeichneten Reaktionsfähigkeit schafft es niemand, ihm einen direkten Treffer zu verpassen (außer Mikey, aber der ist übermenschlich). ♦ Lieblingsort: dort, wo die Fetzen fliegen

Nach Kisakis Tod ist er auf der Flucht

Er eilt Kisaki zu Hilfe und versucht zusammen mit ihm zu entkommen, doch sie werden von Takemichi und Draken, die die Verfolgung aufnehmen, an der Flucht gehindert. Nach Kisakis Tod taucht er unter und beginnt ein Leben im Verborgenen.

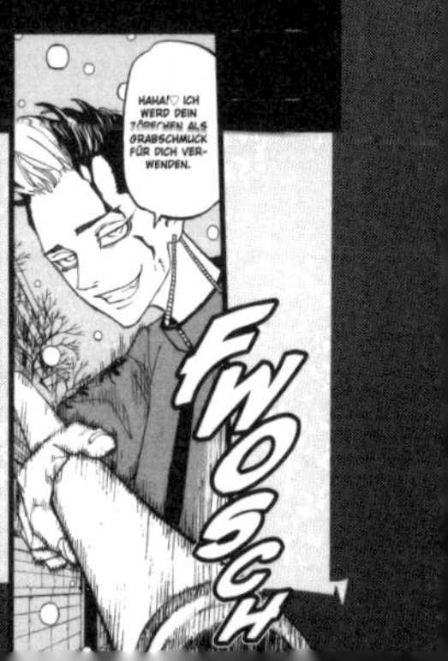

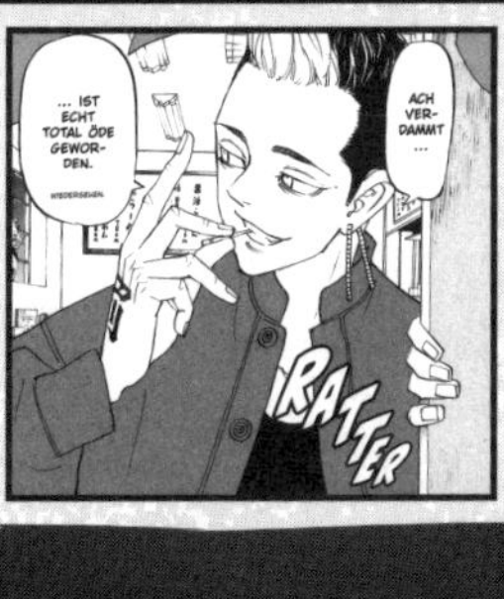

Yokohama Tenjiku

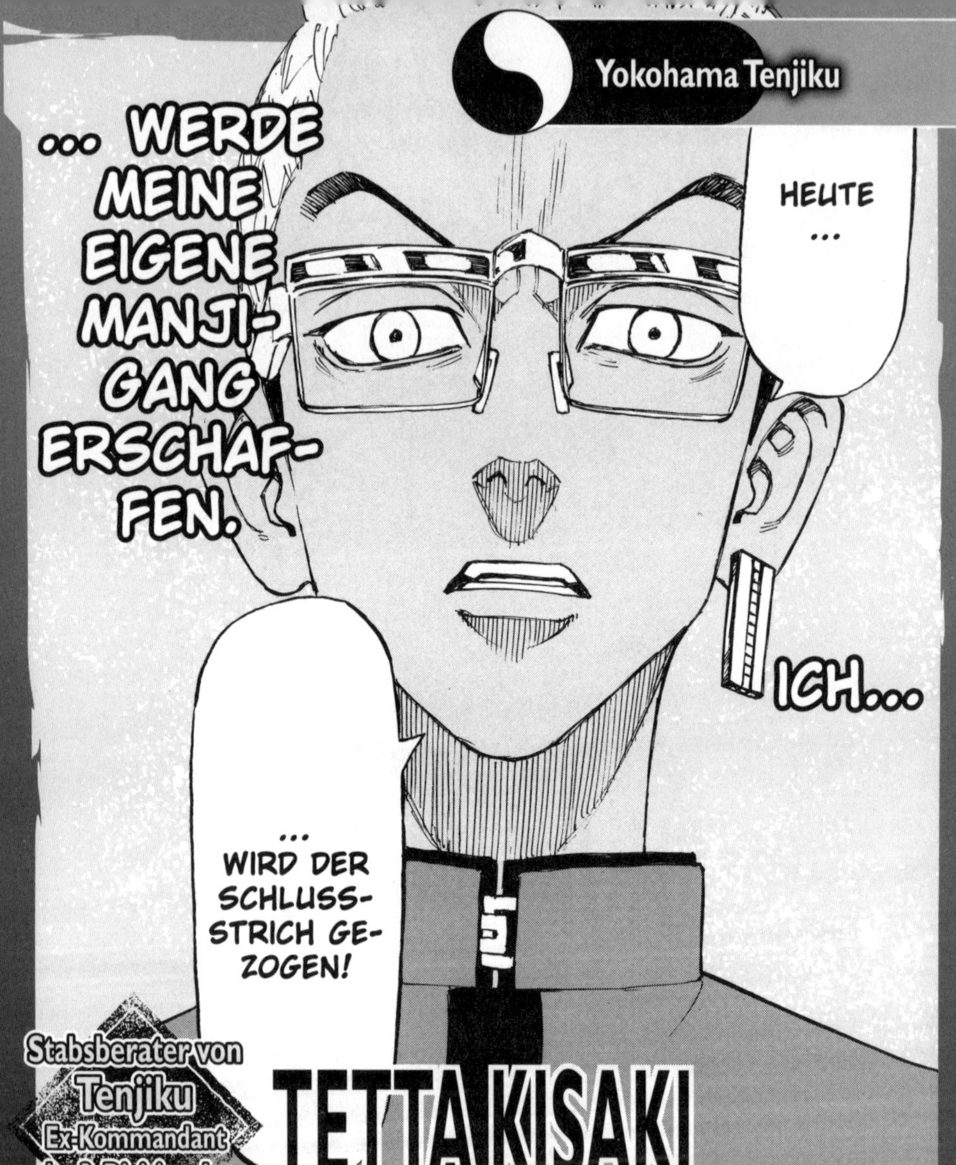

Stabsberater von Tenjiku
Ex-Kommandant der 3. Division der Tokyo-Manji-Gang

TETTA KISAKI

- ♦ Größe: 1,64 m ♦ Gewicht: 58 kg
- ♦ Geburtstag: 20. Januar 1992 ♦ Sternzeichen: Wassermann ♦ Blutgruppe: A
- ♦ Themenfarbe: Schwarz
- ♦ Liebt: nichts ♦ Hasst: Schwachköpfe
- ♦ Besondere Fähigkeit: Lernen, vor allem Mathematik
- ♦ Bewundert: niemanden
- ♦ Traum: die größte Verbrecherorganisation Japans zu erschaffen
- ♦ Bemerkenswerte (oder bedauernswerte) Leistung: nichts, was der Rede wert wäre
- ♦ Lieblingsort: oben auf einer Fußgängerbrücke bei Nacht

Ihm ist jedes Mittel recht, um an die Macht zu kommen

Immer und immer wieder wurden Kisakis Pläne, Mikey unter seine Kontrolle zu bringen, von Takemichi durchkreuzt. Fest entschlossen, dass es ihm dieses Mal gelingen wird, schließt er sich Tenjiku an und geht sogar so weit, Ema zu töten.

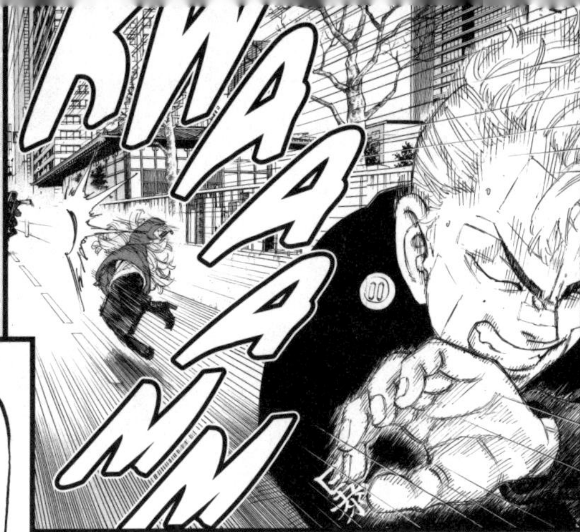

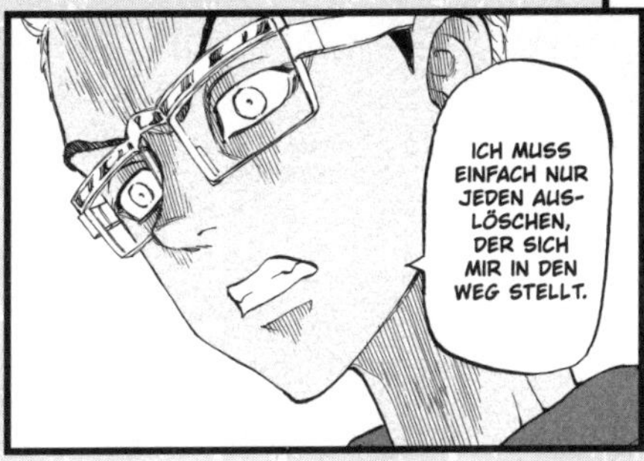

Sein wahres Ziel: Hina für sich zu gewinnen

Der Grund, warum Kisaki derart von Mikey und der Manji-Gang besessen ist, ist sein Wunsch, die Nummer eins unter allen Rowdys in ganz Japan zu werden, Takemichi zu übertreffen und so Hinas Herz zu erobern. Um das zu erreichen, schmiedete er einen ausgeklügelten Plan, dessen Realisation sich über ein Jahrzehnt erstreckte.

Doch die Niederlage von Tenjiku macht sein Vorhaben ein weiteres Mal zunichte und er gerät völlig außer sich. Mit einer Pistole in der Hand offenbart er seine Wut auf Takemichi und seine Liebe für Hina.

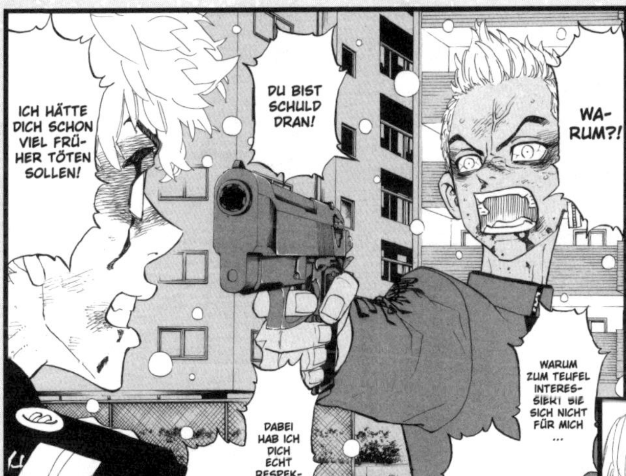

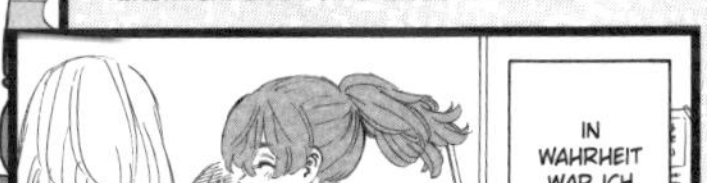

Danach

Auf zügellosen Ehrgeiz folgt ein unerwarteter Tod

Kisaki, der zu fliehen versucht, nachdem er Takemichi umbringen wollte, wird auf offener Straße unerwartet von einem Lkw erfasst. Zunächst unfähig, zu begreifen, was gerade passiert ist, gerät er in Panik und haucht schließlich mit den verzweifelten Worten »Ich will nicht sterben« sein Leben aus.

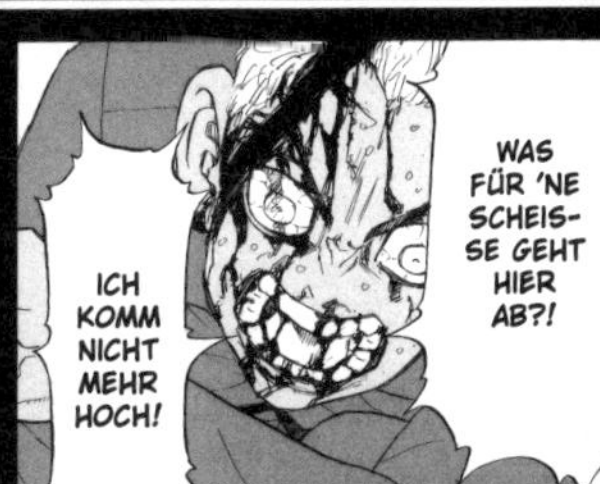

Der Abschluss des Kanto-Zwischenfalls

Die brutale Auseinandersetzung mit 500 Beteiligten endet mit der schrecklichen Bilanz von drei Totenopfern

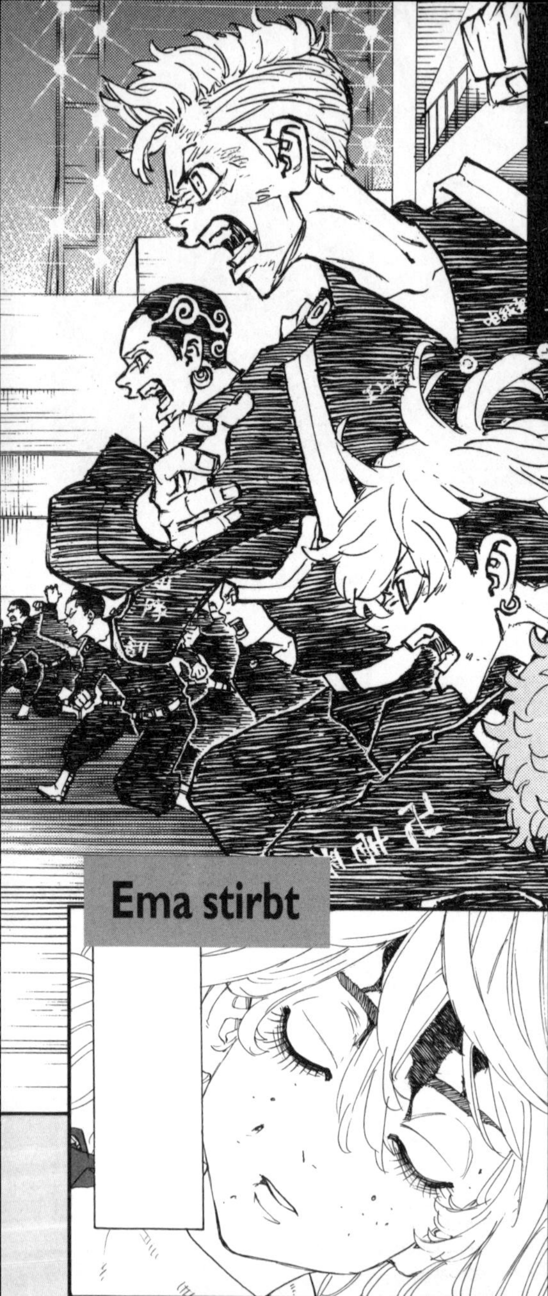

Ema stirbt

Der Konflikt zwischen der Tokyo-Manji-Gang mit 100 Mann und Tenjiku mit 400 Mann, der am Ende in den größten Kampf der Geschichte zwischen zwei Rowdy-Gangs mündet, fordert drei Todesopfer: Izana Kurokawa, der Anführer von Tenjiku, Tetta Kisaki, der Stabsberater von Tenjiku, und Ema Sano, die einzig aus dem Grund ermordet wurde, weil sie Mikeys Schwester war.

Durch ihren Sieg bei der Schlacht gelingt es der Tokyo-Manji-Gang, an die Spitze der japanischen Rowdy-Welt aufzusteigen, doch Emas Tod, der dafür ein viel zu hoher

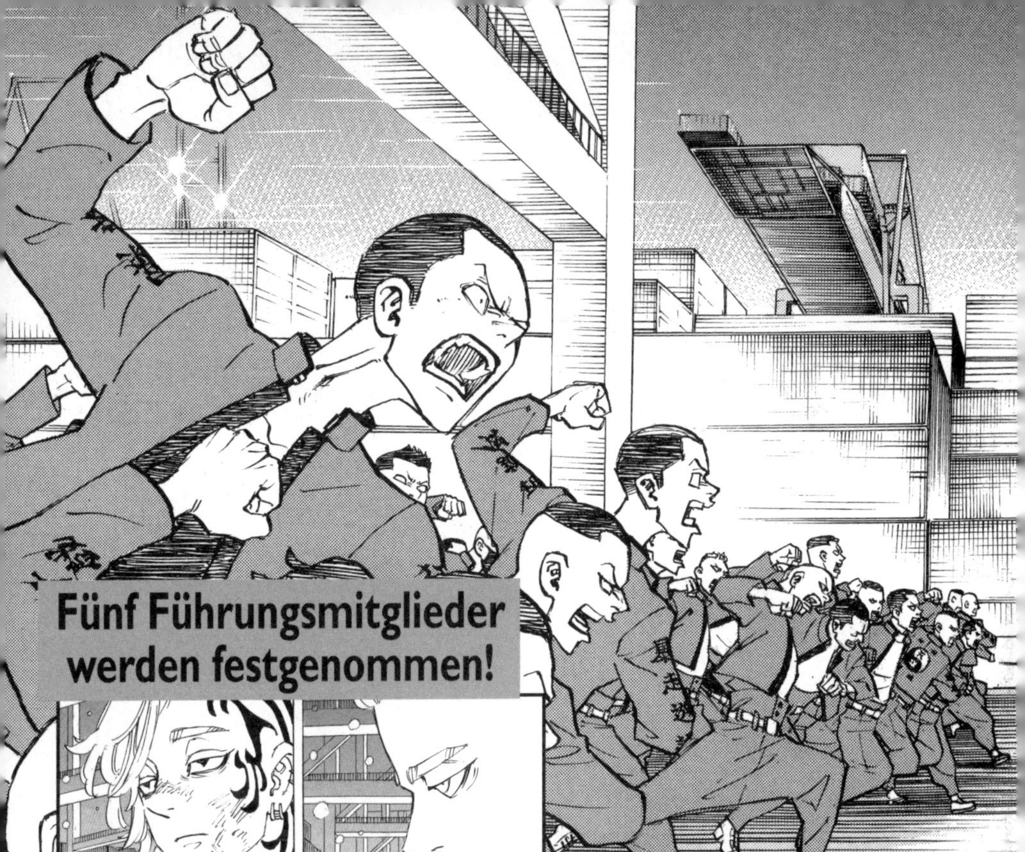

Fünf Führungsmitglieder werden festgenommen!

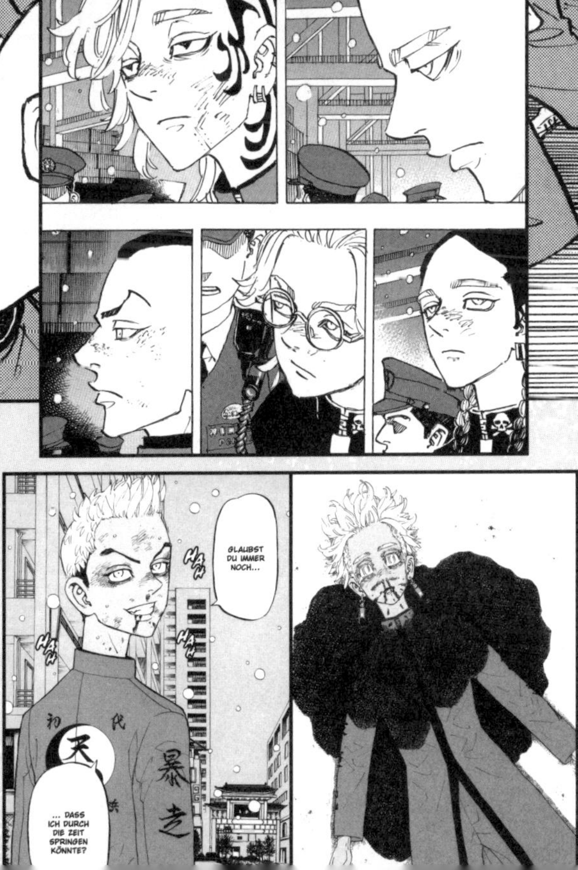

Izana und Kisaki kommen ebenfalls ums Leben

Preis war, hinterlässt eine tiefe Wunde in den Herzen von Takemichi und seinen Freunden.

Die Führungsmitglieder von Tenjiku sind hingegen von Izanas Tod erschüttert. Doch während Izanas Opfer einige tief bewegt, sehnen sich andere schon nach dem nächsten Krawall. Jeder seinen eigenen Überzeugungen folgend gehen sie nun getrennte Wege.

Die Reihe der Anführer

Die legendäre Gang, die die gesamte Kanto-Region beherrschte

Ein Rückblick auf die Oberhäupter von Black Dragon!

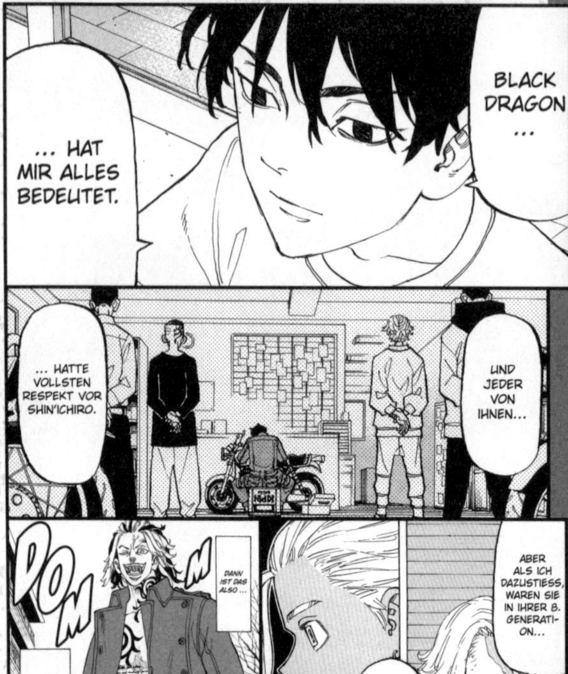

Die 1. Generation von Black Dragon, gegründet von Shin'ichiro Sano, galt als legendäre Gang voller imponierender Leute, die von allen Rowdys in Japan bewundert wurde.
Doch ihr achtes Oberhaupt, Izana Kurokawa, verwandelte Black Dragon in eine gewissenlose Verbrecherbande. Unter Shion Madarame, dem Anführer der neunten Generation, verschrieb sich die Gang nur noch weiter der Kriminalität und Brutalität. Es kam zum Kampf mit der gerade erst gegründeten Tokyo-Manji-Gang, bei dem die 9. Generation eine vernichtende Niederlage erlitt und sich infolgedessen auflöste.
Erst einige Zeit später wurde Black Dragon durch Inupi wieder neues Leben eingehaucht. Doch die 10. Generation, angeführt von Taiju Shiba, die als die wahnsinnigste und gewissenloseste der Gang angesehen wurde, hatte absolut nichts von dem Glanz der Gründergeneration an sich. Am Ende übernimmt Takemichi auf Bitten von Inupi, der sich durch ihn an Shin'ichiro erinnert fühlt, als 11. Oberhaupt Black Dragon.

Übersicht über die Anführer von Black Dragon

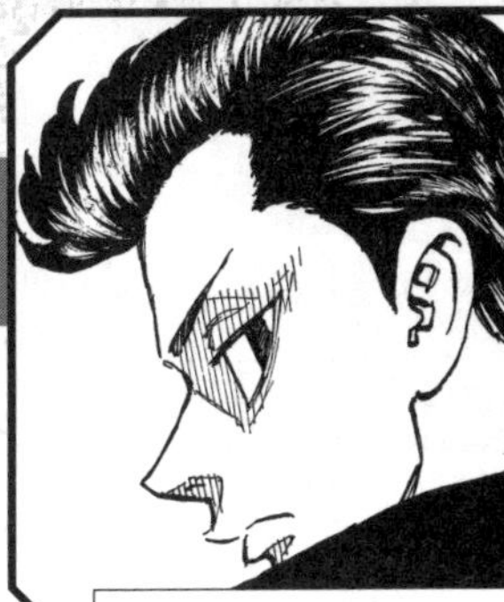

Gründungsoberhaupt
Shin'ichiro Sano

2. bis 7. Oberhaupt

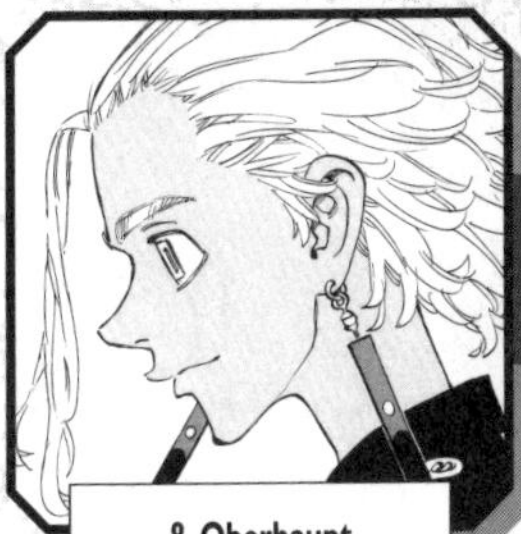

8. Oberhaupt
Izana Kurokawa

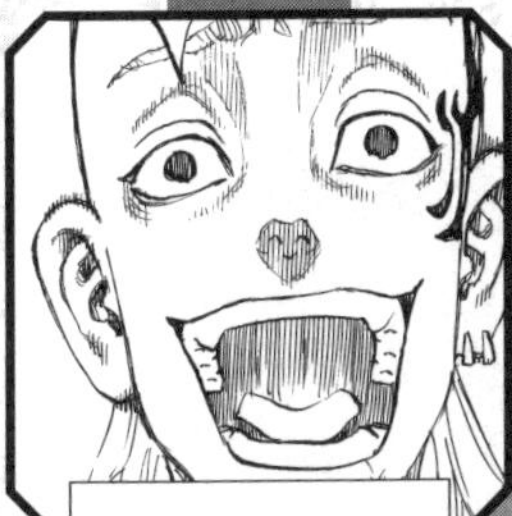

9. Oberhaupt
Shion Madarame

Der Konflikt mit der Tokyo-Manji-Gang führt zum Untergang der 9. Generation von Black Dragon.

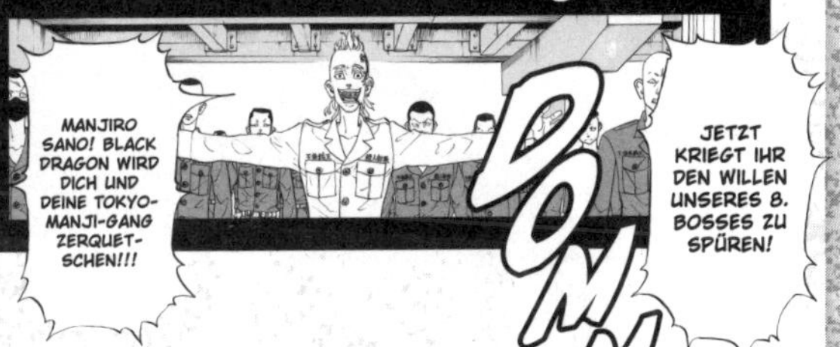

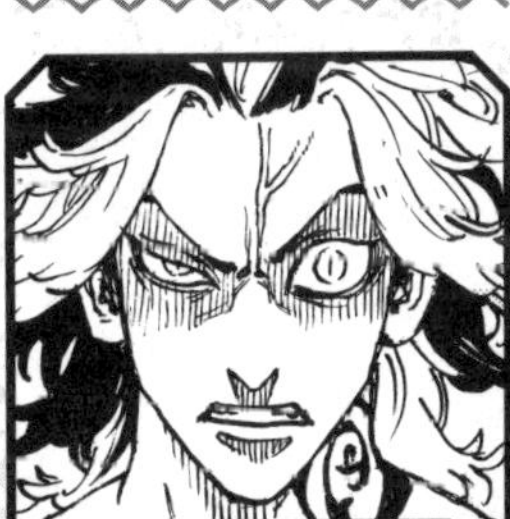

10. Oberhaupt
Taiju Shiba

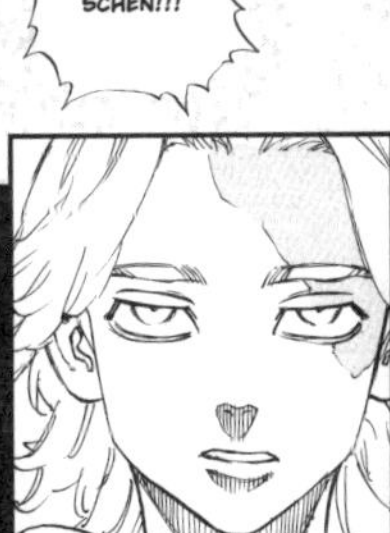

Durch Inupis Bemühungen kehrt die Gang schließlich in ihrer 10. Generation zurück.

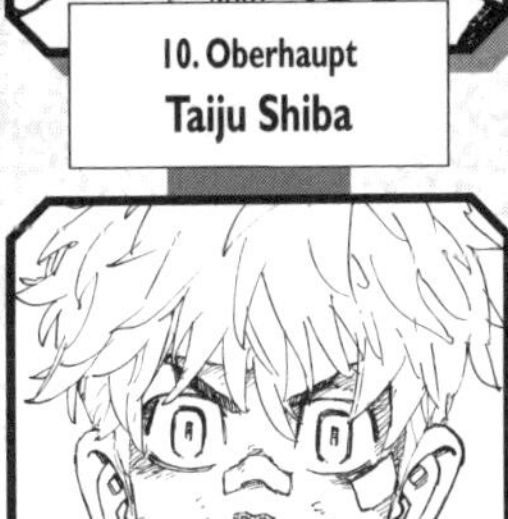

11. Oberhaupt
Takemichi Hanagaki

Takemichi kommt Inupis Bitte nach und übernimmt Black Dragon als elfter Boss der Gang.

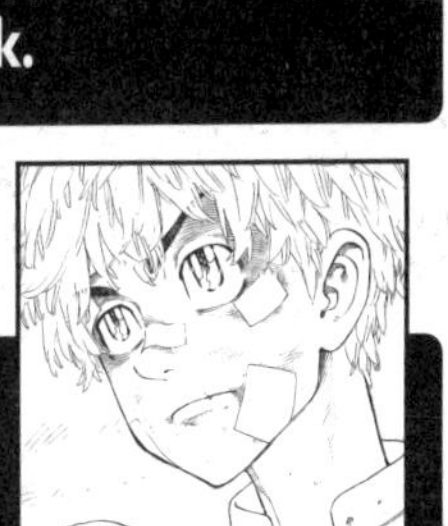

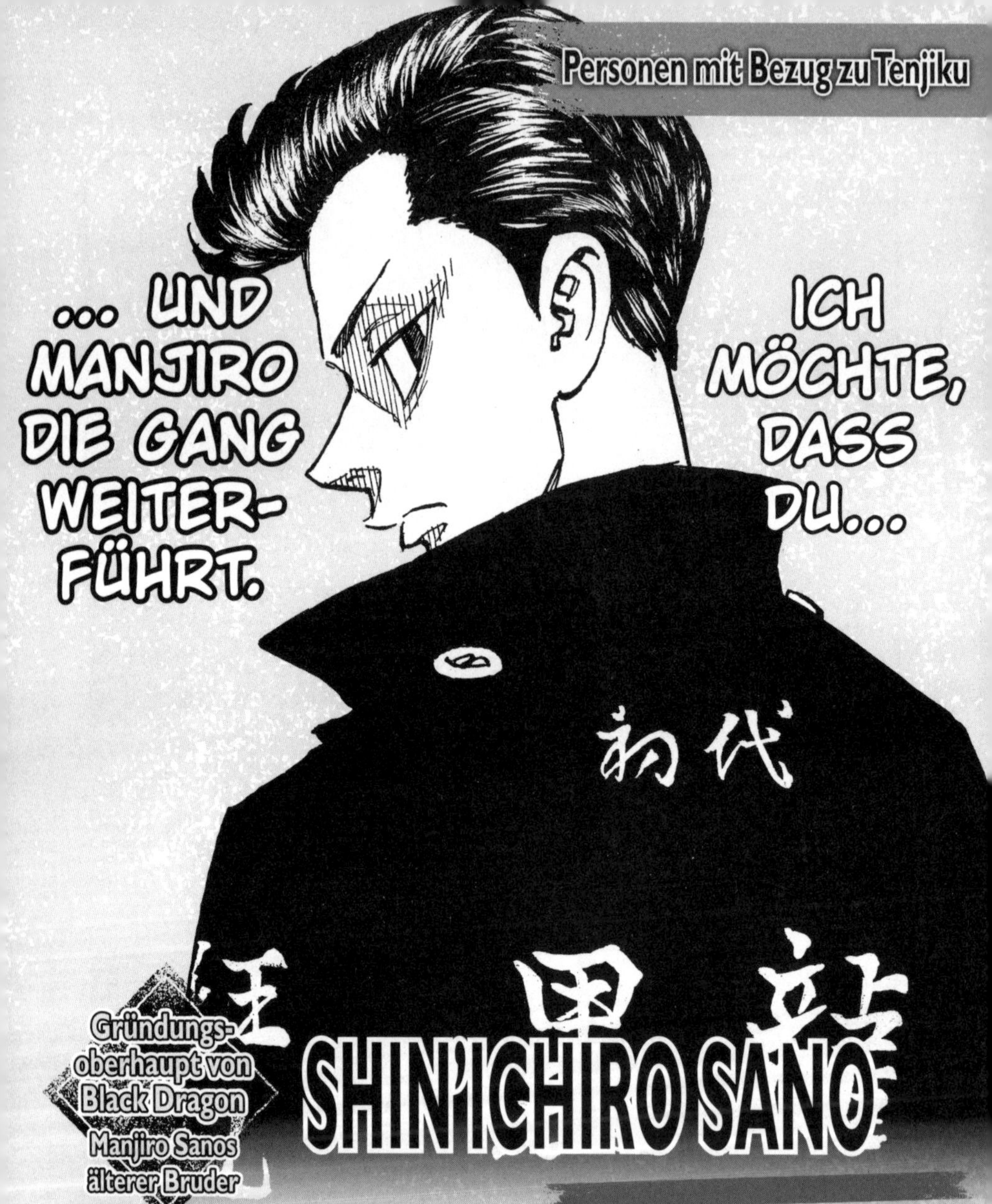

Gründungs-oberhaupt von Black Dragon
Manjiro Sanos älterer Bruder

SHIN'ICHIRO SANO

♦ Größe: 1,82 m ♦ Gewicht: 69 kg ♦ Geburtstag: 1. August 1980

♦ Sternzeichen: Löwe ♦ Blutgruppe: 0 ♦ Themenfarbe: Gold

♦ Liebt: Cola ♦ Hasst: sich anzustrengen

♦ Bewundert: die Mitglieder der 1. Generation von Black Dragon

♦ Traum: zusammen mit Izana und Mikey einen Motorradladen zu betreiben

♦ Bemerkenswerte (oder bedauernswerte) Leistung: Hat seinem Schwarm zwanzig Mal erfolglos seine Liebe gestanden

♦ Lieblingsort: S.S. MOTORS

Der von vielen verehrte, legendäre Gangboss

Shin'ichiro war der Gründer und das erste Oberhaupt der legendären Gang Black Dragon. Er wurde von Rowdys aus ganz Tokyo respektiert und stand an der Spitze aller Rocker der Kanto-Region. Auch nach seinem Rückzug aus der Gang hielt er als Erwachsener den Kontakt zu seinen alten Kumpels aufrecht, mit denen er noch oft über den Blödsinn lachte, den sie früher einmal getrieben hatten.

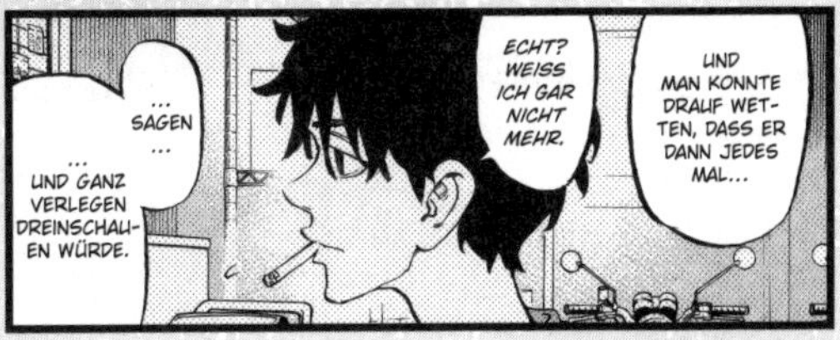

Immer für seine kleine Geschwister da

Nachdem Ema ins Haus der Sanos eingezogen war, versuchte er sie mit Scherzen zum Lachen zu bringen. Izana, der bisher allein im Heim gelebt hatte, brachte er das Motorradfahren und viele andere Dinge bei. Shin'ichiro war immer darum bemüht, Mikey und seinen anderen kleinen Geschwistern ein Lächeln ins Gesicht zu zaubern.

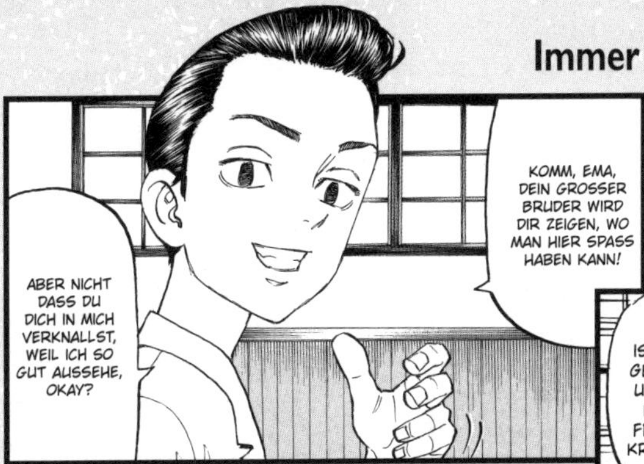

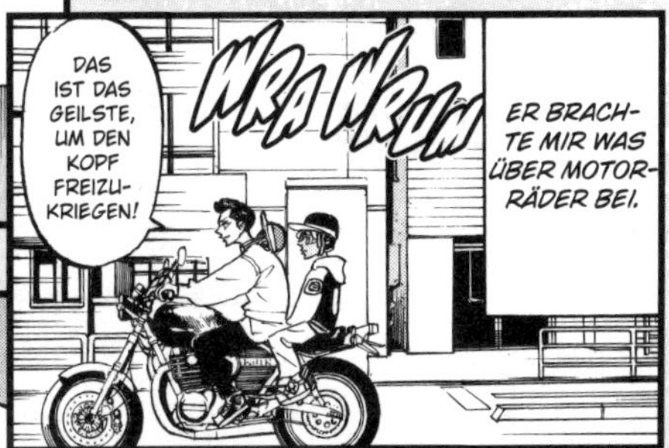

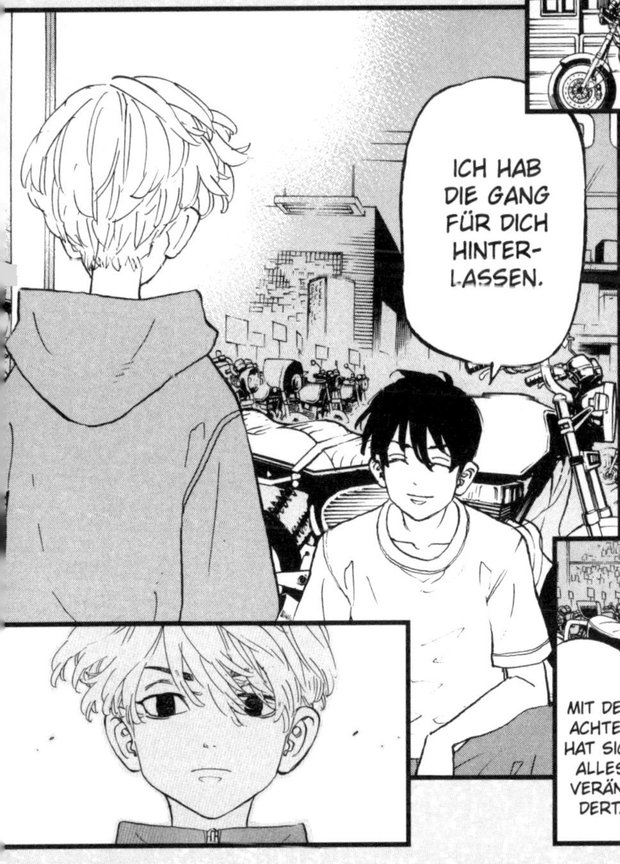

Wünschte sich, dass seine Brüder Black Dragon übernehmen würden

Er hätte es gerne gesehen, wenn Mikey und Izana die Gang, die ihm alles bedeutet hatte, gemeinsam übernommen und weitergeführt hätten. Doch Shin'ichiro war sehr zerrissen, als er erleben musste, wie sich die Gang komplett veränderte, nachdem Izana zum 8. Oberhaupt von Black Dragon geworden war.

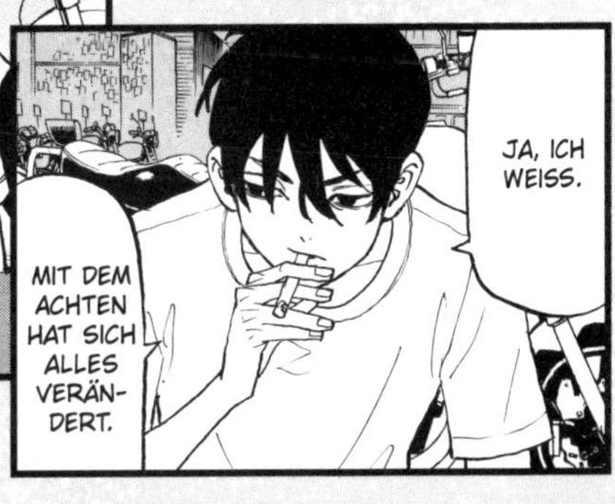

Der Stammbaum im Überblick

Der Ursprung von Izanas Verbitterung wird aufgedeckt! Die Verbindung zwischen den Familien Sano und Kurokawa!

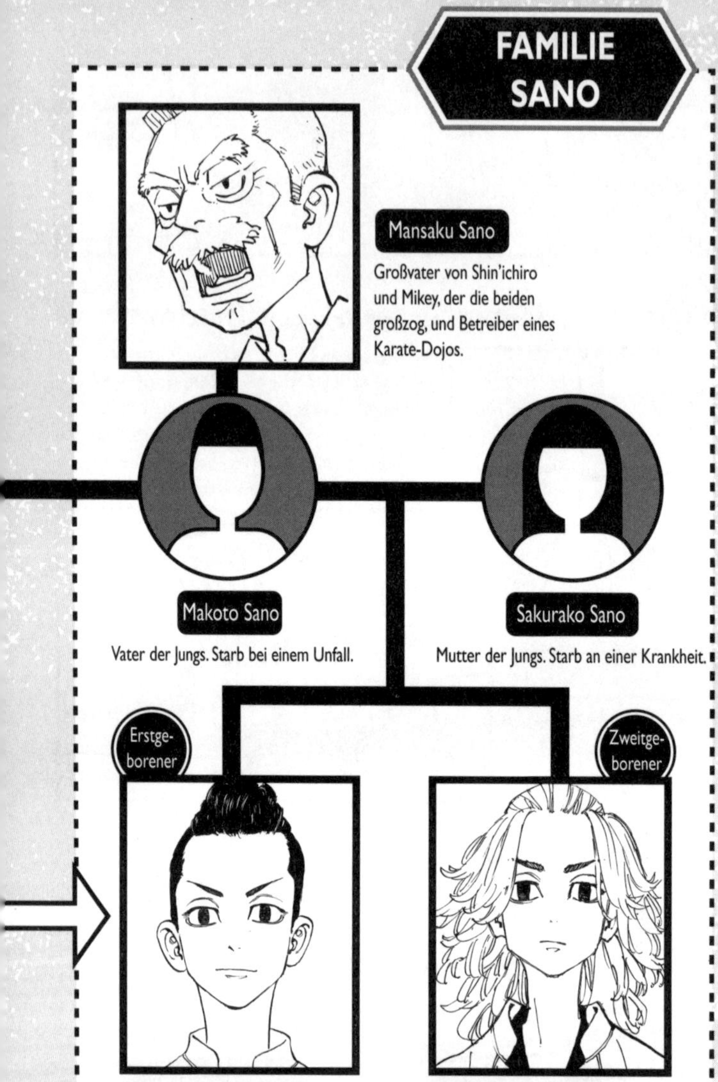

Die Ursache für Izanas Wut und Verbitterung, die zu dem Konflikt zwischen Tenjiku und der Manji-Gang führen sollte, war seine einsame Kindheit.

Im Glauben aufgewachsen, der Sohn seines Vaters und dessen Frau Karen zu sein, muss Izana viele Jahre später erfahren, dass er einer früheren Beziehung seines Vaters mit einer Philippinerin entstammt. Sein Vater übernahm die Vormundschaft für ihn, doch verstarb, kurz nachdem er Karen geheiratet hatte. Zunächst lebt er noch einige Zeit weiter bei Karen, doch als sie ihn nicht mehr länger bei sich haben will, kommt er in ein Heim.

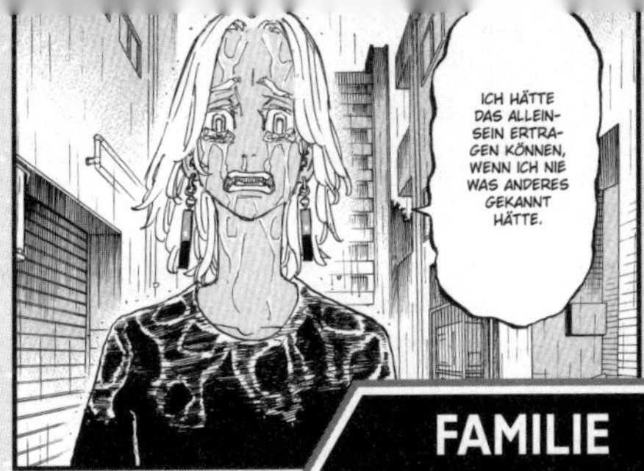

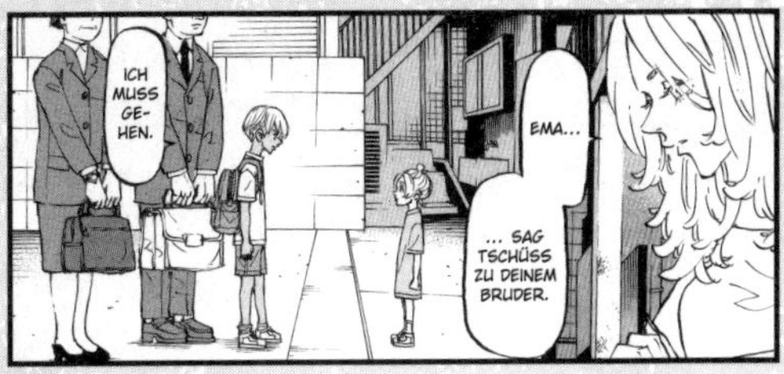

FAMILIE KUROKAWA

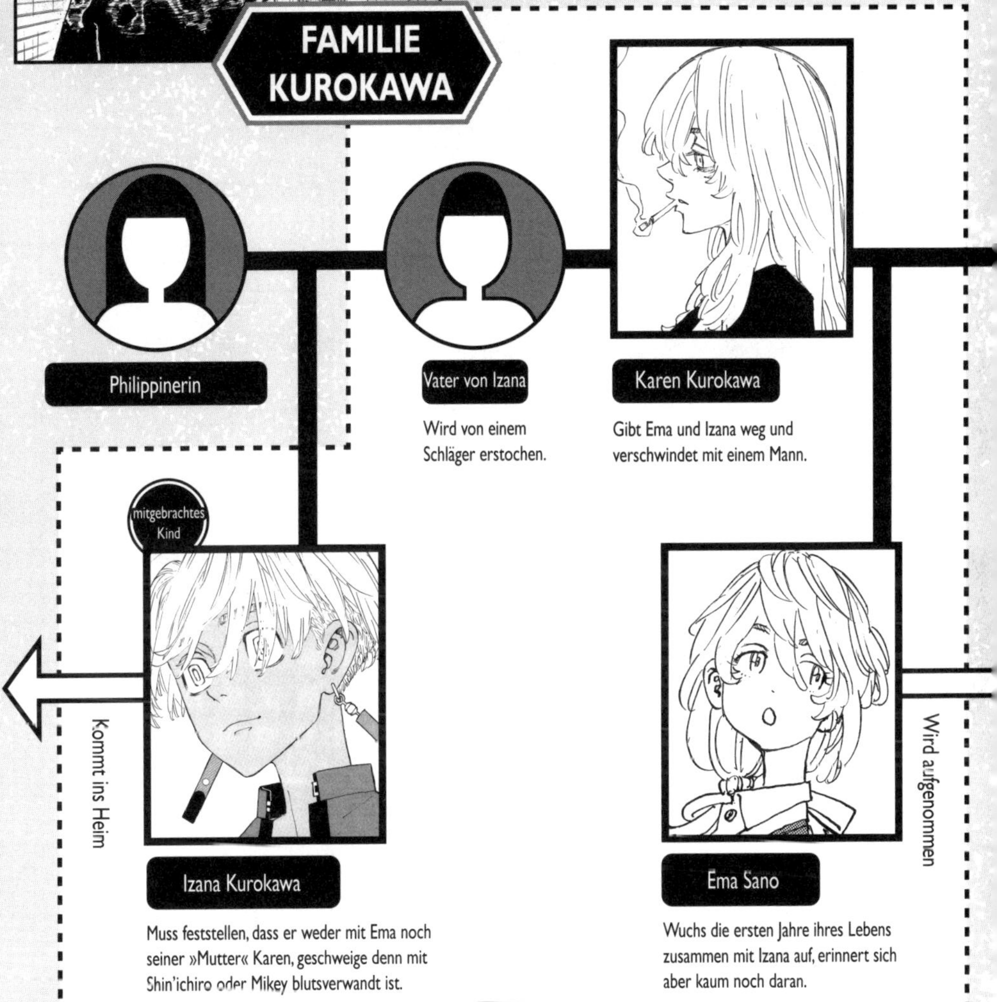

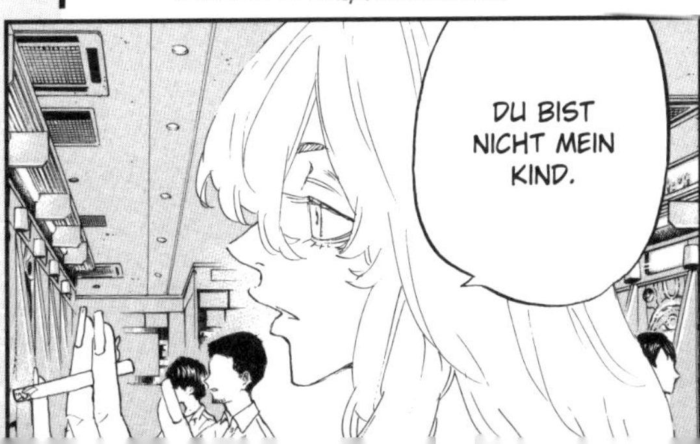

Dort wird er schließlich von Shin'ichiro Sano aufgesucht, der ihm ein großer Bruder sein möchte. Doch als er herausfindet, dass er sich Shin'ichiros brüderliche Liebe mit Mikey, Shin'ichiros leiblichem kleinen Bruder, teilen muss und in Wahrheit mit niemandem aus der Familie Sano wirklich verwandt ist, stürzt er in ein finsteres Loch. Er beschließt, seinen Hass und seinen Schmerz an Manjiro auszulassen.

Exklusiv! Ken Wakui präsentiert!

Ein Einblick in die Zimmer der Charaktere! Tenjiku-Ausgabe

Individualität pur! Hier seht ihr, wie die beliebtesten Charaktere aus Tenjiku wohnen! Und auch das Privatleben zweier gewisser Brüderpaare wird enthüllt!

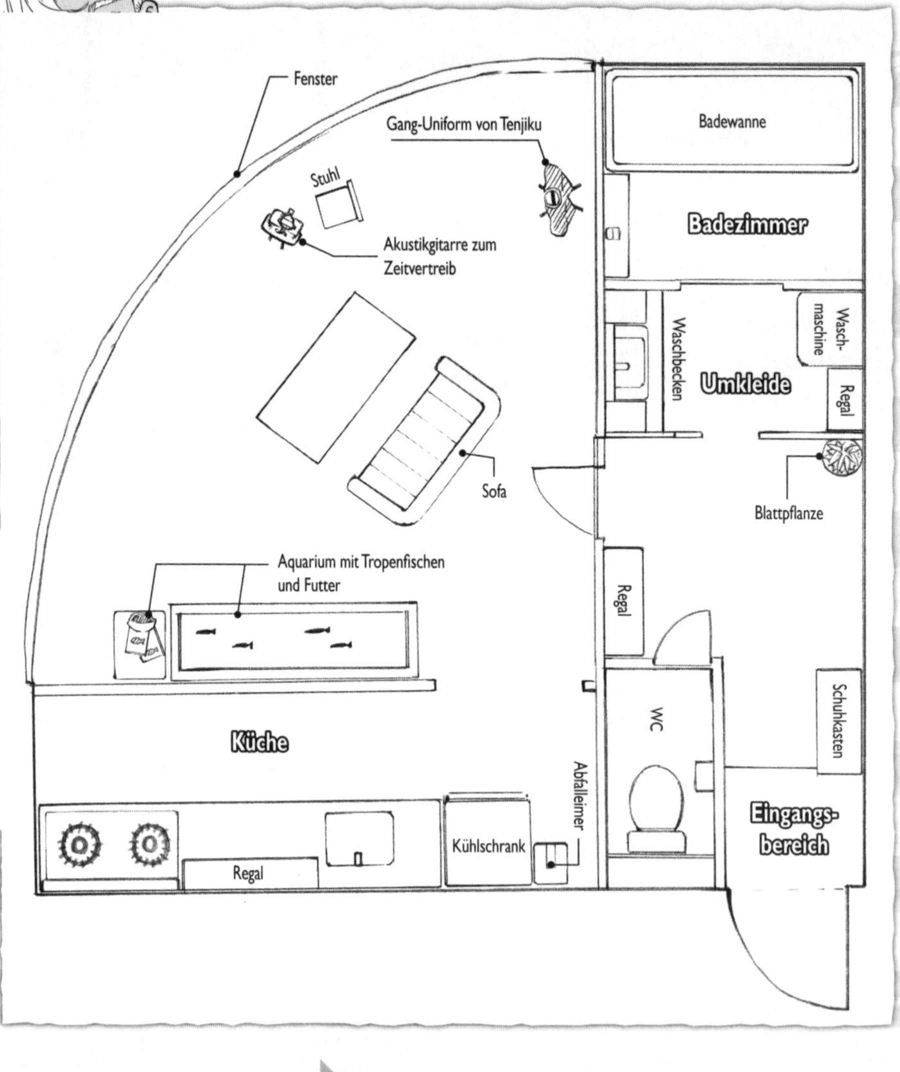

Izana Kurokawas Wohnung

Kakuchos Wohnung

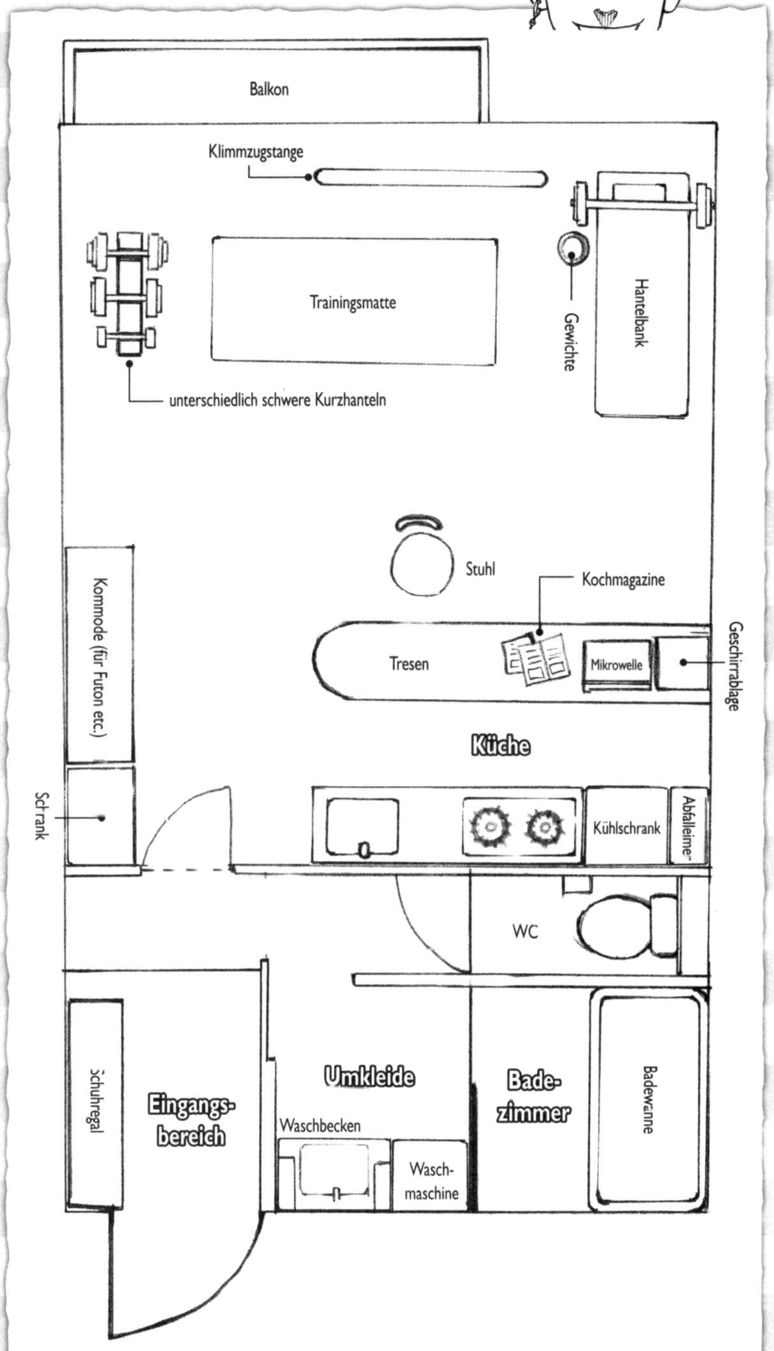

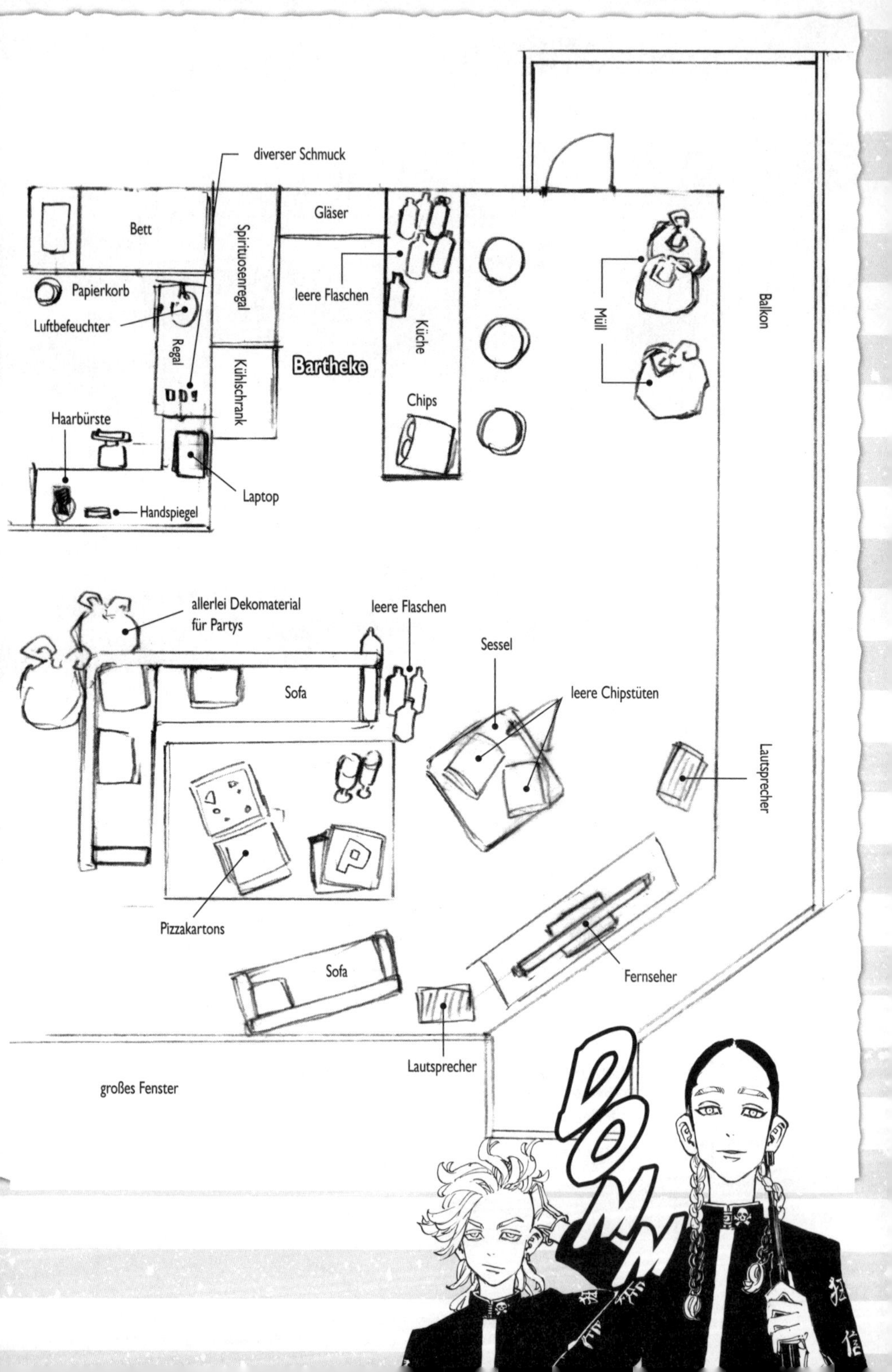
diverser Schmuck
Bett
Gläser
Spirituosenregal
leere Flaschen
Papierkorb
Luftbefeuchter
Regal
Küche
Müll
Balkon
Kühlschrank
Bartheke
Chips
Haarbürste
Laptop
Handspiegel
allerlei Dekomaterial für Partys
leere Flaschen
Sessel
leere Chipstüten
Sofa
Lautsprecher
Pizzakartons
Sofa
Fernseher
Lautsprecher
großes Fenster
DOMM

Die Wohnung der Haitani-Brüder

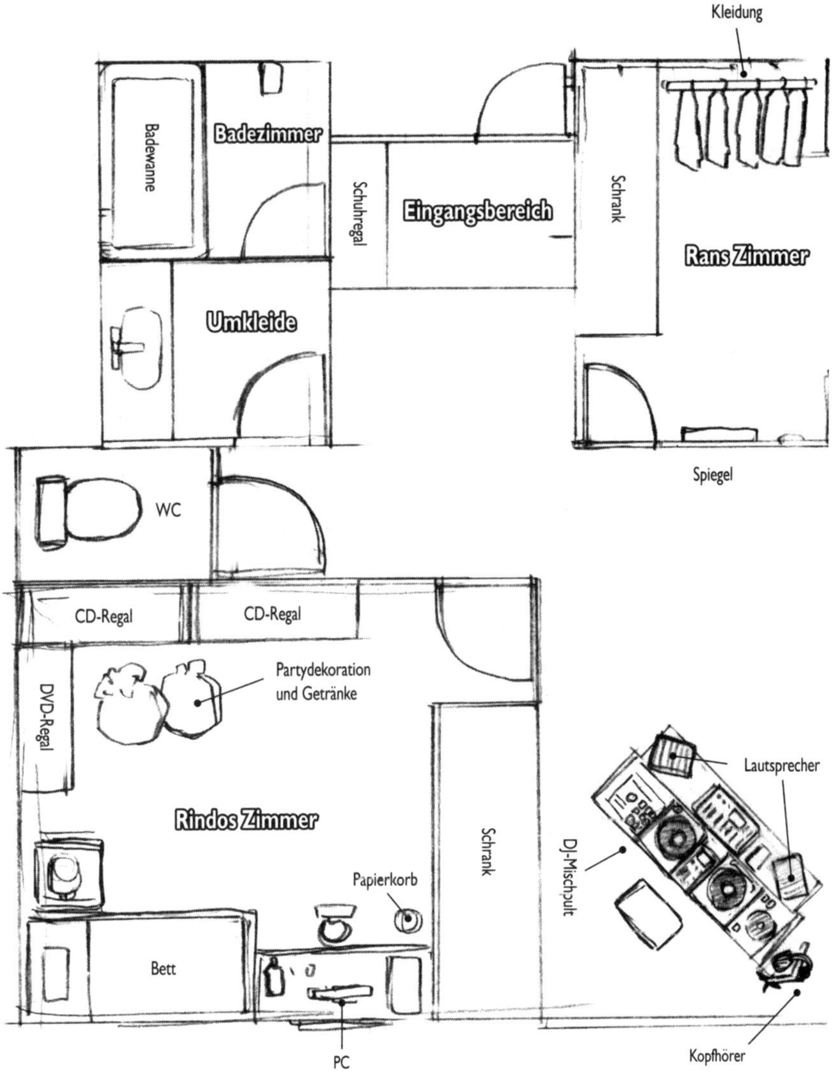

Die Wohnung der Kawata-Brüder

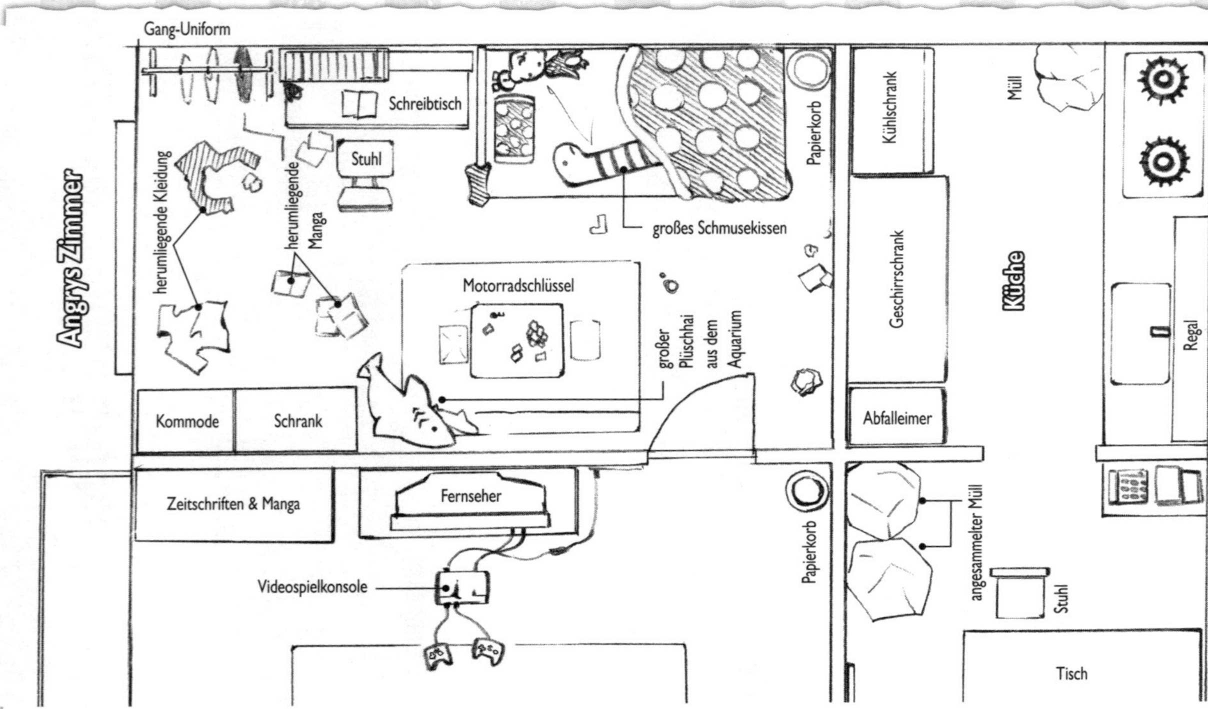

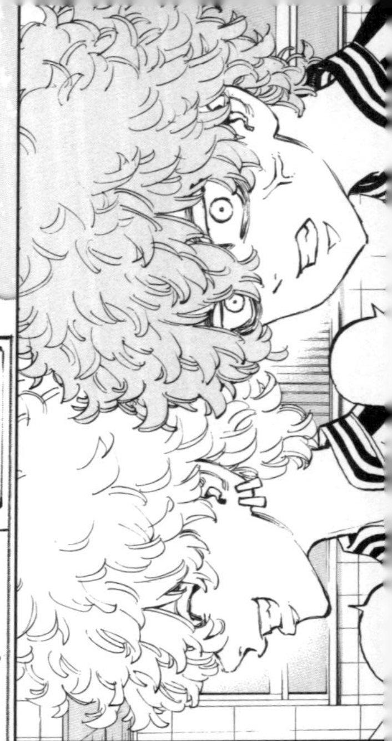

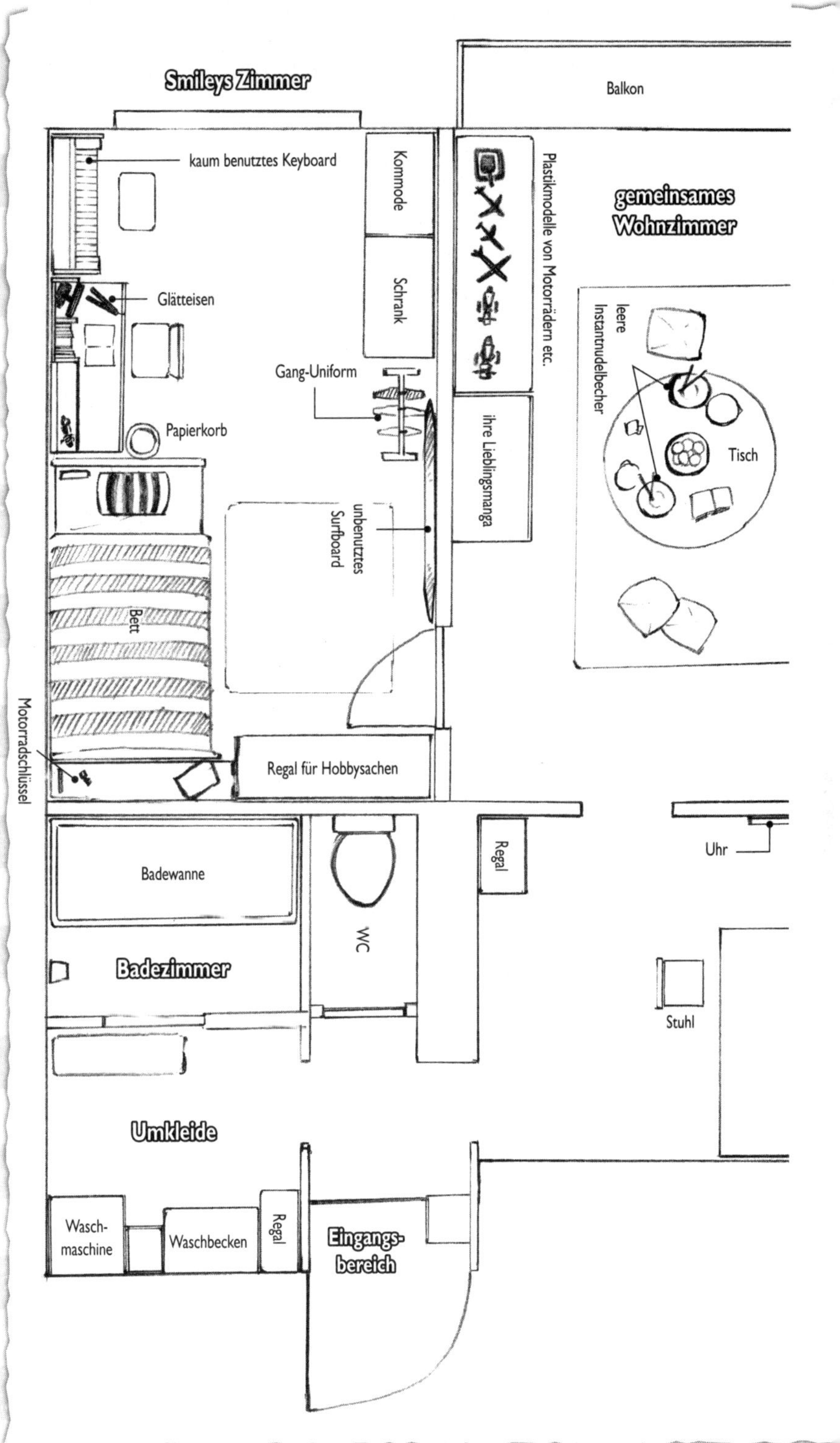
Smileys Zimmer
Balkon
kaum benutztes Keyboard
Kommode
Schrank
Plastikmodelle von Motorrädern etc.
gemeinsames Wohnzimmer
Glätteisen
leere Instantnudelbecher
Gang-Uniform
Papierkorb
ihre Lieblingsmanga
Tisch
unbenutztes Surfboard
Bett
Motorradschlüssel
Regal für Hobbysachen
Badewanne
Regal
Uhr
WC
Badezimmer
Stuhl
Umkleide
Wasch-maschine
Waschbecken
Regal
Eingangs-bereich

Haruchiyo Sanzus Wohnung

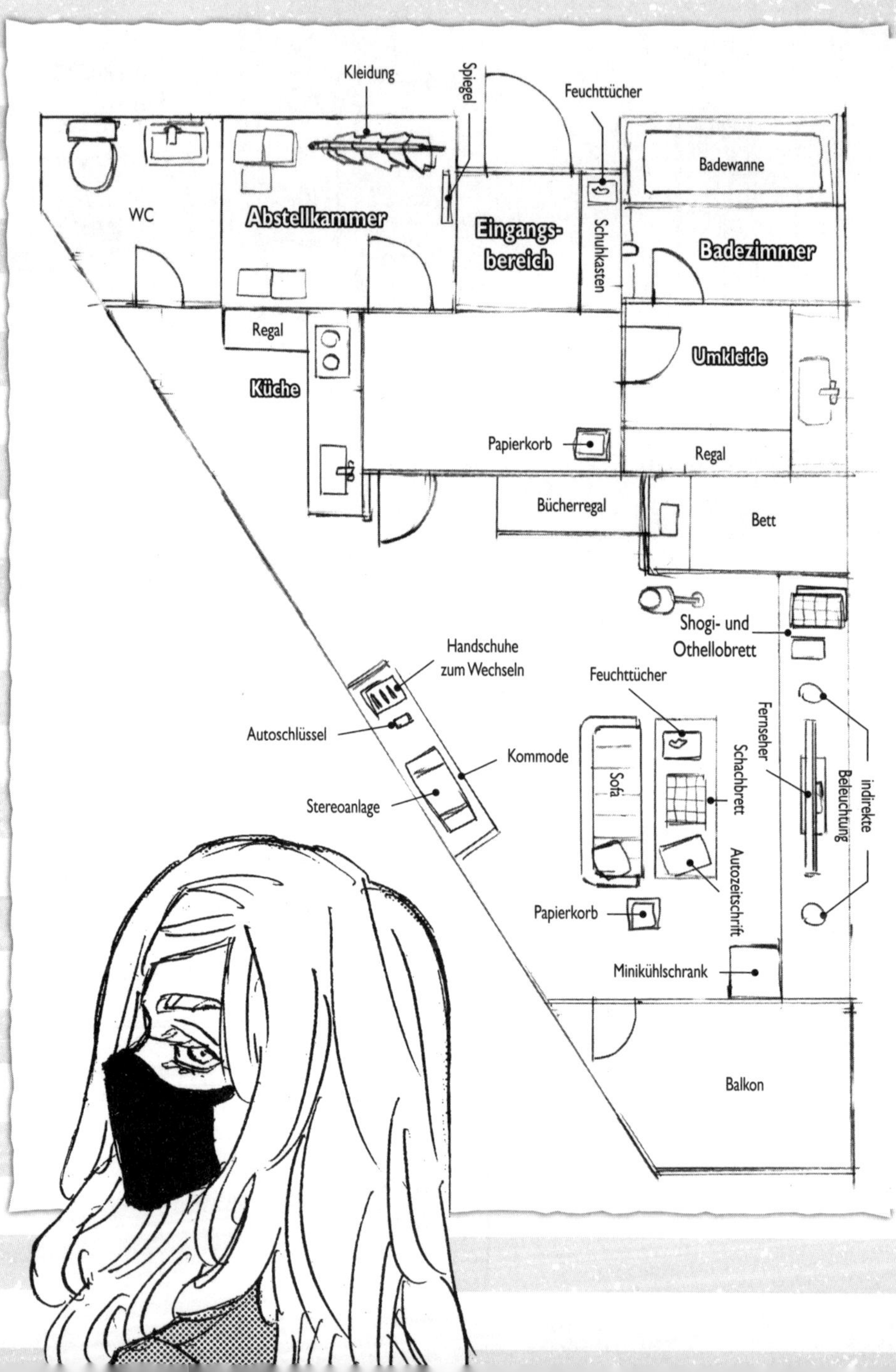

Hier seht ihr eine Auswahl von Zeichnungen, die auf dem offiziellen X-Konto der Serie veröffentlicht wurden! Darunter finden sich auch einige bewegende Szenen mit Mikey und Shin'ichiro!

Ausgewählte Zeichnungen vom offiziellen X-Konto! Tenjiku-Ausgabe

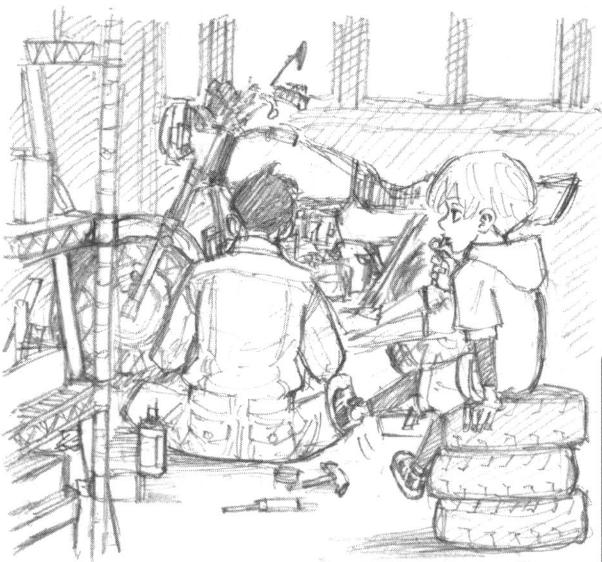

3. Juli 2018:
Hier eine Skizze, die ich in einer Arbeitspause schnell hingekritzelt habe. (^^)
Shin'ichiro & Manjiro

10. August 2021:
Glückwünsch zu 400.000 Followern!

Vielen Dank für all die Vorschläge, was ich zu diesem Jubiläum zeichnen könnte! Die Entscheidung war nicht einfach bei den vielen guten Ideen, aber am Ende habe ich mich für diese hier entschieden!

Eine Szene aus den Sommerferien, als Mikey und Baji noch in der Grundschule waren. (Idee: hifumi<waltz>@honjitsuwaseikounohi)

Was für ein Feuerwerk!

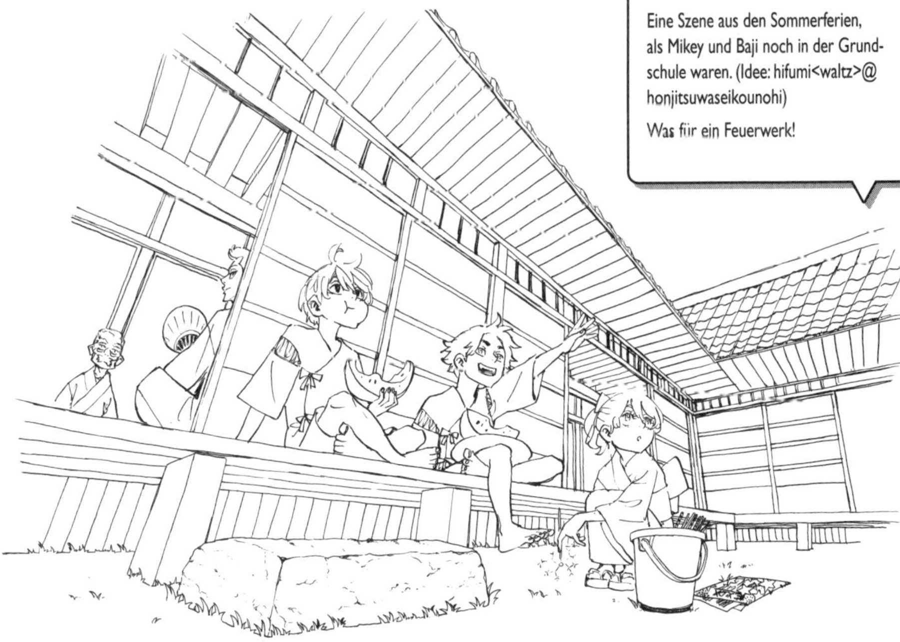

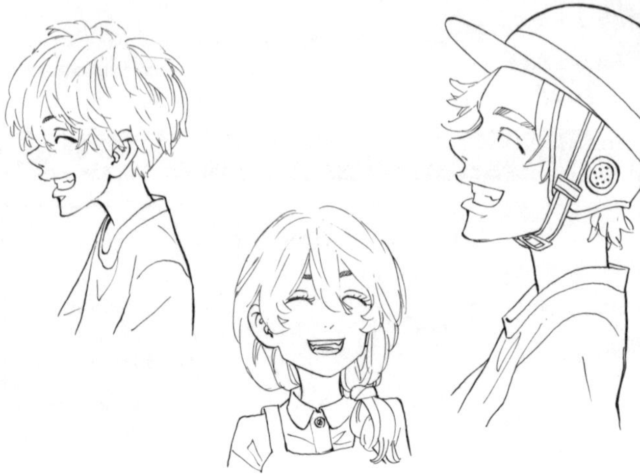

3. Mai 2020:
Bei der Doppelfarbseite am Beginn von Kapitel 150 ging es um Erinnerungen, Um die von Mikey, Ema und Izana. Erinnerungen an eine Zeit, als sie alle noch ein Lächeln im Gesicht trugen.

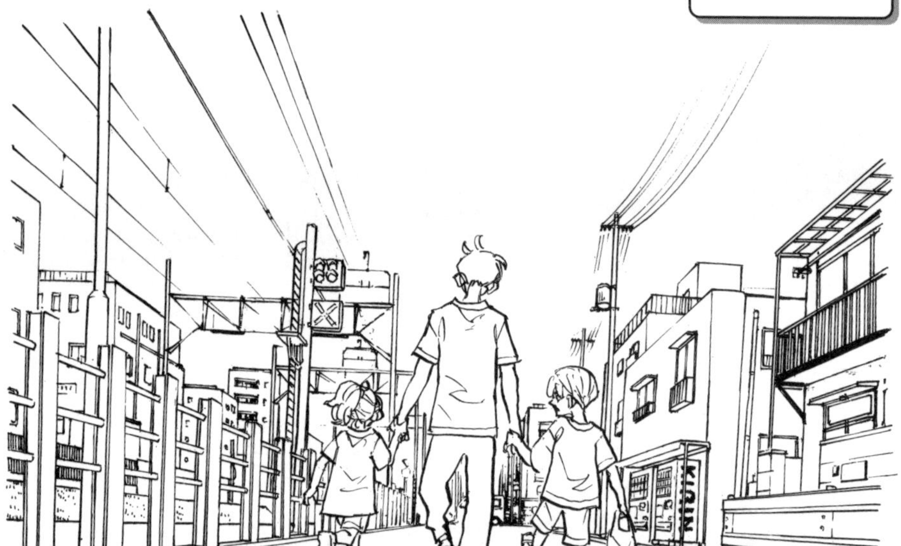

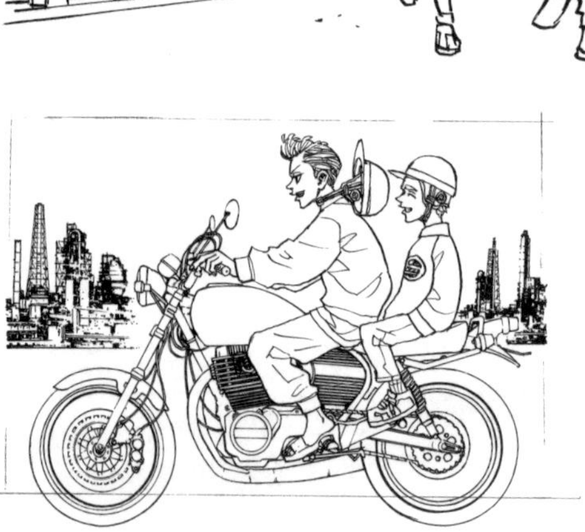

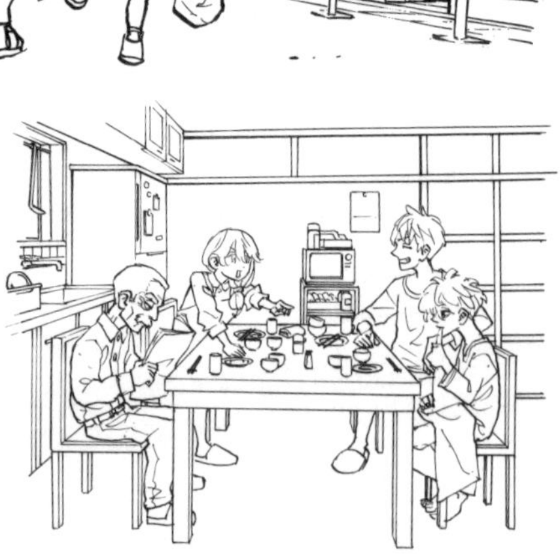

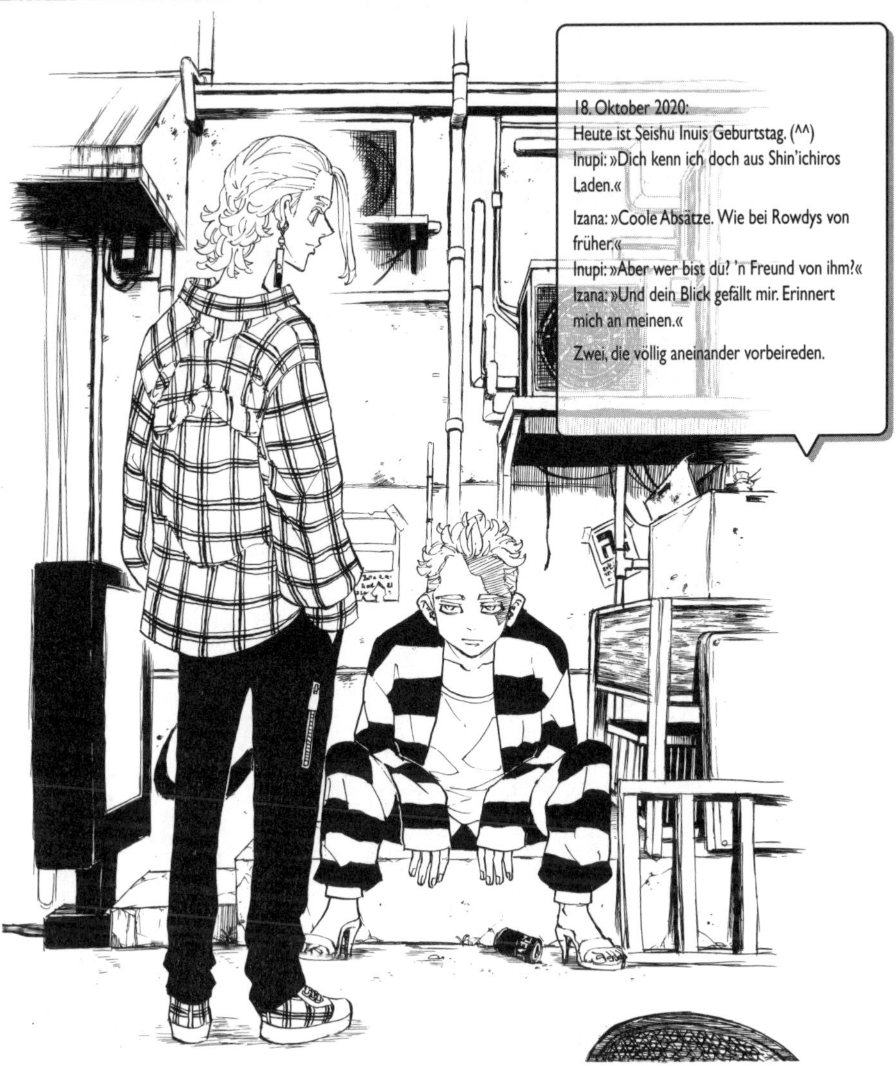

18. Oktober 2020:
Heute ist Seishu Inuis Geburtstag. (^^)
Inupi: »Dich kenn ich doch aus Shin'ichiros Laden.«

Izana: »Coole Absätze. Wie bei Rowdys von früher.«
Inupi: »Aber wer bist du? 'n Freund von ihm?«
Izana: »Und dein Blick gefällt mir. Erinnert mich an meinen.«

Zwei, die völlig aneinander vorbeireden.

1. Januar 2021:

Frohes neues Jahr 2021!

Mikey, Draken & Mitsuya: »Dieses Jahr gibt's statt eines Löwentanz es einen Büffeltanz!«

Takemichi: »Lasst mich runter!«

Ich wünsche euch allen ein großartiges neues Jahr und weiterhin viel Spaß mit Tokyo Revengers!

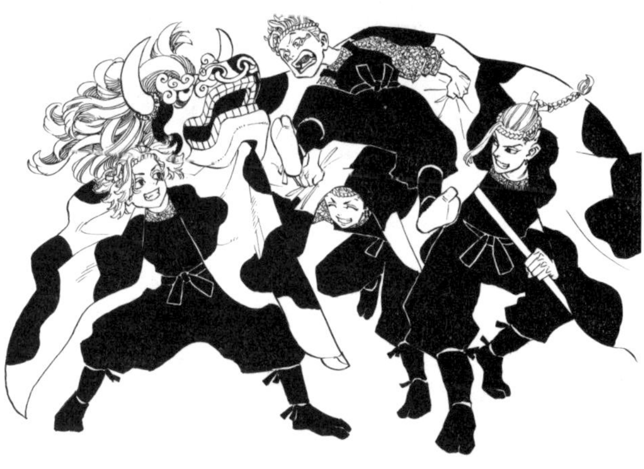

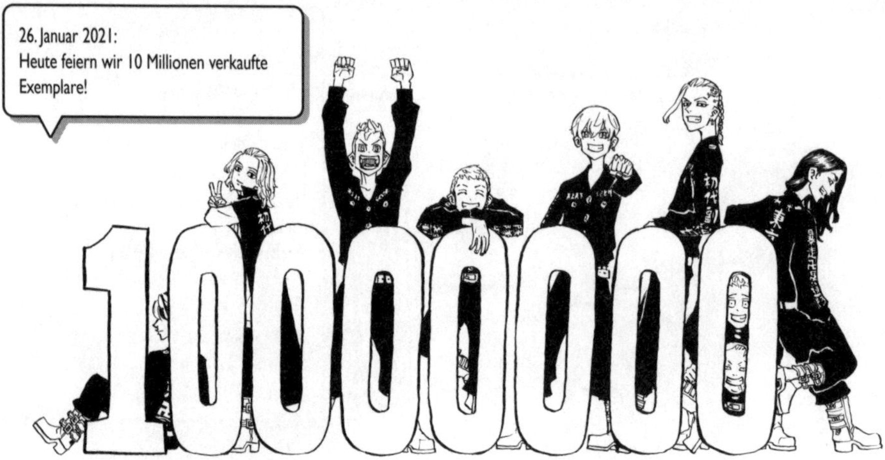

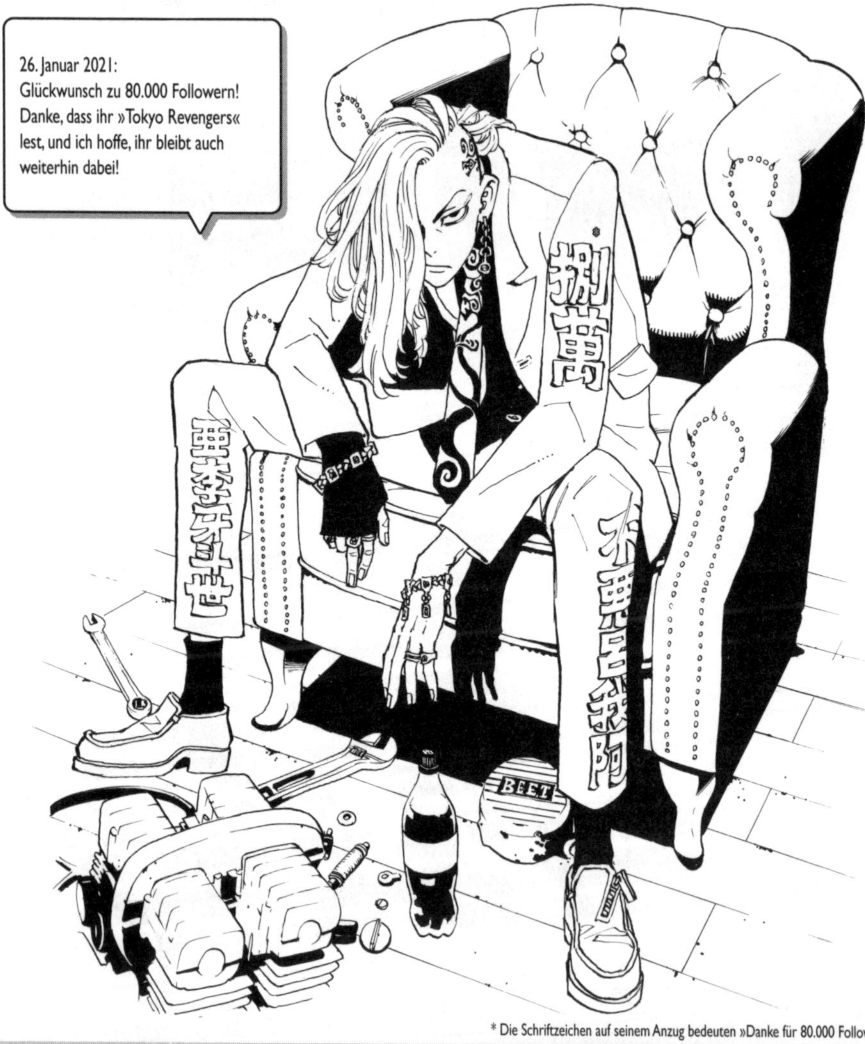

* Die Schriftzeichen auf seinem Anzug bedeuten »Danke für 80.000 Follower«.

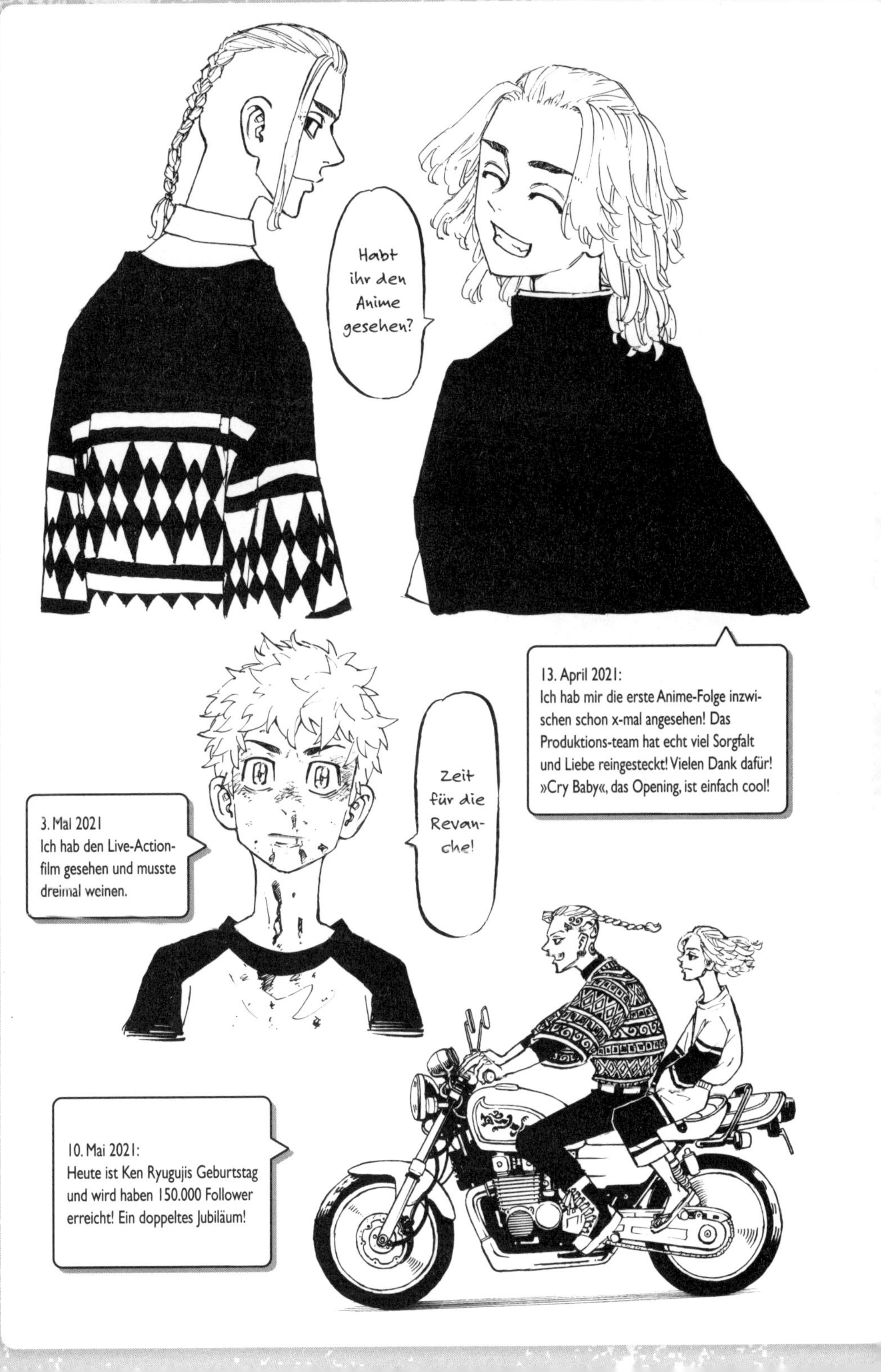
Habt ihr den Anime gesehen?
13. April 2021: Ich hab mir die erste Anime-Folge inzwischen schon x-mal angesehen! Das Produktions-team hat echt viel Sorgfalt und Liebe reingesteckt! Vielen Dank dafür! »Cry Baby«, das Opening, ist einfach cool!
Zeit für die Revanche!
3. Mai 2021 Ich hab den Live-Actionfilm gesehen und musste dreimal weinen.
10. Mai 2021: Heute ist Ken Ryugujis Geburtstag und wird haben 150.000 Follower erreicht! Ein doppeltes Jubiläum!

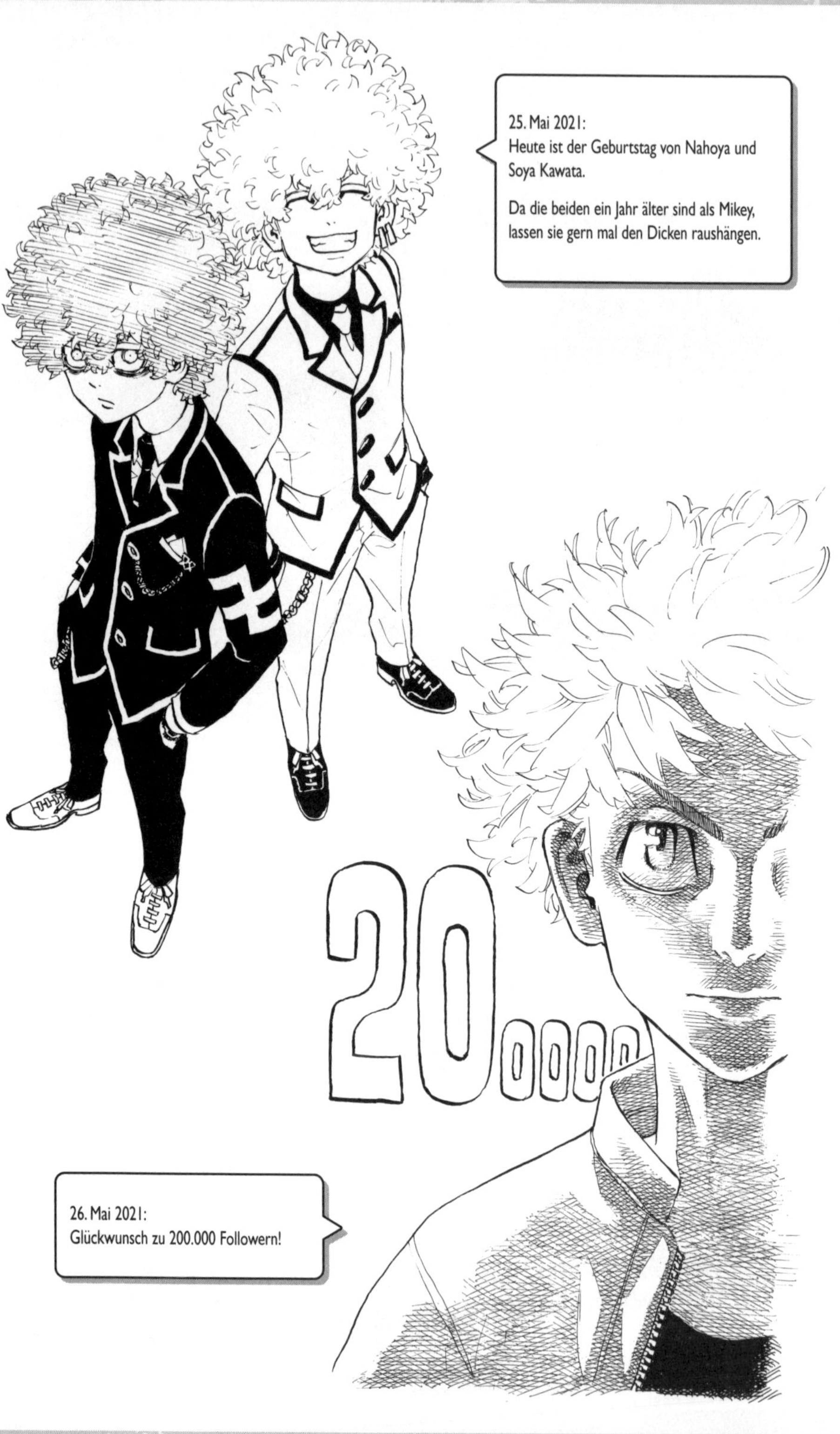
25. Mai 2021:
Heute ist der Geburtstag von Nahoya und Soya Kawata.
Da die beiden ein Jahr älter sind als Mikey, lassen sie gern mal den Dicken raushängen.
26. Mai 2021:
Glückwunsch zu 200.000 Followern!

*Wir haben 300.000 Follower erreicht!

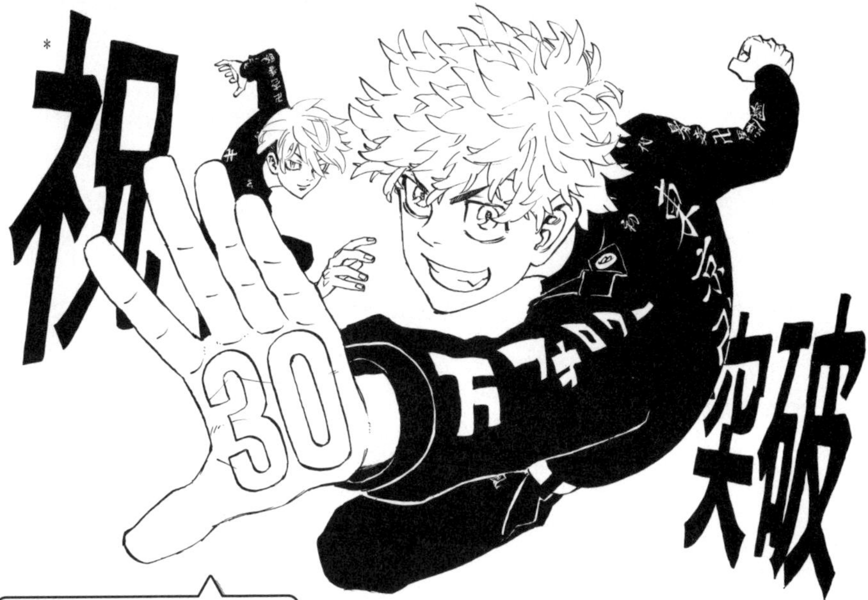

6. Juli 2021:
Glückwünsch zu 300.000 Followern!

25. Juni 2021:
Heute ist Takemichi Hanagakis Geburtstag!
Ein Regentag bietet die Chance, sich näherzukommen.
Hina: »Es regnet doch schon seit heute Morgen. Wie konntest du da deinen Schirm vergessen?«
Takemichi: »Hä? Oh, ähm, mir macht's nichts aus, nass zu werden.«

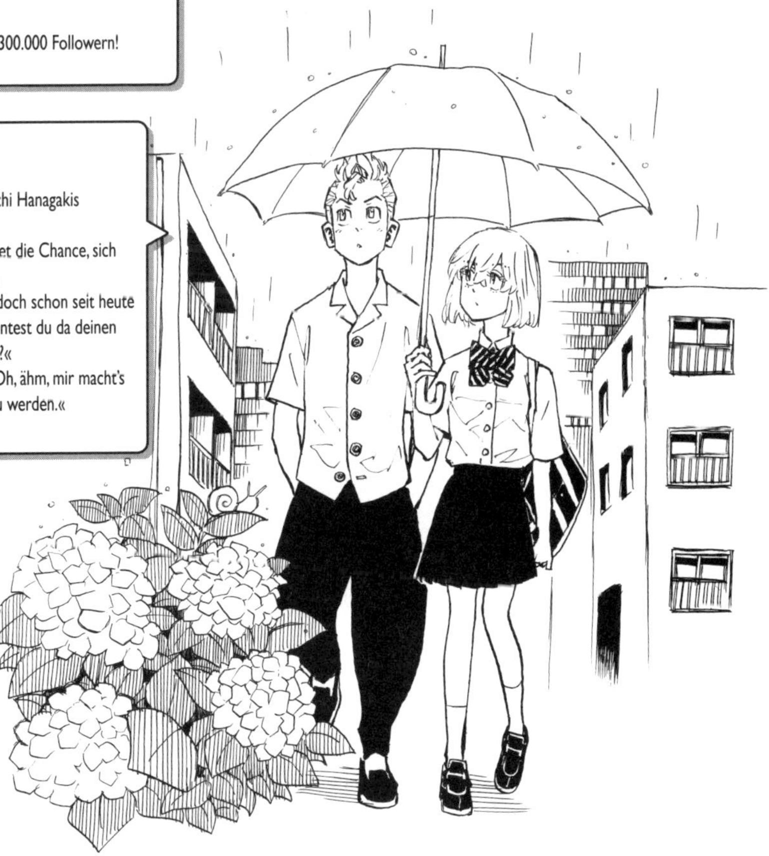

Endlich im Kino!

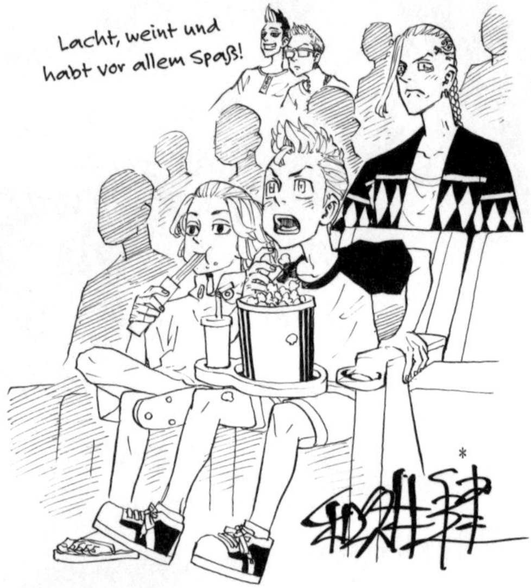

9. Juli 2021:
Heute startet der »Tokyo Revengers«-Film in allen Kinos!

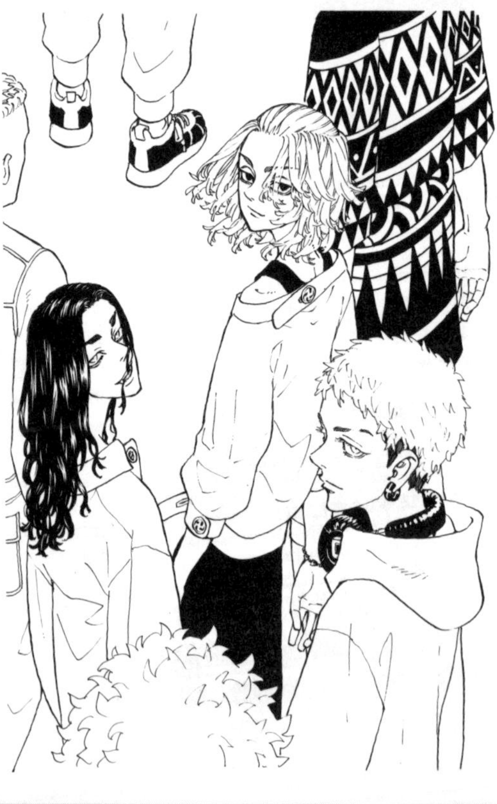

20. August 2021:
Heute ist Manjiro Sanos Geburtstag. (^^)

Mikey zusammen mit den Kommandanten seiner Gang.

* Ken Wakui

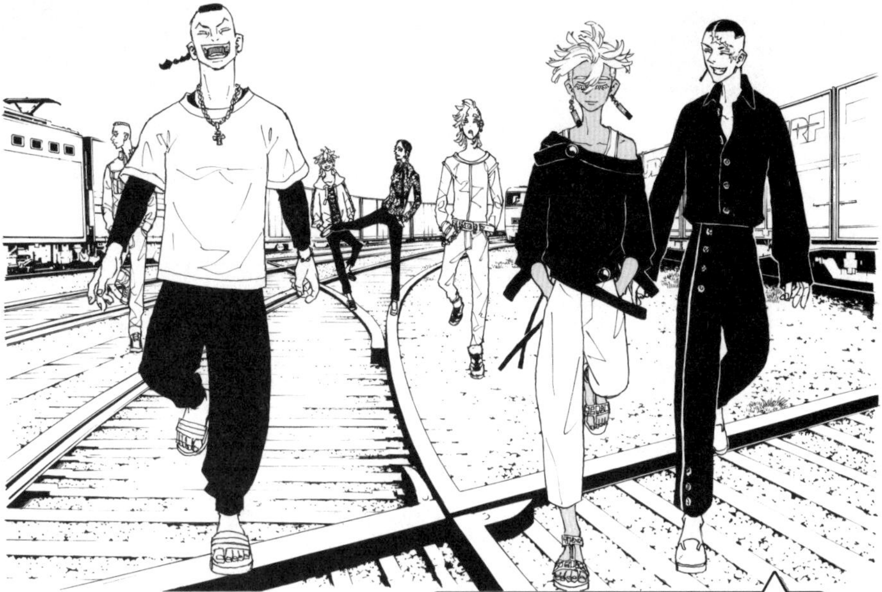
30. August 2021:
Heute ist Izana Kurokawas Geburtstag. (^^)
Die Mitglieder
der »Ruchlosen
Generation«.

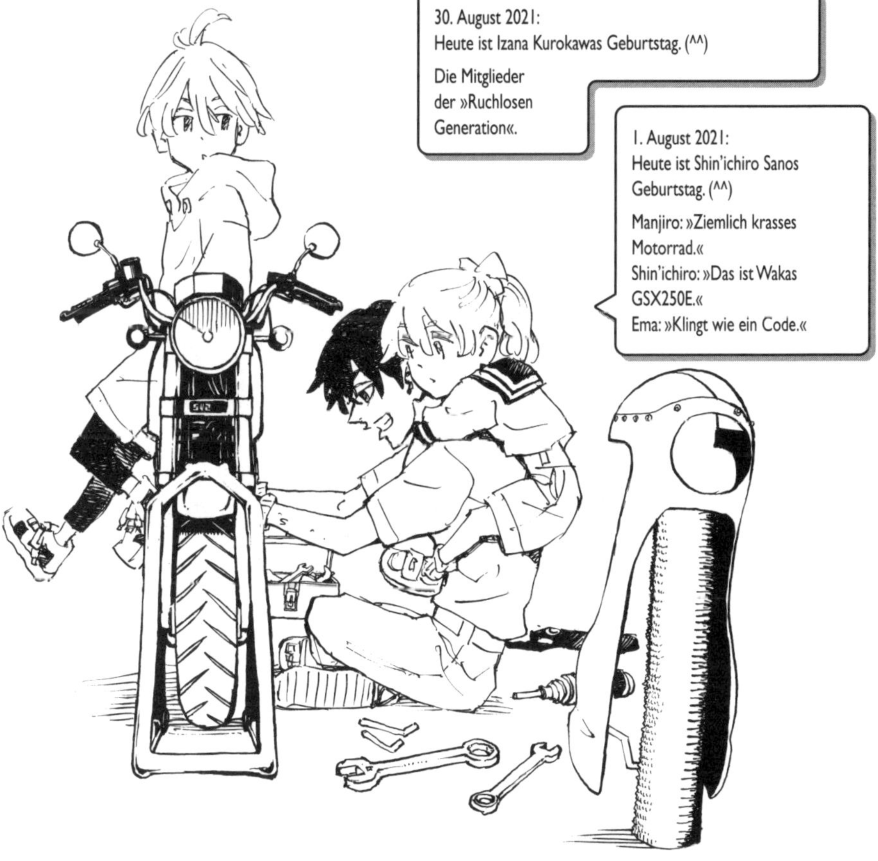
1. August 2021:
Heute ist Shin'ichiro Sanos
Geburtstag. (^^)
Manjiro: »Ziemlich krasses
Motorrad.«
Shin'ichiro: »Das ist Wakas
GSX250E.«
Ema: »Klingt wie ein Code.«

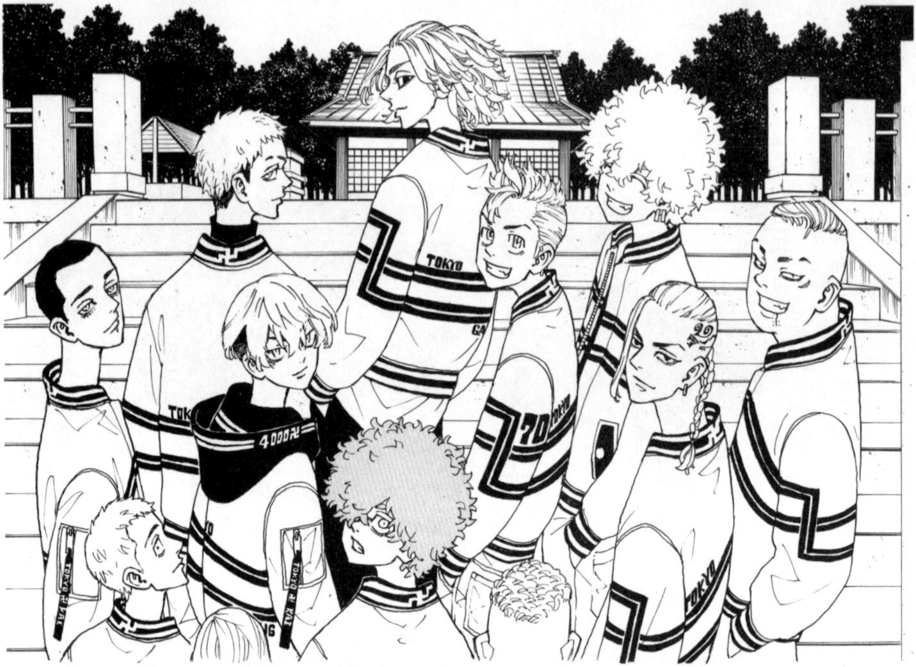

10. Oktober 2021:
Heute feiern wir 40 Millionen verkaufte Exemplare und 700.000 Follower!

Vielen Dank an alle, die meinen Manga lesen!

Ich würde mich freuen, wenn ihr »Tokyo Revengers« auch weiterhin mitverfolgt!

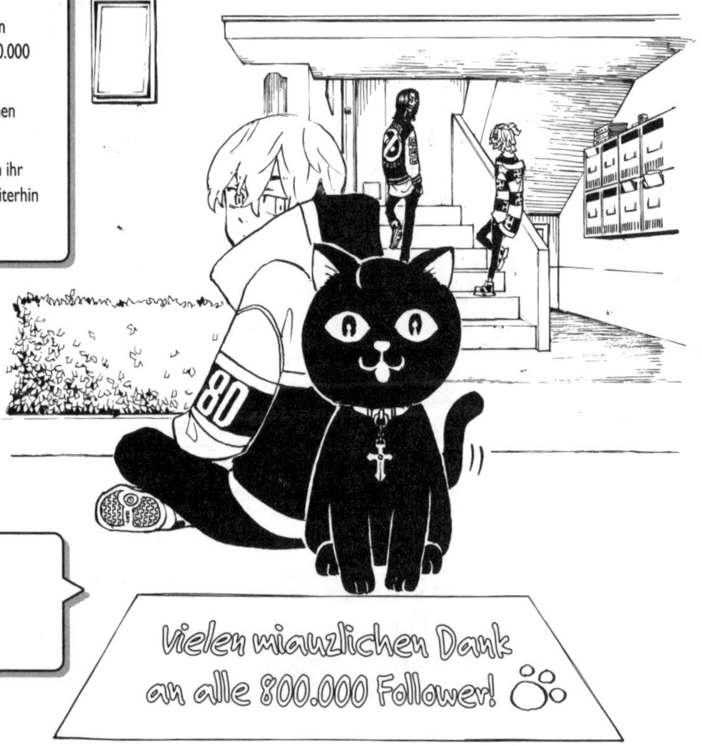

31. November 2021:
Glückwunsch zu 800.000 Followern!

»Tokyo Revengers Exhibition«

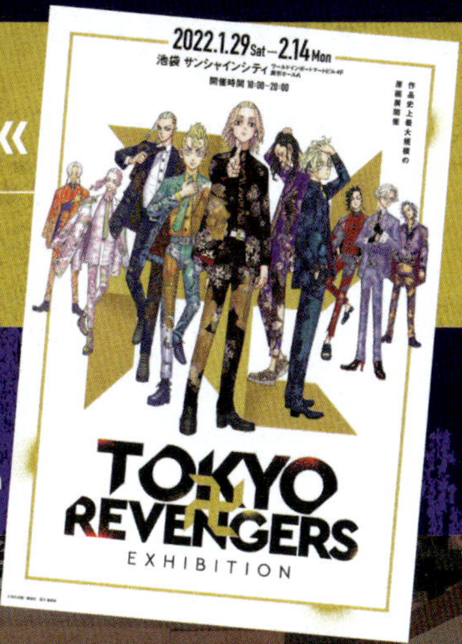

Ein Einblick in die Ausstellung in Tokyo!

Vom 29. Januar bis 14. Februar 2022 fand im Tokyoter Stadtviertel Ikebukuro die »Tokyo Revengers Exhibition« statt. Dabei gab es nicht nur Bilder aus dem Manga zu sehen, sondern auch eine Reihe von Räumen, in denen Orte aus der Geschichte in Lebensgröße nachgestellt worden waren und Besucher völlig in die Welt von Takemichi und seinen Freunden eintauchen konnten. Hier nun ein Rückblick auf die Ausstellung.

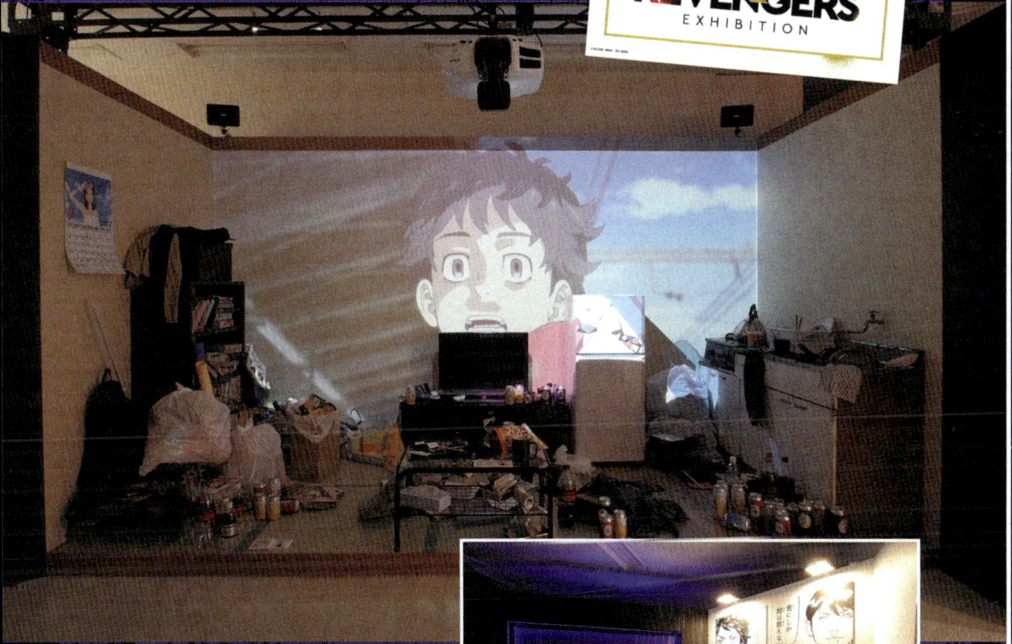

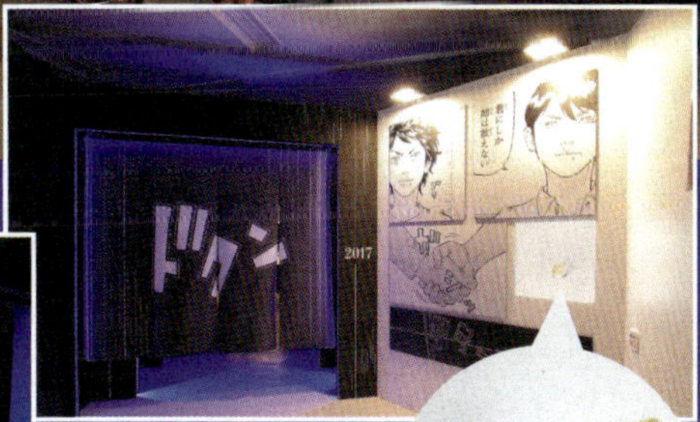

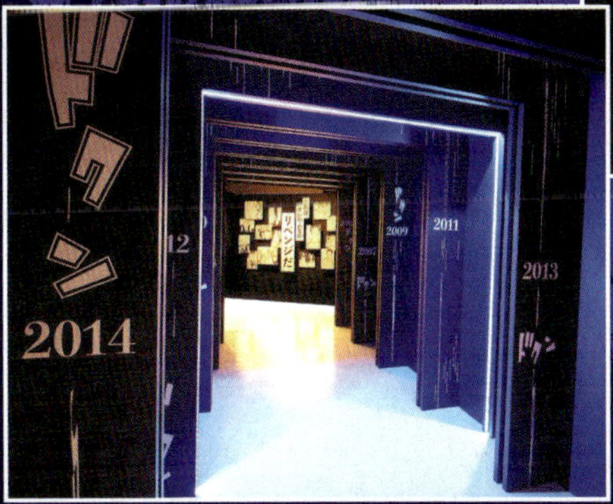

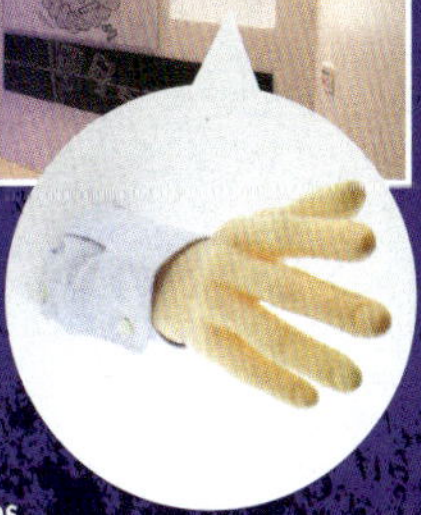

↑Am Eingang der Ausstellung befand sich eine Nachbildung von Takemichis Zimmer in der Gegenwart. Gleich danach konnten die Besucher Naotos rechte Hand schütteln und sich in die Vergangenheit zurückkatapultieren lassen.

* Die Fotos zeigen die Ausstellung im Januar 2022 in Tokyo. An anderen Veranstaltungsorten kann der Inhalt der Ausstellung abweichen.

»Tokyo Revengers Exhibition«

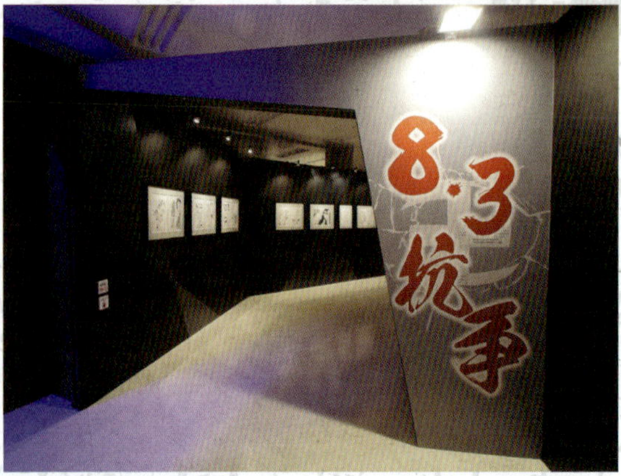

ERSTER BEREICH 1

DER KAMPF VOM 3.8.

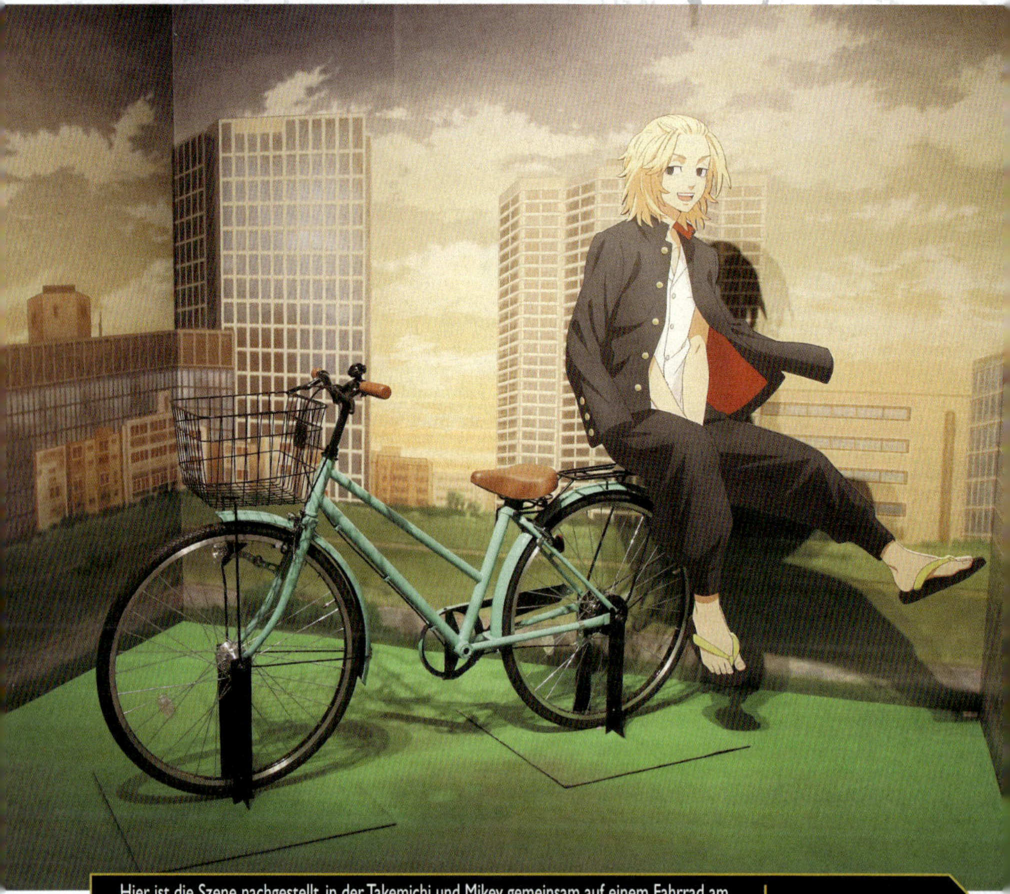

Hier ist die Szene nachgestellt, in der Takemichi und Mikey gemeinsam auf einem Fahrrad am Flussufer entlangfahren. Mikey auf dem Gepäckträger wurde exklusiv von Liden Films, dem Studio, das für die Anime-Adaption verantwortlich ist, für diese Ausstellung gezeichnet.

Fahrrad

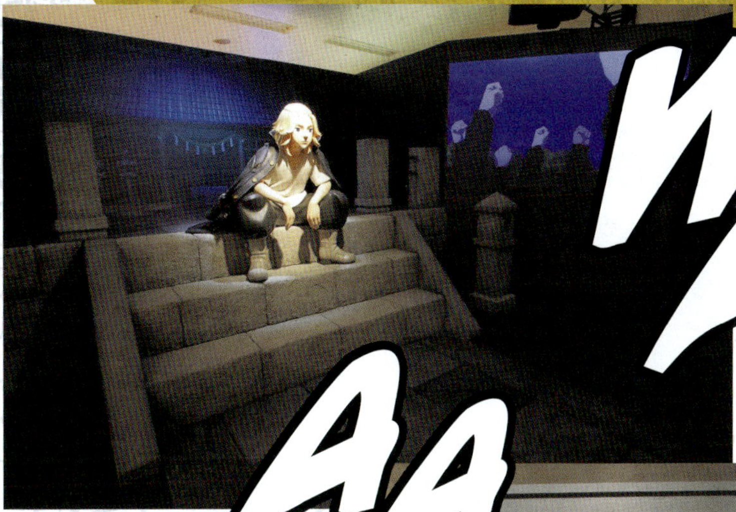

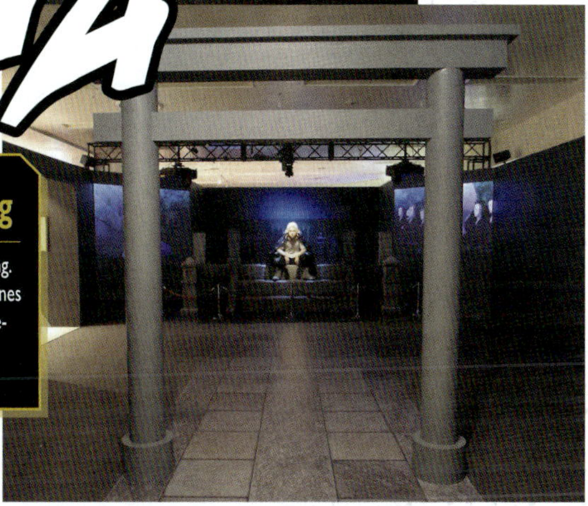

Treffen der Tokyo-Manji-Gang

Lebensgroßes Diorama des Treffpunkts der Manji-Gang. Die Besucher konnten hier ganz in die Atmosphäre eines Gang-Treffens eintauchen und synchron zu den Anime-Szenen, die auf beiden Seiten von Mikey an die Wand projiziert wurden, die Fäuste in die Luft stoßen.

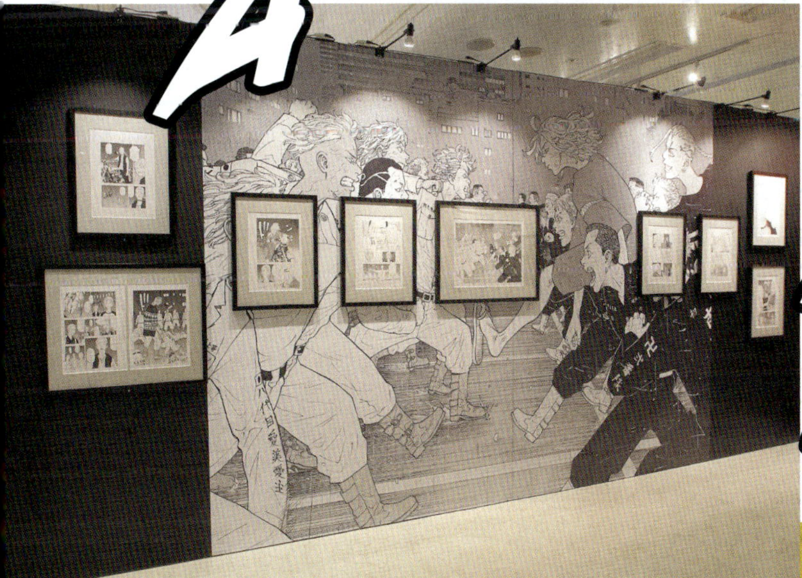

»Tokyo Revengers Exhibition«

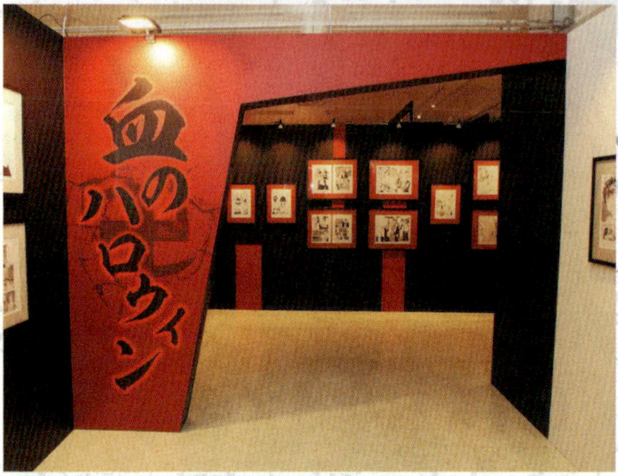

ZWEITER BEREICH ❷

DAS BLUTIGE HALLOWEEN

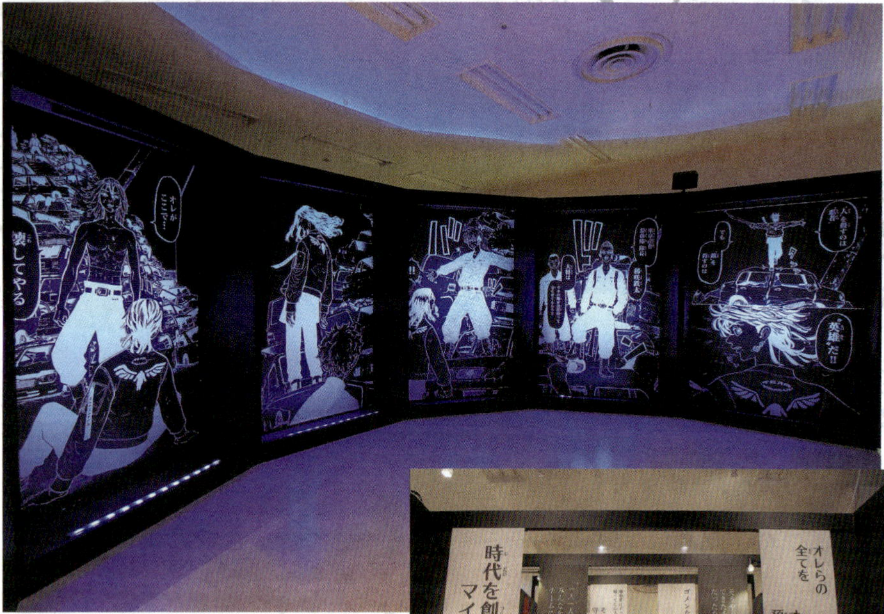

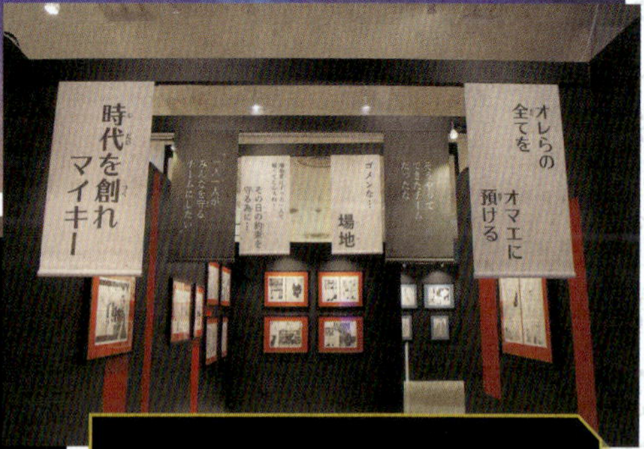

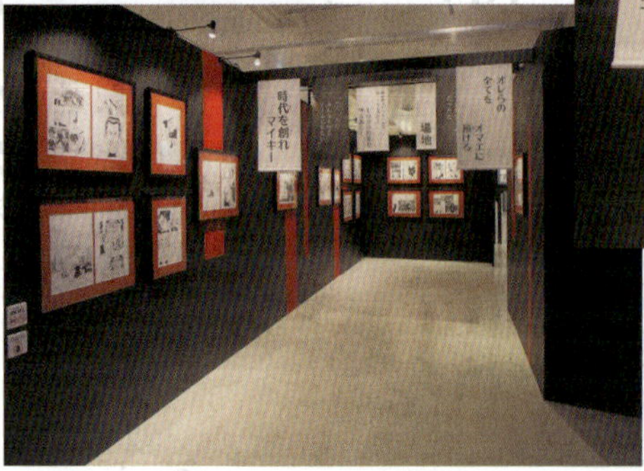

Versprechen mit Baji

Hier konnte man die Emotionen von Mikey, der sich an sein Versprechen mit Baji bei der Gang-Gründung erinnert, und Takemichi, dem Baji die Gang anvertraut, nacherleben.

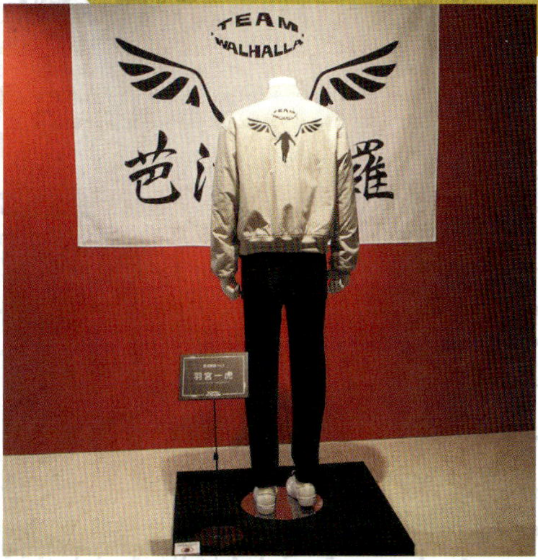

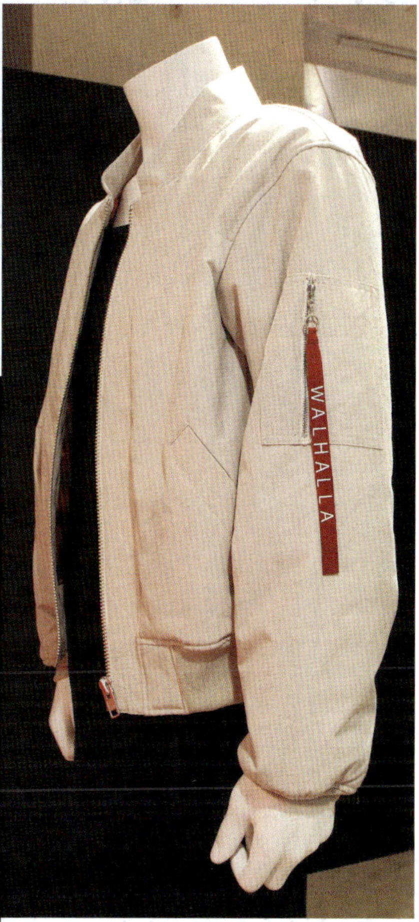

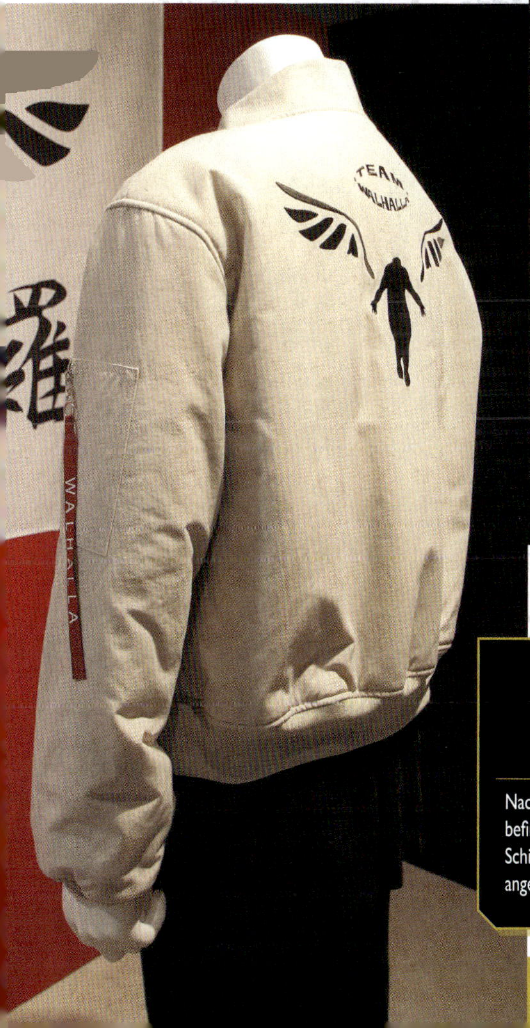

Uniform von Walhalla (Kazutora Hanemiya)

Nachbildung von Kazutoras Walhalla-Jacke. Am Ärmel befindet sich eine Tasche mit Reißverschluss, an dessen Schieber ein Schlüsselband mit dem Namen der Gang angebracht ist.

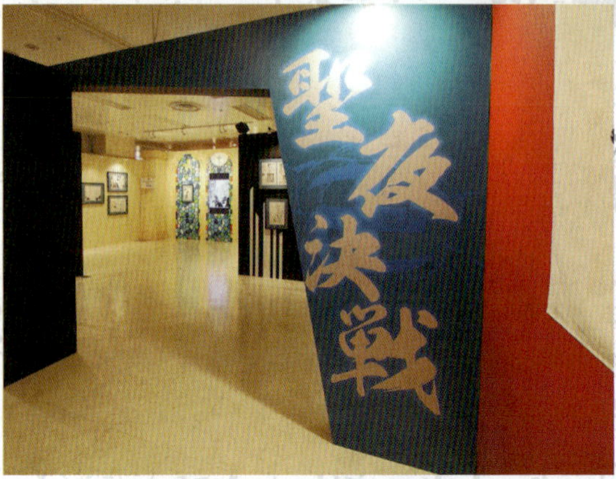

DRITTER BEREICH 3

DIE WEIHNACHTS-SCHLACHT

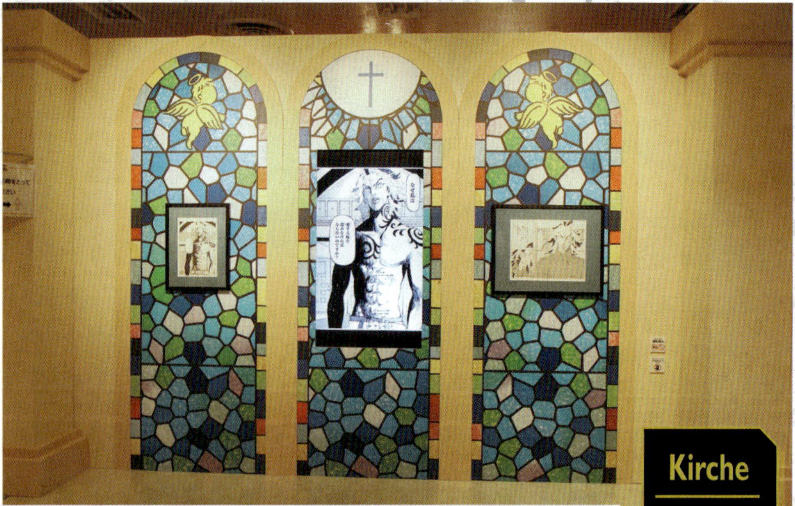

Kirche

In diesem Teil der Ausstellung konnte man in die Geschehnisse in der Kirche eintauchen, wo Takemichi und seine Freunde gegen Taiju kämpften, und bekam noch einmal Mitsuyas brüderliche Entschlossenheit und Hakkais Gefühle für seine Familie zu spüren.

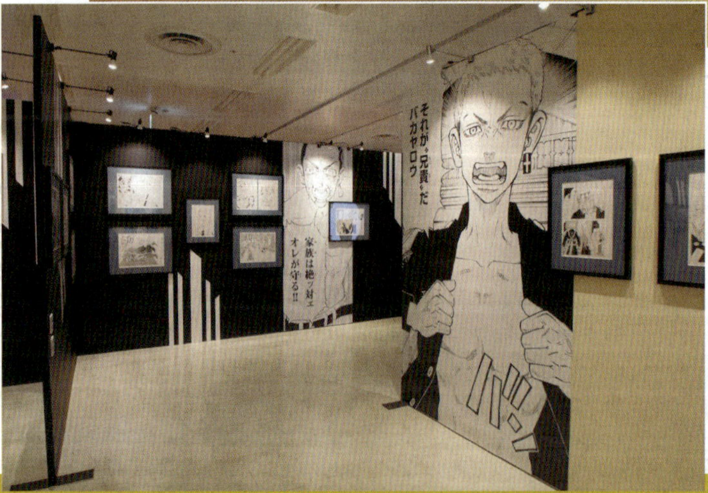

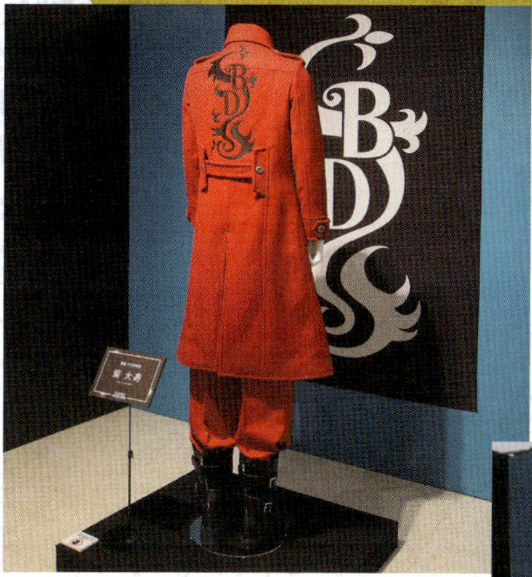

Uniform der 10. Generation von Black Dragon (Taiju Shiba)

Als Black Dragon in der 10. Generation neu aufgestellt wird, erhalten die Gang-Uniformen ein neues Design. Hier gab es die rote Variante dieser Uniform zu sehen, die ausschließlich von Taiju, dem Gang-Oberhaupt, getragen wird. Die Stiefel zieren jeweils zwei Riemen.

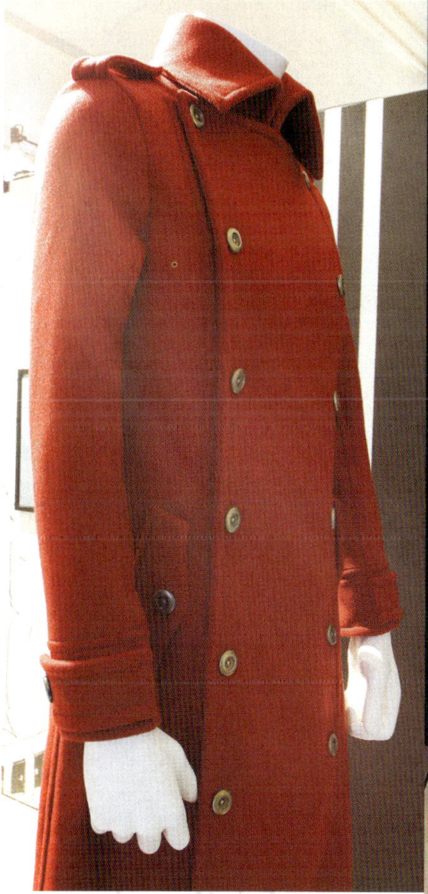

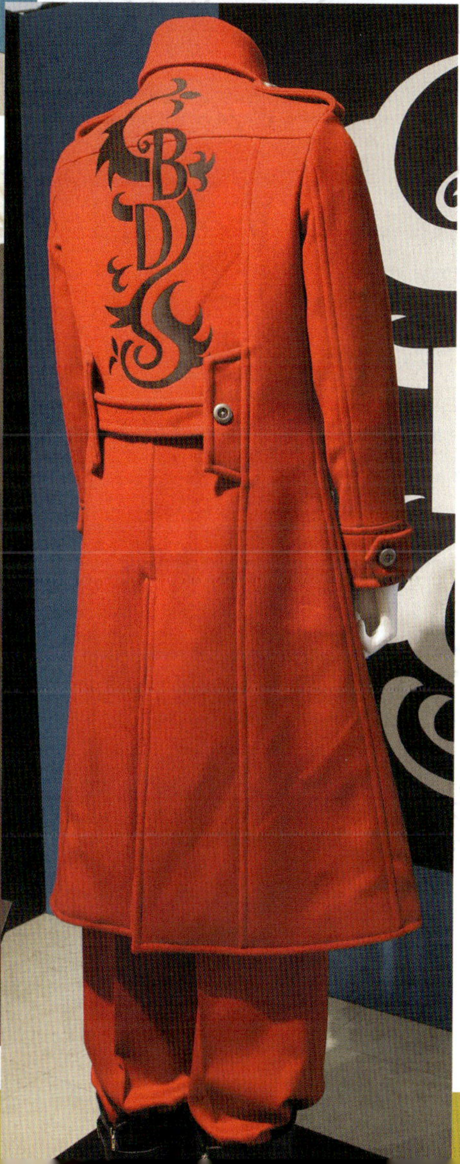

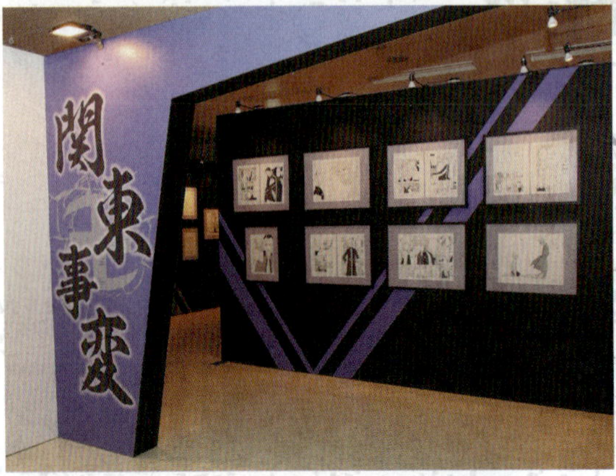

VIERTER BEREICH 4

DER KANTO-ZWISCHENFALL

Der Kanto-Zwischenfall beginnt mit dem Tod eines geliebten Menschen. Was folgt, sind herzzerreißende Szenen.

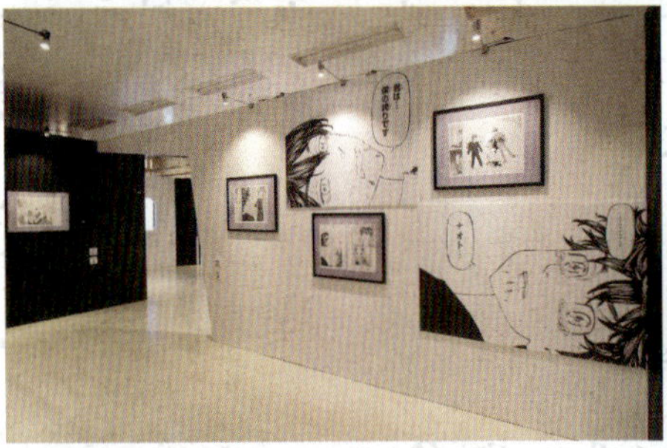

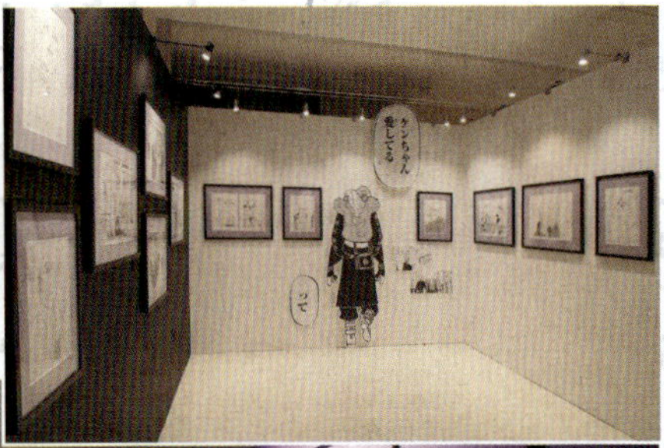

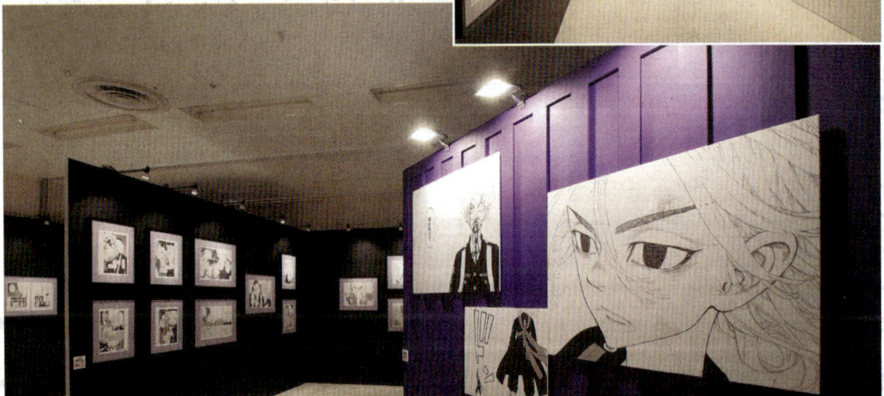

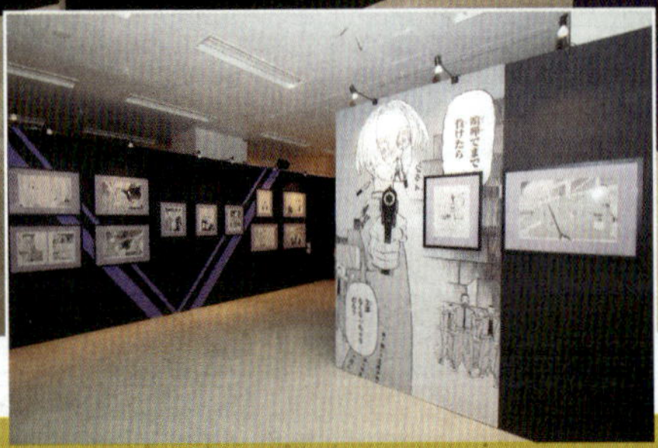

Der dramatische Moment, als sich Mikey und Takemichi gegenüberstehen. Die Ausstellung umfasste auch einen Bereich, die ihre Beziehung zu Izana näher beleuchtet.

Uniform von Tenjiku (Izana Kurokawa)

Spezielles Design mit Tenjiku-Logo und eingesticktem Gedicht auf der Rückseite.

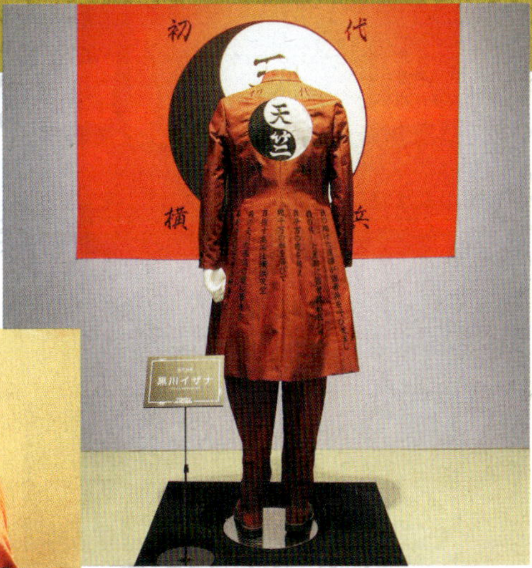

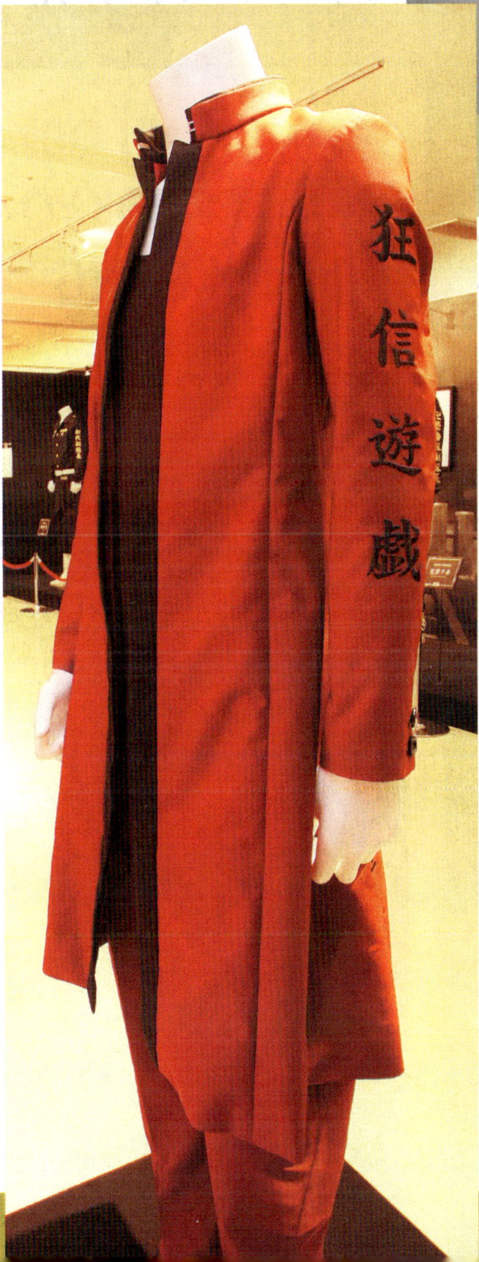

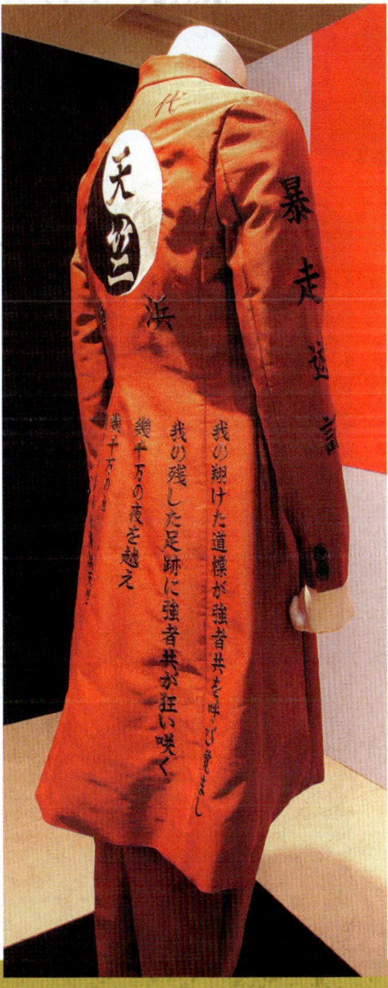

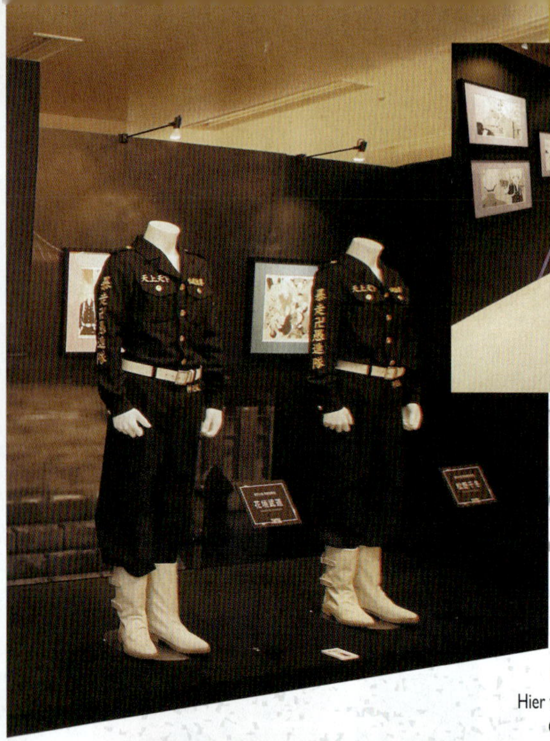

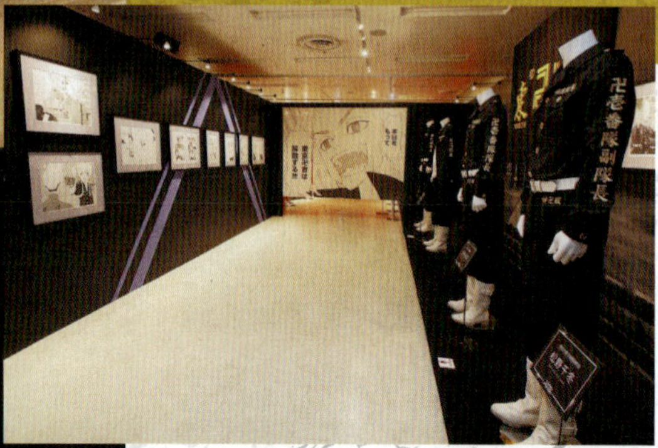

GANG-UNIFORMEN DER TOKYO-MANJI-GANG

Nach dem Kanto-Zwischenfall wird die Tokyo-Manji-Gang aufgelöst. Hier waren Szenen vom letzten Treffen der Gang und die Uniformen von Chifuyu, Takemichi, Mikey und Draken zu sehen, die sie dabei trugen.

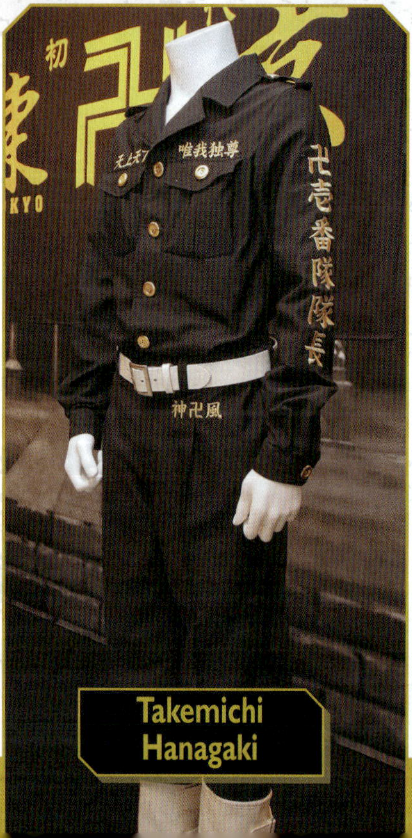

Takemichi Hanagaki

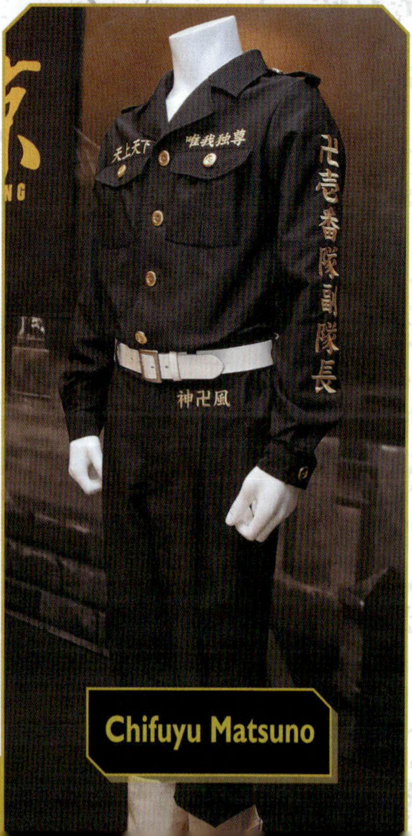

Chifuyu Matsuno

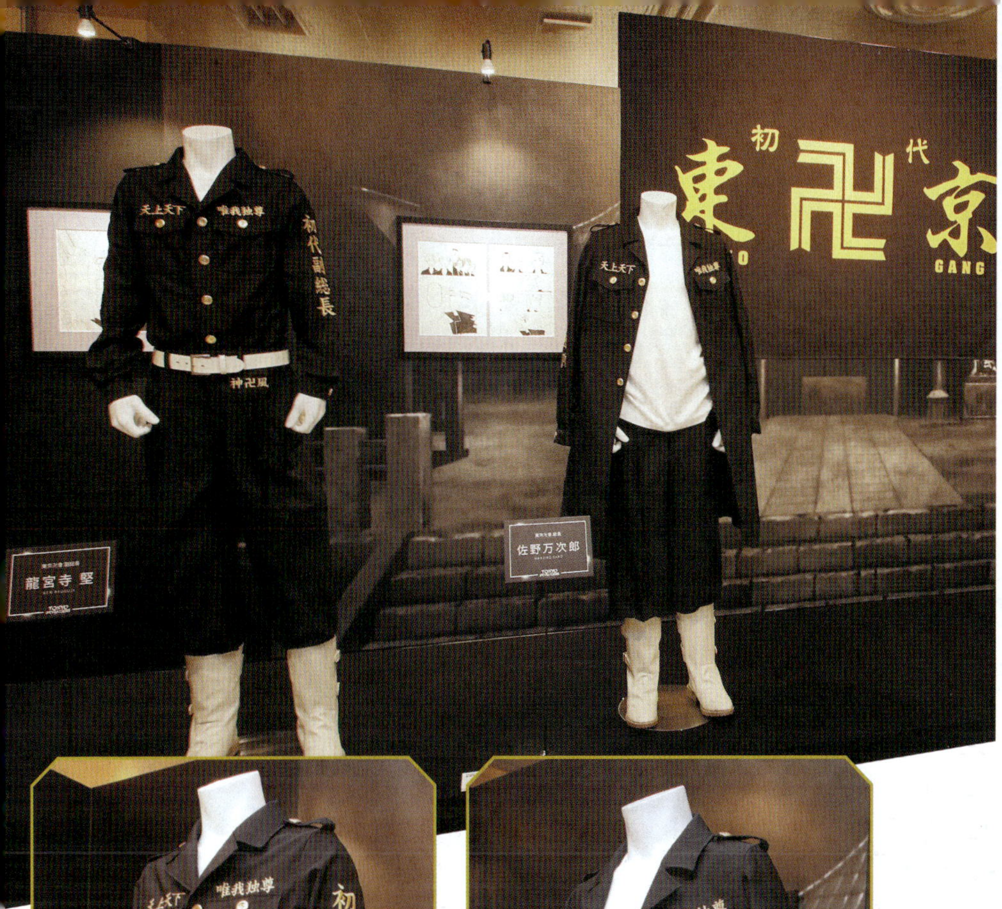

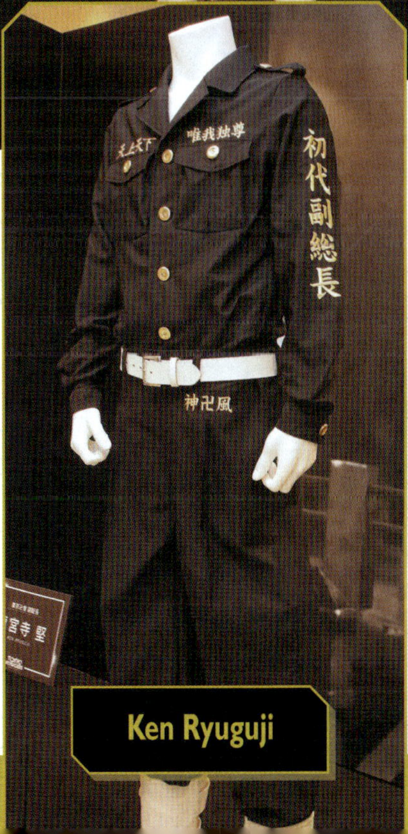

Ken Ryuguji

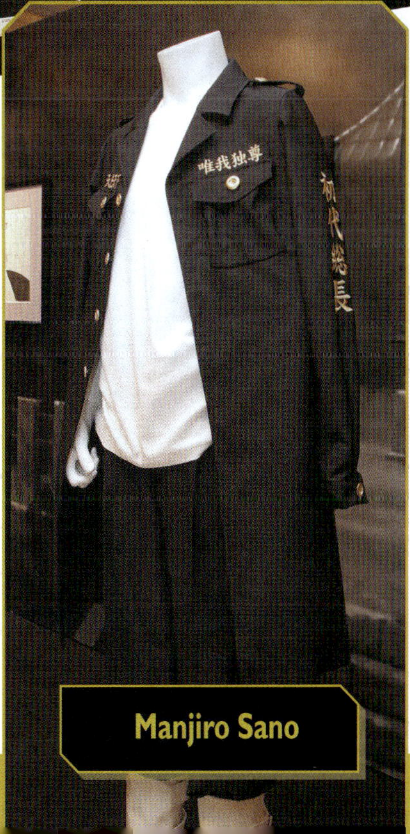

Manjiro Sano

Goldene Mikey-Statue

Bei dieser enormen Statue von einem sanft lächelnden Mikey in der Arbeitskleidung eines Zen-Mönchs konnten die Besucher nach all den dramatischer Szenen entspannen und sich von seinem Anblick trösten lassen.

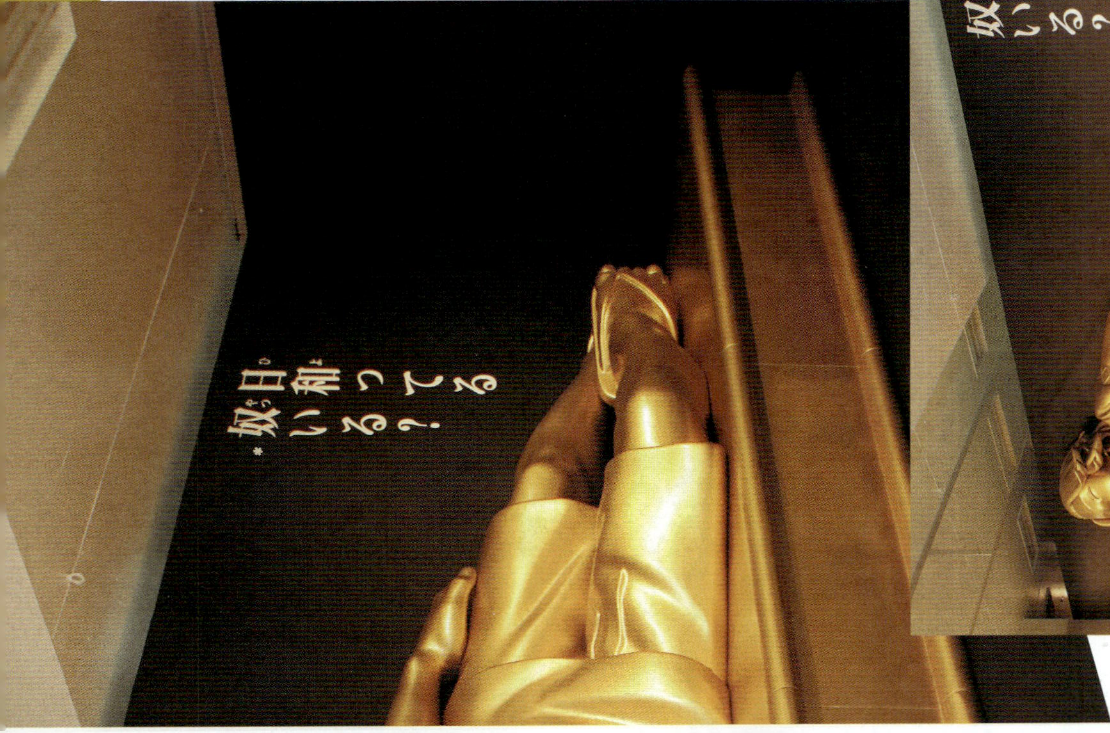

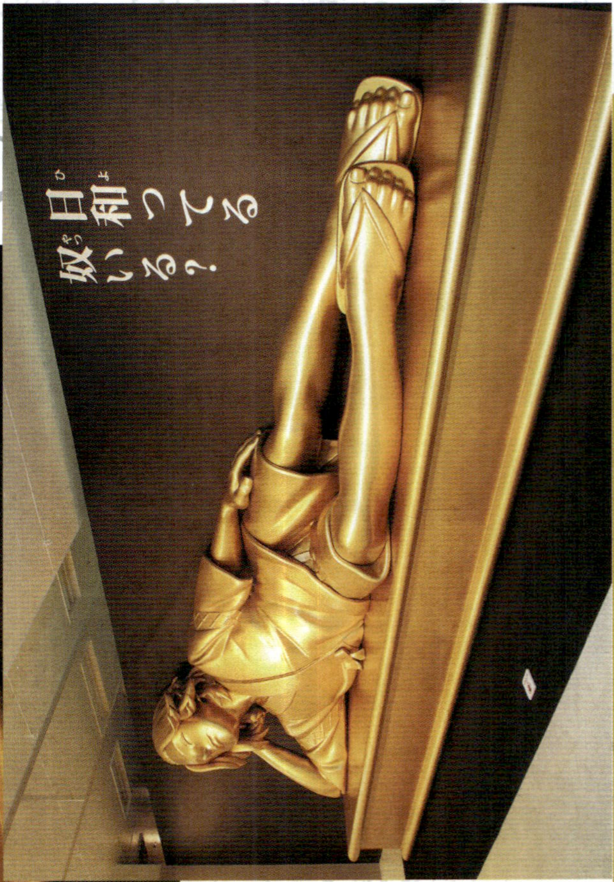

* Hat von euch auch nur einer Schiss?

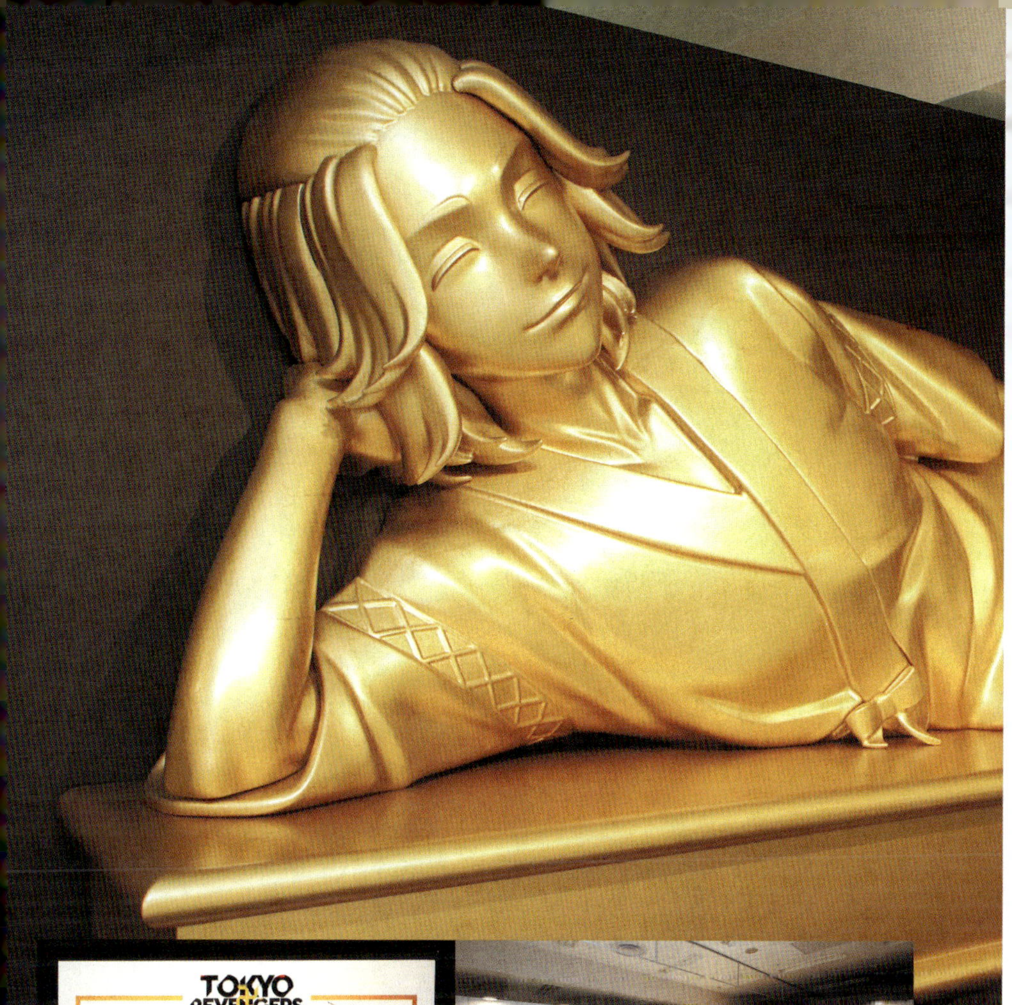

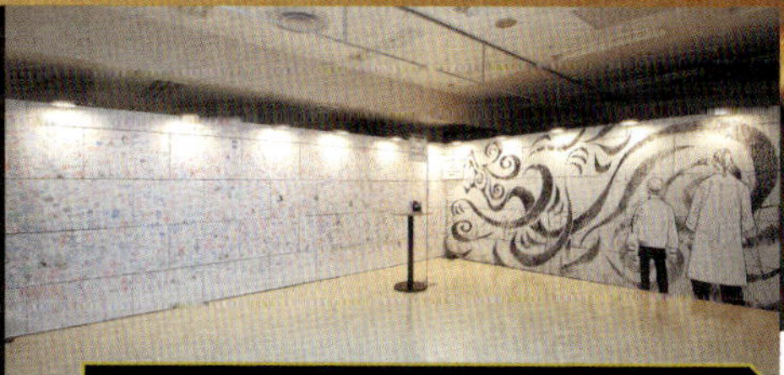

Nachrichtenecke

Hier konnte man mit Draken und Mitsuya zusammen eine Nachricht hinterlassen. Die weiße Wand war voll mit Fan-Botschaften.

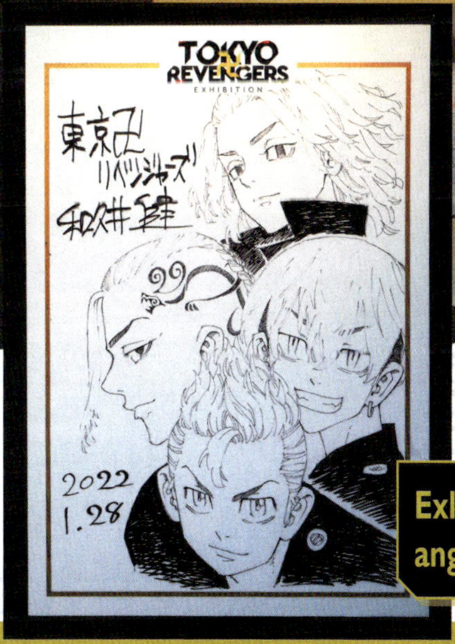

Exklusiv von Ken Wakui vor Ort angefertigte Zeichnung

»TOKYO REVENGERS EXHIBITION«

Von Kleidung bis Snacks!

Vorstellung des exklusiven Merch zur Ausstellung!

TEIL I

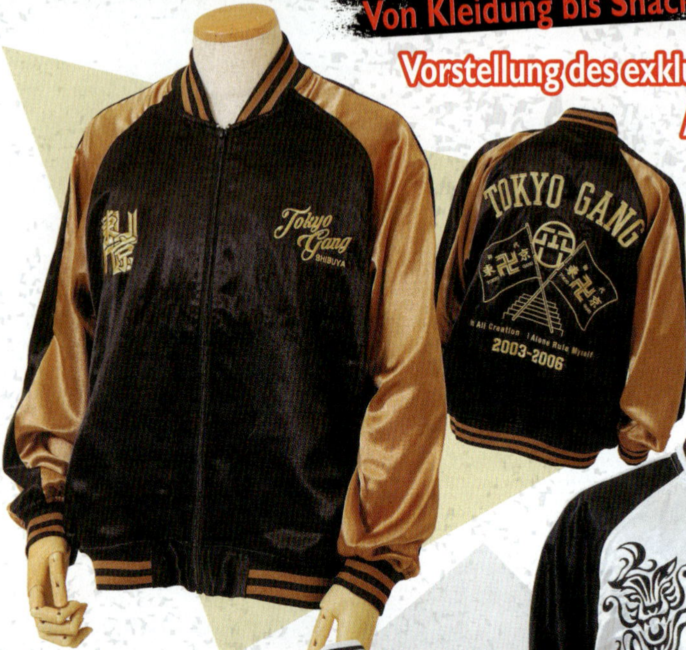

Collegejacke – Tokyo-Manji-Gang

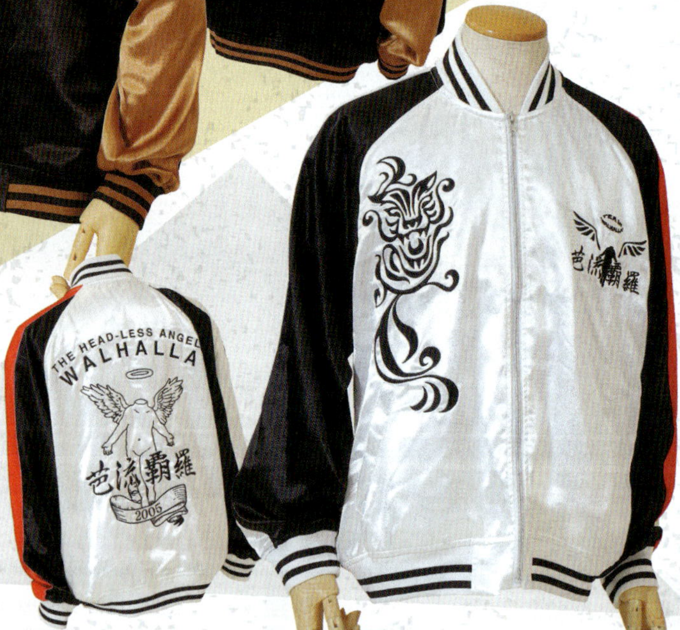

Collegejacke – Walhalla

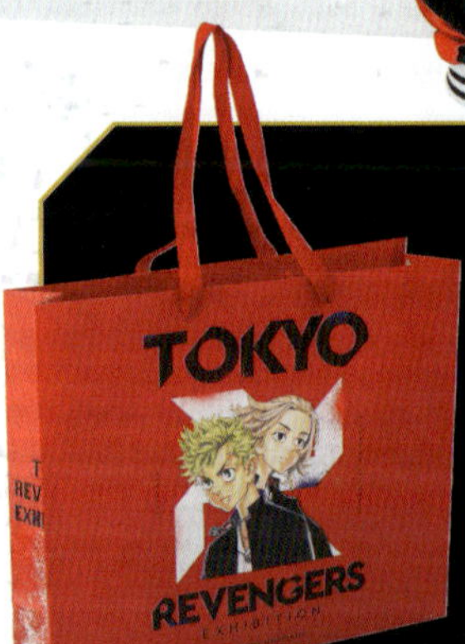

Shop mit exklusiven Souvenirartikeln

Ein Souvenirshop rundete die »Tokyo Revengers Exhibition« ab und bot von Kleidung über Snacks bis zu Schlüsselanhängern und Plüschfiguren eine große Auswahl an Merch. Bei einem Einkauf von mindestens 5000 Yen* bekam man eine exklusive Tokyo-Revengers-Einkaufstasche als Geschenk dazu.

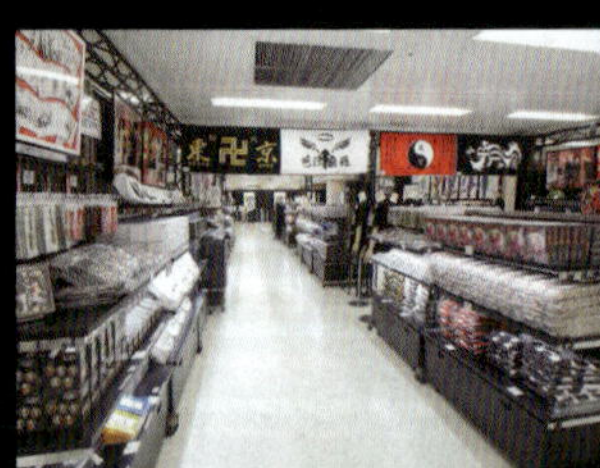

※ Ein Teil der Artikel und die Einkaufstasche wurde auch an Nebenverkaufsstellen angeboten bzw. verteilt.

Weitere Infos auf der offiziellen Website: https://revengers-exhibition.com/

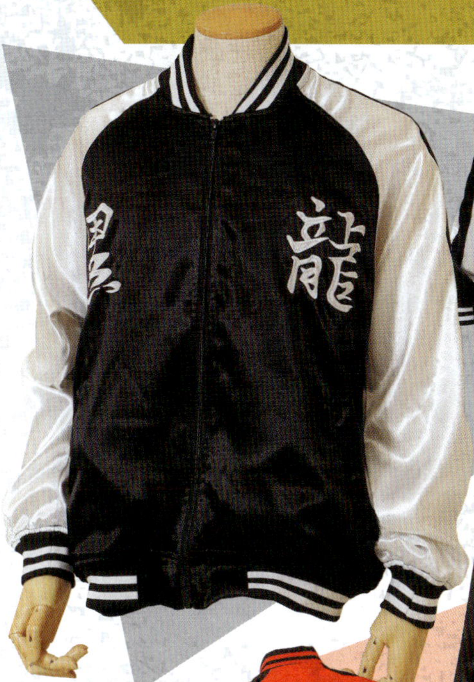

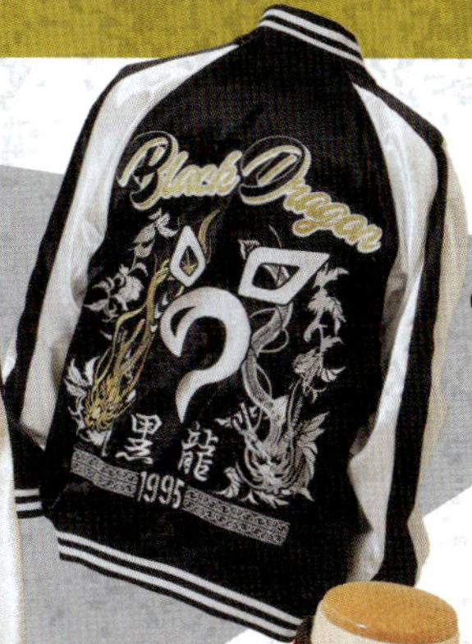

Collegejacke –
Black Dragon

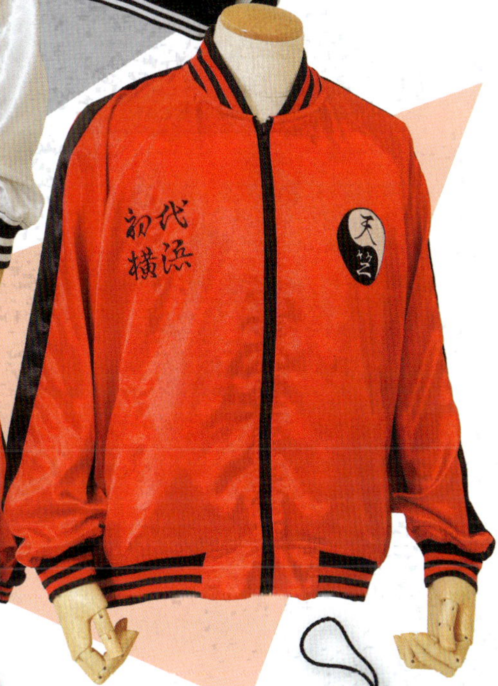

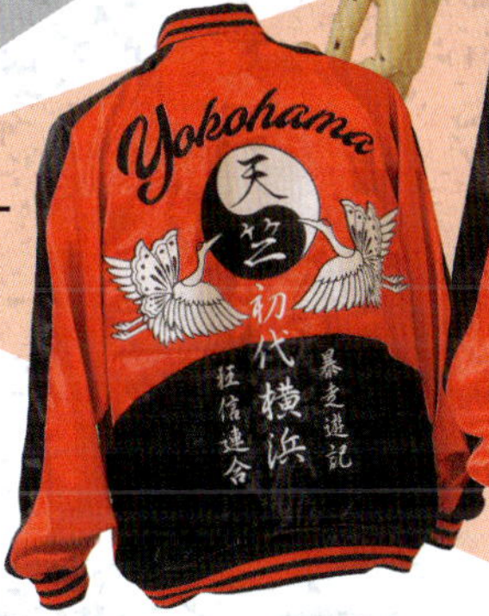

Collegejacke –
Tenjiku

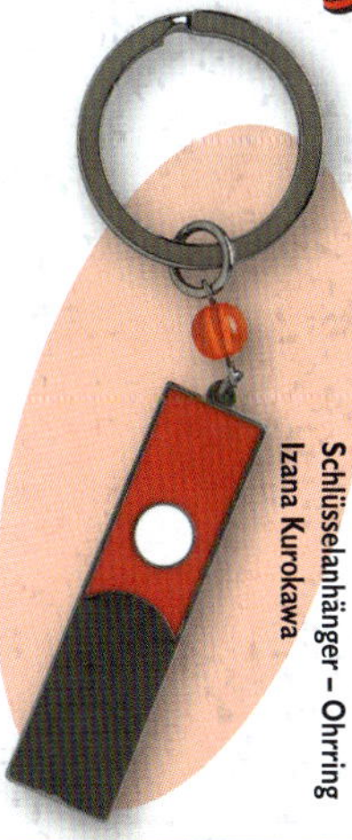

Schlüsselanhänger – Ohrring
Izana Kurokawa

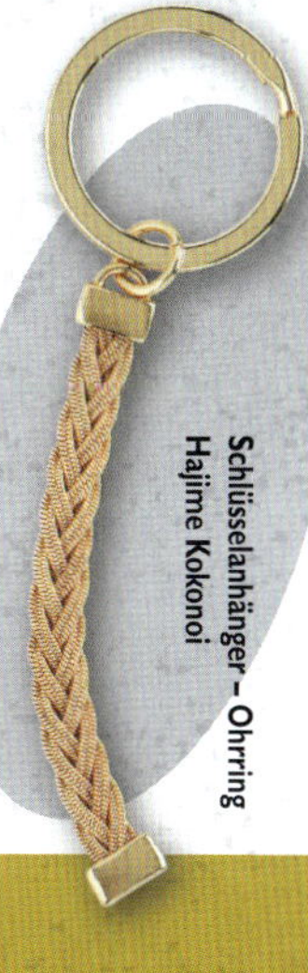

Schlüsselanhänger – Ohrring
Hajime Kokonoi

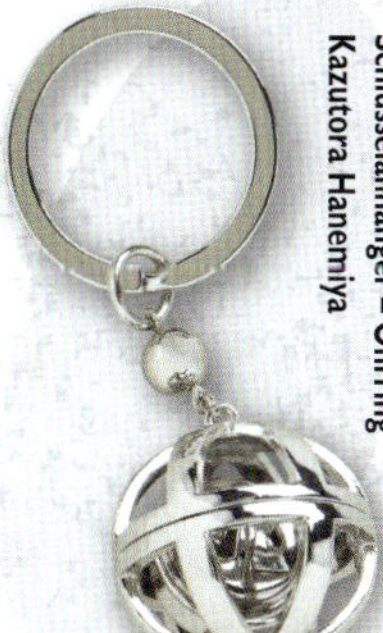

Schlüsselanhänger – Ohrring
Kazutora Hanemiya

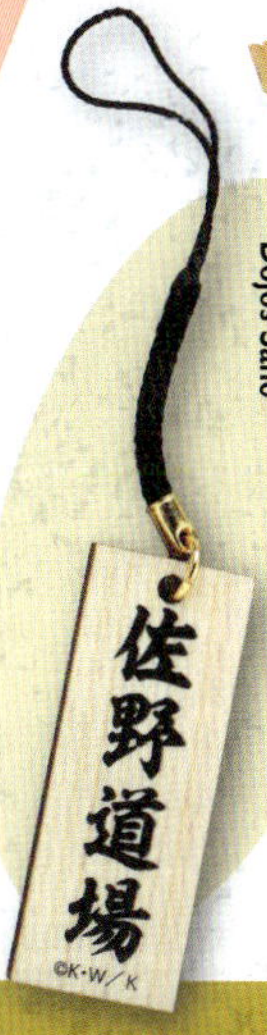

Anhänger – Türschild des
Dojos Sano

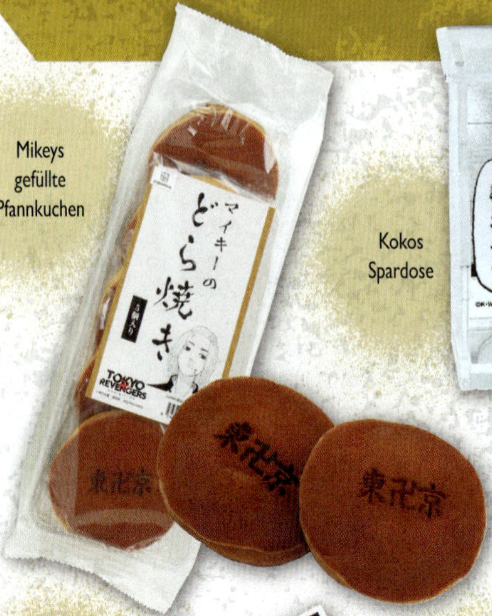

Mikeys gefüllte Pfannkuchen

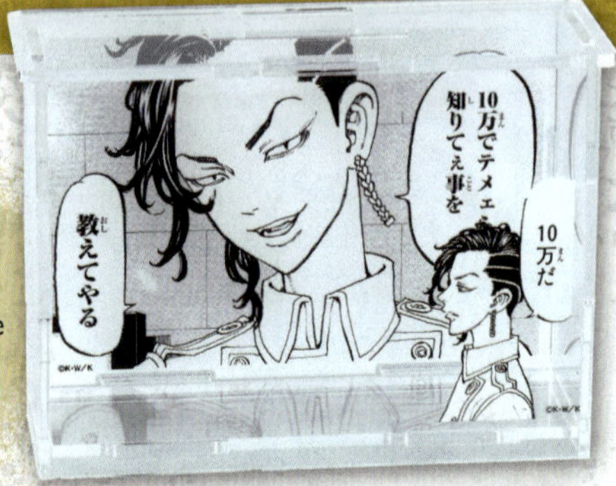

Kokos Spardose

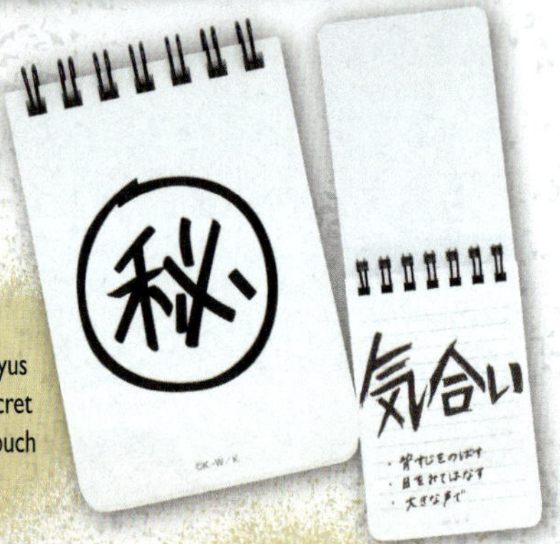

Chifuyus topsecret Notizbuch

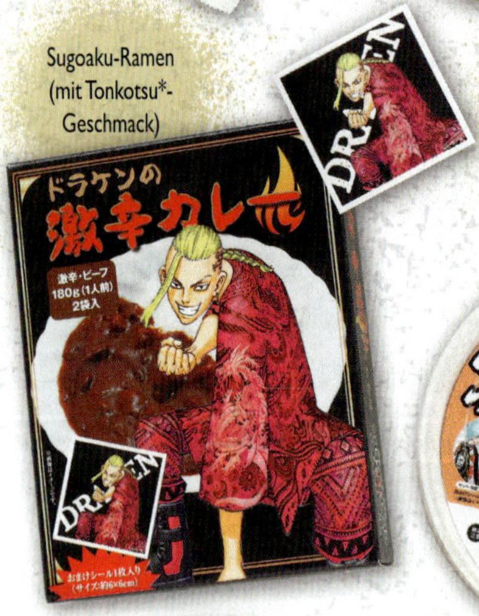

Sugoaku-Ramen (mit Tonkotsu*-Geschmack)

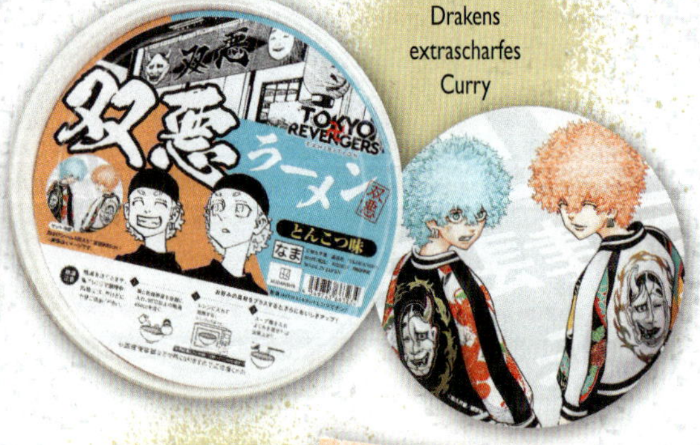

Drakens extrascharfes Curry

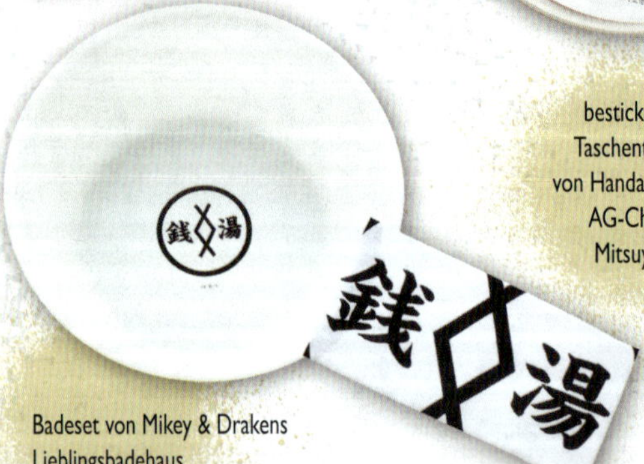

Badeset von Mikey & Drakens Lieblingsbadehaus

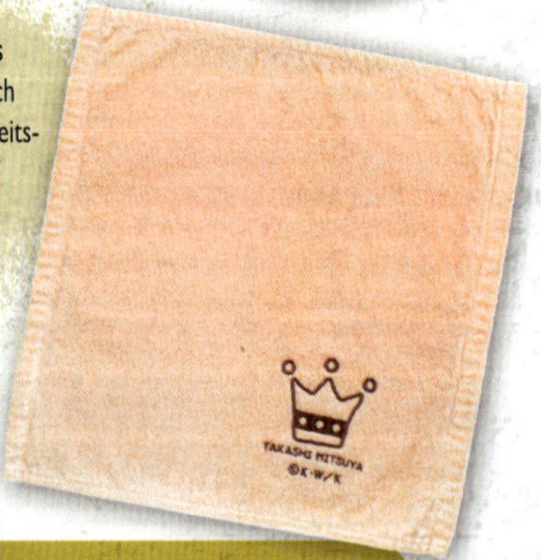

besticktes Taschentuch von Handarbeits-AG-Chef Mitsuya

* Schweineknochenbrühe

Weiteres exklusives Merch gibt es ab S.125 zu sehen!

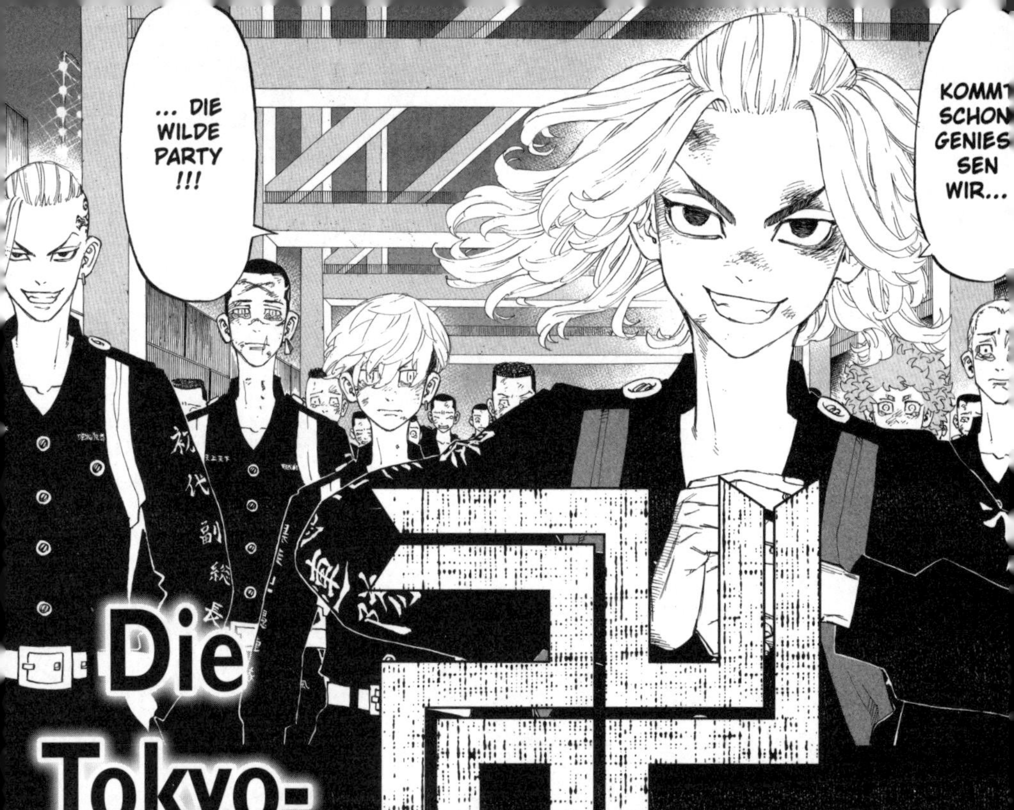

Die Tokyo-Manji-Gang

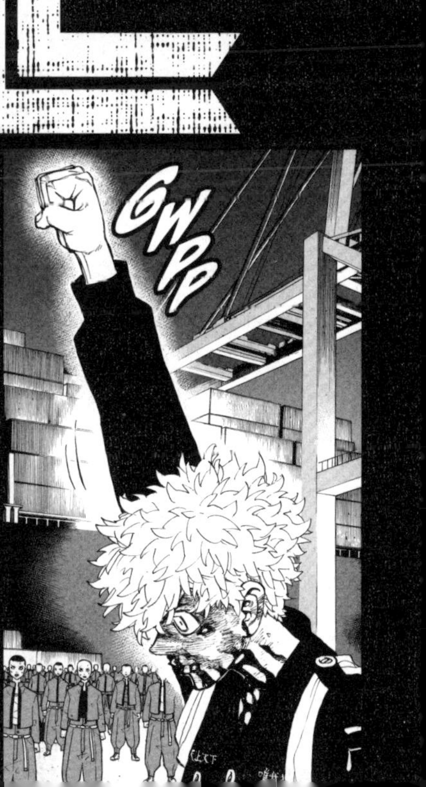

Mit dem Kanto-Zwischenfall steht die Gang ihrer bisher größten Herausforderung gegenüber

Die größte Auseinandersetzung aller Zeiten zwischen zwei Rowdy-Gangs: Der Kampf gegen Yokohama Tenjiku steht kurz bevor. Für die Mitglieder der Manji-Gang, einschließlich Takemichi und Mikey, wird es die härteste Schlacht, die sie jemals schlagen mussten. Auch wenn der Geist der Manji-Gang hell in ihnen lodern mag, wird ihnen dieser mächtige Gegner unweigerlich alles abfordern. Die starke Verbundenheit, die zwischen Takemichi und seinen Freunden besteht, wird ihnen die Kraft geben, um gegen Tenjiku zu bestehen.

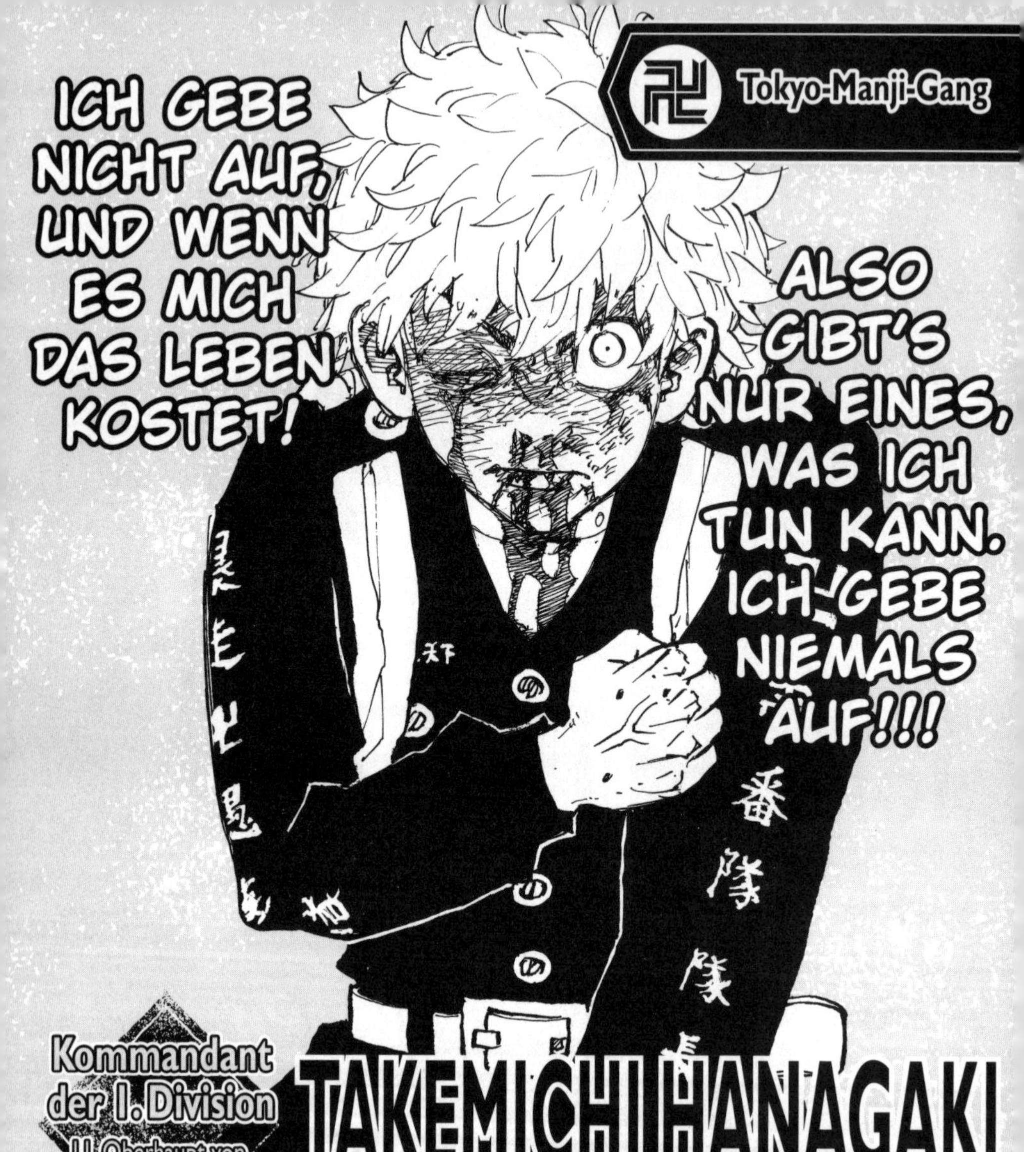

Kommandant der 1. Division

11. Oberhaupt von Black Dragon

TAKEMICHI HANAGAKI

♦ Größe: 1,65 m ♦ Gewicht: 55 kg ♦ Geburtstag: 25. Juni 1991 ♦ Sternzeichen: Krebs ♦ Blutgruppe: A ♦ Spitzname: Takemitchy ♦ Themenfarbe: Hellgrün ♦ Liebt: Chips (mit Suppengeschmack) ♦ Hasst: Gespenster ♦ Besondere Fähigkeit: gut im Puzzeln ♦ Bewundert: Mikey, Draken ♦ Kommt nicht so gut zurecht mit / Hat Angst vor: Kazutora, Peh ♦ Traum: Was war das noch mal? Kann sich nicht erinnern. ♦ Bemerkenswerte (oder bedauernswerte) Leistung: Bei der Arbeit wurde er von einem jüngeren Kollegen scharf zurechtgewiesen, weil er DVDs falsch ins Regal einsortiert hatte. ♦ Lieblingsort: Deich am Fluss ♦ Ein Tag aus seinem Leben: Beim Frühstück erhält er eine Nachricht von Hina und schwelgt für eine Weile in Glückseligkeit. ⇨ Weil er im Matheunterricht nicht aufgepasst hat, wird er ausgeschimpft und zu Nachhilfestunden verdonnert. ⇨ In der Mittagspause spielt er mit seinen Kumpels Fußball. ⇨ Nach der Schule geht er mit Hina auf ein Date ins Bahnhofsviertel, wo sie ein wenig herumschlendern. ⇨ Bevor er ins Bett geht, will er Hina noch per SMS »Gute Nacht« sagen, feilt aber so lange am Text herum, dass er erst spät ins Bett kommt, am nächsten Morgen verschläft und in der Schule wieder Ärger bekommt.

Kisakis Gräueltat festigt seinen Entschluss

Takemichi ist mehrmals in die Vergangenheit zurückgesprungen, um Kisakis Pläne zu vereiteln, aber dennoch ist es ihm nicht gelungen, zu verhindern, dass Mikey vom Weg abkommt und der Finsternis verfällt, denn der Grund dafür ist Emas Tod. Nachdem Kisaki sie umgebracht hat, ist Takemichi fest entschlossen, ihm ein für alle Mal das Handwerk zu legen.

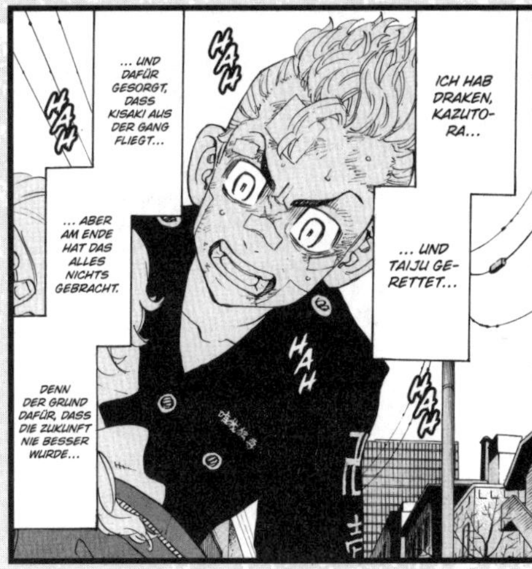

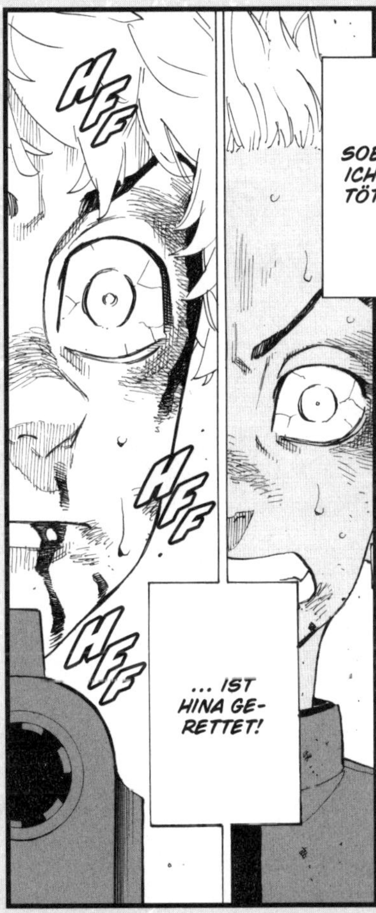

Richtet die Waffe auf Kisaki, der für alle Probleme verantwortlich ist

Takemichi und Kisaki gehen mit Fäusten aufeinander los. Nach einem heftigen Schlagabtausch greift Takemichi nach der Pistole, die Kisaki kurz zuvor hat fallen lassen. In der Überzeugung, dass Hina gerettet wäre, sobald er Kisaki tötet, richtet er die Waffe auf seinen Gegner, doch in dem Moment reißt ihn Hinas Stimme aus den mörderischen Gedanken und hält ihn davon ab, den Abzug zu drücken. Kurz darauf wird ihre Konfrontation abrupt beendet, als Kisaki zu fliehen versucht und mitten auf der Straße von einem heranfahrenden Lkw erfasst wird.

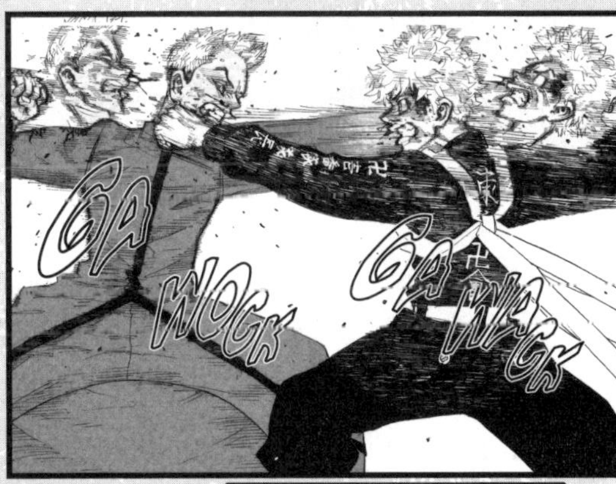

Nach dem Kanto-Zwischenfall

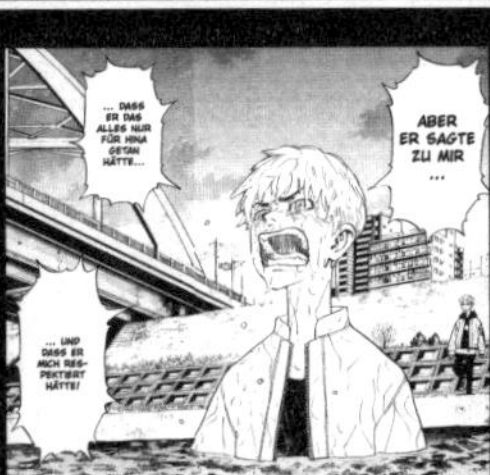

Eine einfühlsame Seele, die mit dem unerwarteten Ende kämpft

Um Hina für sich zu gewinnen, hatte Kisaki es in der Zukunft geschafft, allein mithilfe seines Verstandes und seiner Entschlossenheit an die Spitze der Rowdy-Welt aufzusteigen. Sich dessen nun bewusst empfindet Takemichi aufrichtige Bewunderung für seinen Gegner und bereut, dass er ihn nicht besser kennenlernen konnte. Wenn er mit Kisaki offener hätte reden können, hätte es vielleicht noch einen anderen Weg gegeben, die Zukunft zu verändern. Dieser Gedanke quält Takemichi auch noch im Nachhinein.

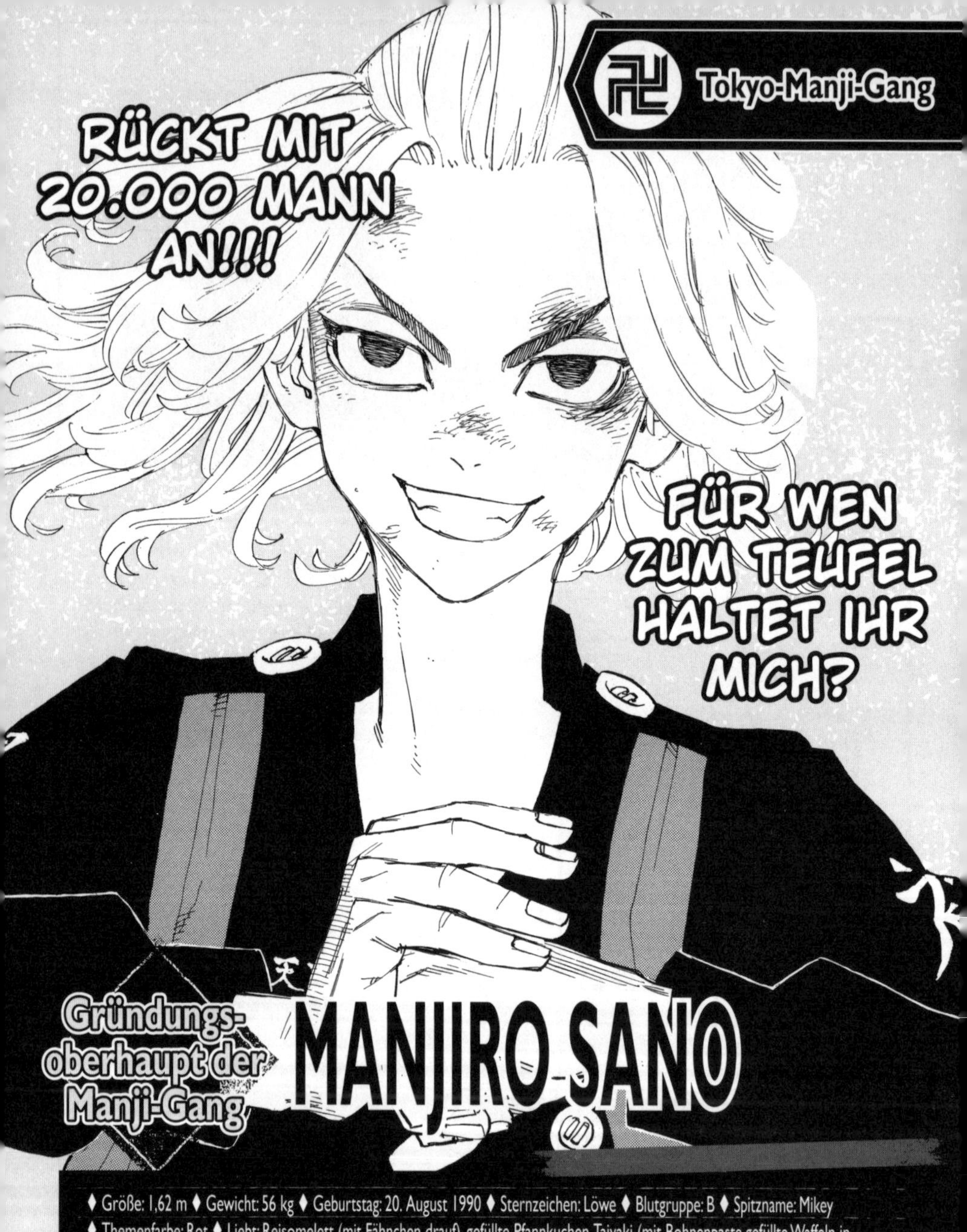

♦ Größe: 1,62 m ♦ Gewicht: 56 kg ♦ Geburtstag: 20. August 1990 ♦ Sternzeichen: Löwe ♦ Blutgruppe: B ♦ Spitzname: Mikey ♦ Themenfarbe: Rot ♦ Liebt: Reisomelett (mit Fähnchen drauf), gefüllte Pfannkuchen, Taiyaki (mit Bohnenpaste gefüllte Waffeln in Fischform) ♦ Hasst: scharfes Essen ♦ Besondere Fähigkeit: Kann sich seine Gelenke aus- und wieder einrenken ♦ Bewundert: sich selbst ♦ Kommt nicht so gut zurecht mit / Hat Angst vor: niemandem ♦ Traum: eine neue Ära der Rowdys einzuleiten ♦ Bemerkenswerte (oder bedauernswerte) Leistung: Kann zwar keine Drunken Fist, ist dafür aber auch im Schlaf unschlagbar ♦ Lieblingsort: eine Ecke seines Schmusetuchs ♦ Ein Tag aus seinem Leben: Wird von Draken geweckt und geht zur Schule, nur um dort die Kantine zu nutzen. Während des Unterrichts lädt er seine Energien auf (d. h., er schläft). ⇨ Im Lehrerzimmer geht eine »Anleitung für den Umgang mit Sano« herum. Auch in der Mittagspause lädt er weiter seine Energien auf (d. h., er schläft weiter). ⇨ Begibt sich mit Draken zu einem Treffen der Manji-Gang und fährt danach die ganze Nacht mit dem Motorrad herum.

Nach Emas Tod ist er am Boden zerstört

Nachdem seine kleine Schwester ermordet wurde, stürzt Mikey in ein tiefes Loch. Völlig überraschend ist es Hina, die ihn daraus befreit und neuen Mut schöpfen lässt. Er ist schwer erstaunt, als er von ihr erfährt, dass Takemichi ein Zeitreisender ist und die ganze Zeit über allein gekämpft hat, um die Zukunft zu verändern. Er beschließt, sich zum Wohle seiner Kameraden doch noch dem Kampf anzuschließen.

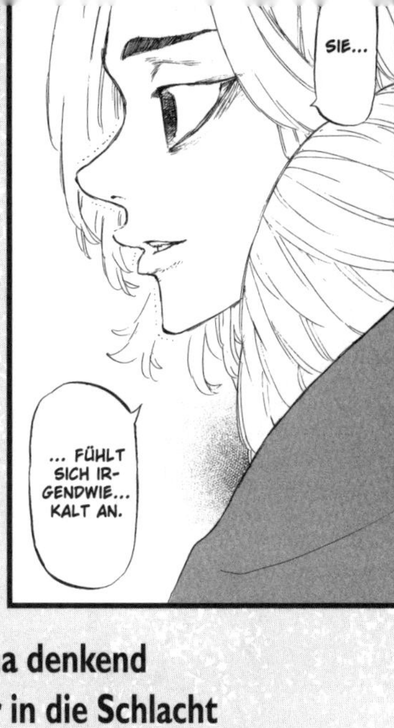

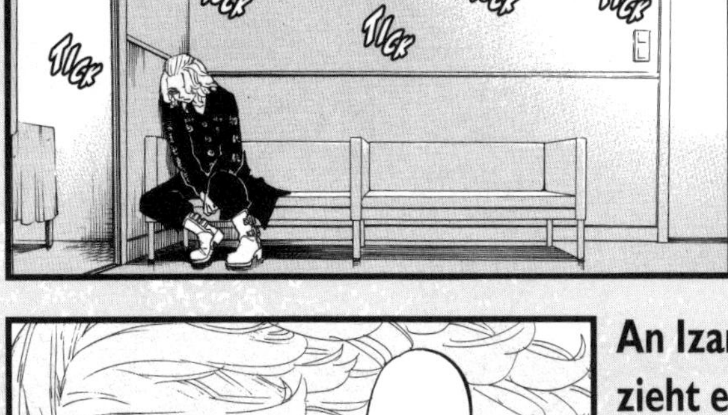

An Izana denkend zieht er in die Schlacht

Überzeugt davon, allein auf dieser Welt zu sein, prügelt Izana auf ihn ein. Doch Mikey erwidert: »Du hast immer noch mich.« Er will seinen Stiefbruder retten, nicht auslöschen, und versucht Izana daran zu erinnern, dass er immer noch Freunde und Familie hat.

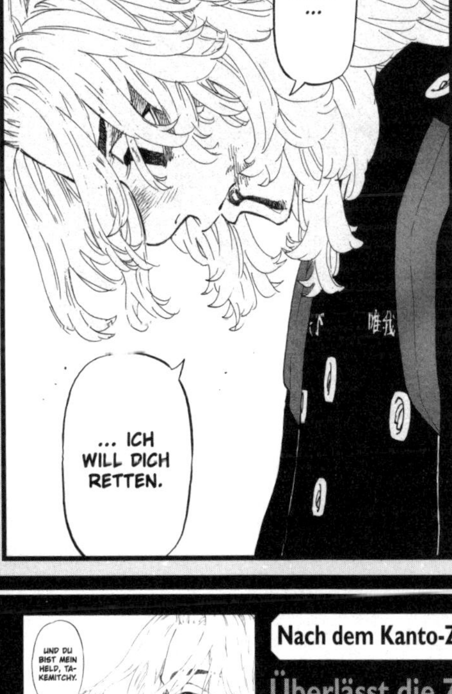

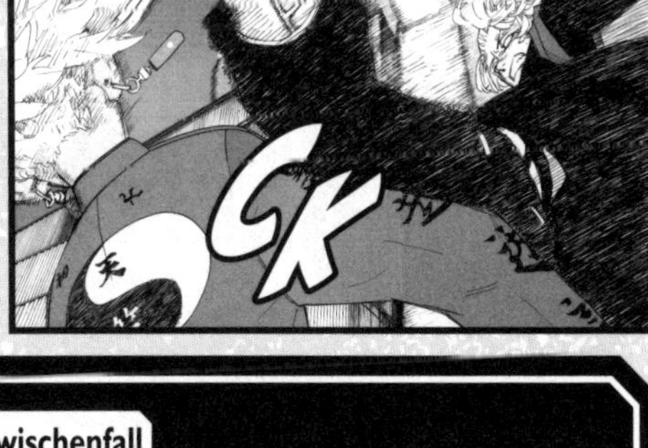

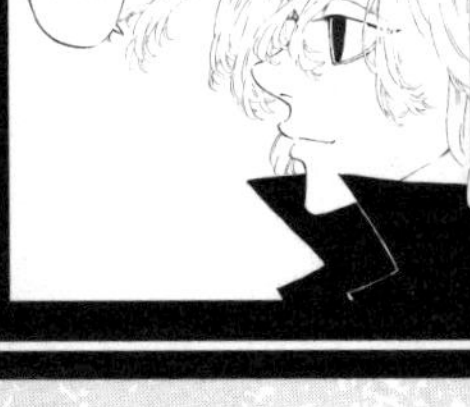

Nach dem Kanto-Zwischenfall

Überlässt die Zukunft der von Takemichi geschaffenen Ära

Mikey wird klar, dass dank Takemichi, der immer weitergekämpft hat, ohne aufzugeben, egal wie viele Rückschläge er auch erleiden musste, eine neue Ära der Rowdys angebrochen ist. Er beschließt, die Zukunft dieser neuen Ära Takemichi anzuvertrauen und die Manji-Gang aufzulösen.

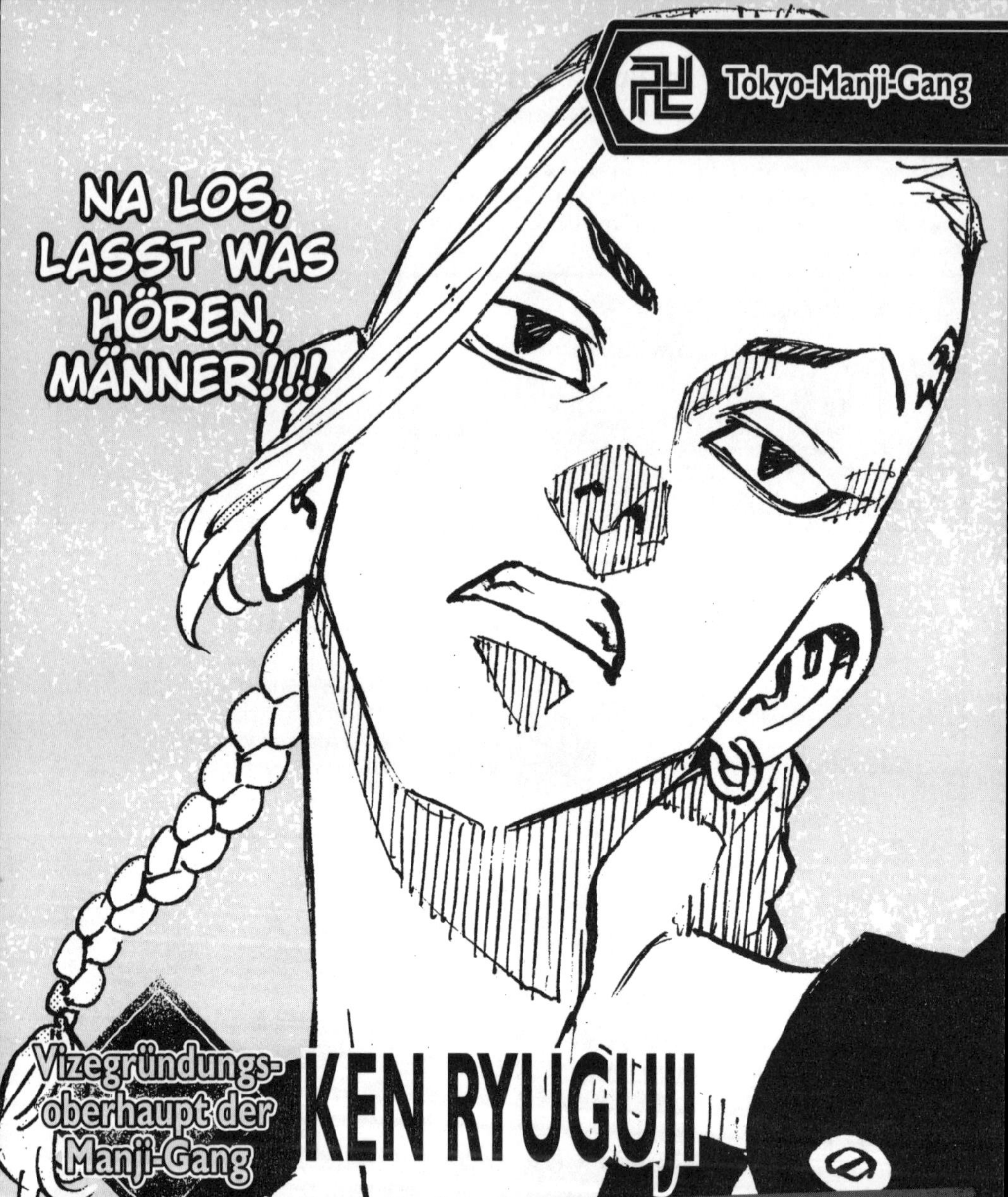

♦ Größe: 1,85 m ♦ Gewicht: 75 kg ♦ Geburtstag: 10. Mai 1990 ♦ Sternzeichen: Stier ♦ Blutgruppe: O ♦ Spitzname: Draken ♦ Themenfarbe: Pink ♦ Liebt: an Motorrädern herumzuschrauben ♦ Hasst: alte Männer, die nach Parfüm stinken ♦ Besondere Fähigkeit: Lebensratschläge geben (weil er ein offenes Ohr für die Mädchen im Bordell hat und ihnen jeden Tag zuhört) ♦ Bewundert: Manjiro Sano ♦ Kommt nicht so gut zurecht mit / Hat Angst vor: Kazutora ♦ Traum: seine untere Körperhälfte durch ein Motorrad zu ersetzen ♦ Bemerkenswerte (oder bedauernswerte) Leistung: Nahm einmal eine ganze Rockergang auseinander, während er den schlafenden Mikey auf dem Rücken trug. ♦ Lieblingsort: das Viertel Dogenzaka in Shibuya ♦ Ein Tag aus seinem Leben: Fährt zu Mikey, um ihn aufzuwecken, und danach gehen sie entweder zur Schule, mischen Rowdys aus einer anderen Schule auf oder basteln an Motorrädern herum, je nachdem, wonach Mikey gerade der Sinn steht.

Emas unerwarteter Tod entfacht eine unbändige Wut

Als er von Emas Tod erfährt, gerät Draken in Rage und lässt seine geballte Wut an Mikey aus. Was bleibt von ihrem Vorsatz, eine Gang sein zu wollen, in der jeder sein Leben für den anderen riskiert, nun, da Pah und Kazutora im Gefängnis sitzen und Baji und Ema tot sind? Die Enttäuschung und der Ärger darüber, dass sie die Menschen, die ihnen wichtig sind, nicht beschützen konnten, treibt Draken die Tränen in die Augen.

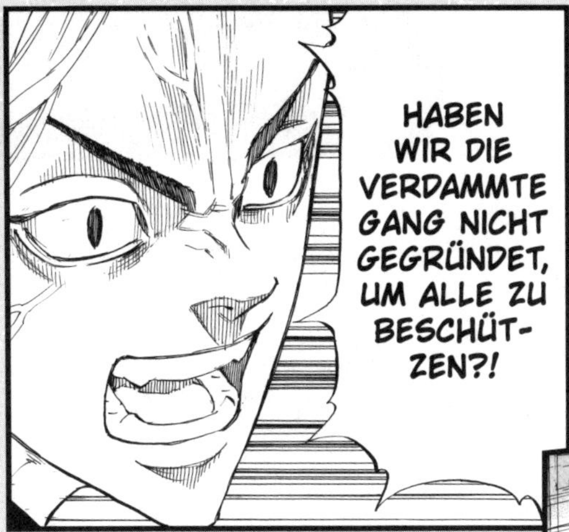

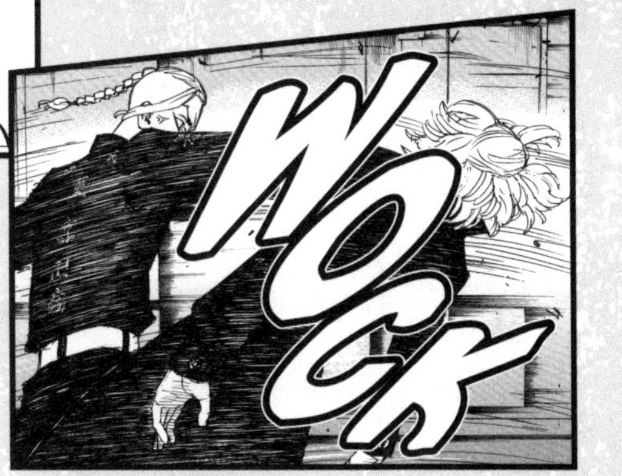

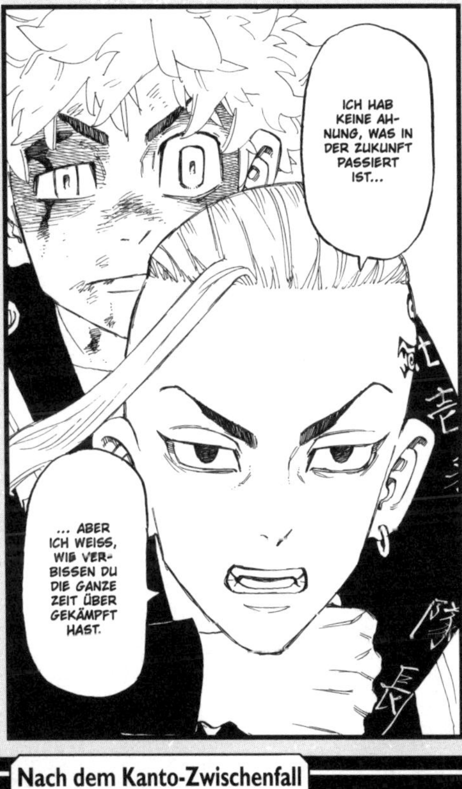

Fasst neuen Mut, als er von Takemichis Geheimnis erfährt

Als ihm zu Ohren kommt, dass Takemichi als Zeitreisender die ganze Zeit über allein gekämpft hat, schafft er es, Mut zu schöpfen und sich wieder aufzurappeln. Um sich für alles, was Takemichi für die Manji-Gang getan hat, zu revanchieren, ist er bereit ihn mit ganzer Kraft zu unterstützen. Nach dem Kampf mit Tenjiku verfolgt er Kisaki mit dem verletzten Takemichi auf seinem Rücken.

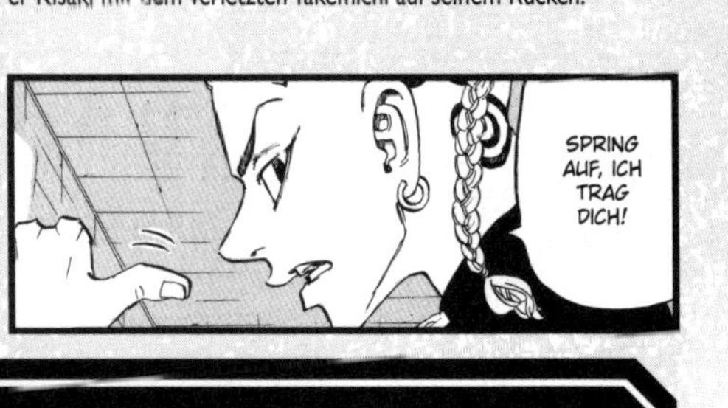

Nach dem Kanto-Zwischenfall

Bei Emas Trauerfeier überkommen ihn die Gefühle

Nachdem es ihm zu ihren Lebzeiten nie gelungen war, seine Liebe in Worte zu fassen, spricht Draken bei Emas Trauerfeier zum ersten Mal aus, was er für sie empfindet. Als Emas Großvater Mansaku lächelnd zu ihm meint, dass sie nun sicher in Frieden ruhen können wird, überwältigen in die Gefühle. Vor Bedauern, dass er sie nicht beschützen konnte, und Schmerz, einen geliebten Menschen verloren zu haben, bricht er in Tränen aus.

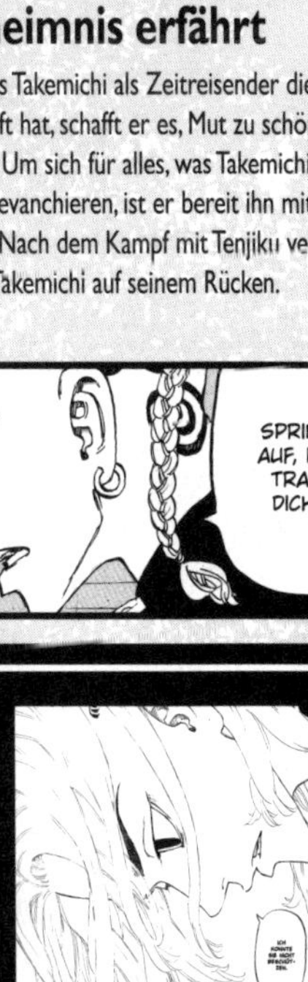

Tokyo-Manji-Gang

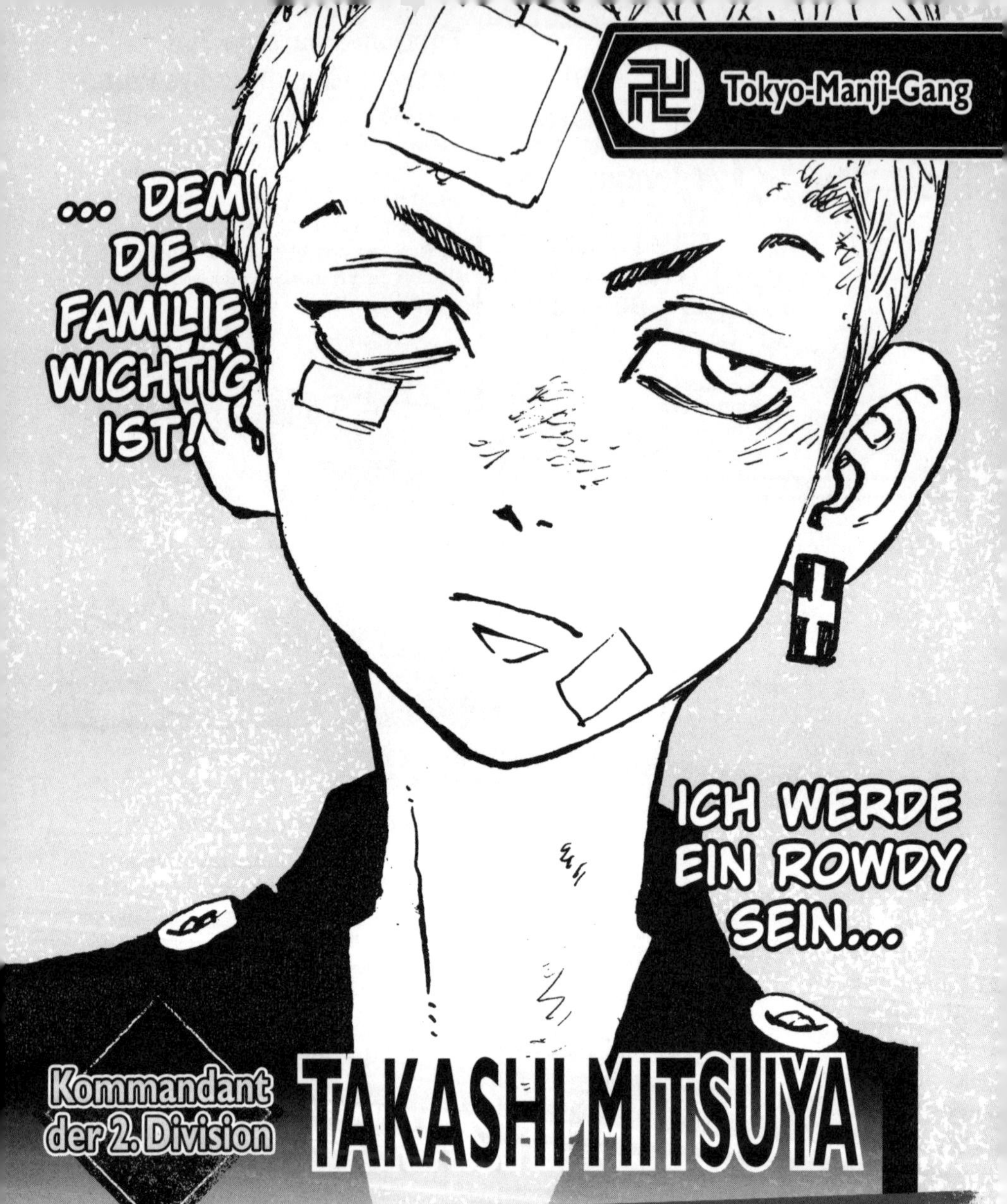

Kommandant der 2. Division

TAKASHI MITSUYA

♦ Größe: 1,70 m laut ihm selbst ♦ Gewicht: 57 kg ♦ Geburtstag: 12. Juni 1990 ♦ Sternzeichen: Zwillinge ♦ Blutgruppe: A ♦ Themenfarbe: Orange ♦ Liebt: den Moment beim Bügeln, wenn die Falten verschwinden ♦ Hasst: Hakkai, wenn dieser ausrastet und zu weit geht ♦ Besondere Fähigkeit: Kann Stoffe allein durch Anfassen erkennen ♦ Bewundert: Coco Chanel ♦ Kommt nicht so gut zurecht mit / Hat Angst vor: Mana, wenn sie sich wie eine melodramatische Diva aufführt, und Runa, wenn sie gerade erst aufgestanden ist ♦ Traum: Modedesigner zu werden ♦ Bemerkenswerte (oder bedauernswerte) Leistung: Bei der Sportart Beach Flags kann ihm keiner aus der Gang das Wasser reichen. ♦ Lieblingsort: ein leeres Klassenzimmer am Nachmittag nach dem Unterricht ♦ Ein Tag aus seinem Leben: Damit seine Mutter ihren ersten freien Tag seit Langem in Ruhe genießen kann, nimmt er seine kleinen Schwestern und geht mit ihnen raus. Da er weiß, dass die beiden Hakkai mögen, lädt er ihn ein, sich ihnen im Park anzuschließen. Und während Hakkai mit den Mädchen spielt, macht er es sich auf einer Bank gemütlich, um seine Kreation für den nächsten Wettbewerb der Handarbeits-AG fertig zu nähen.

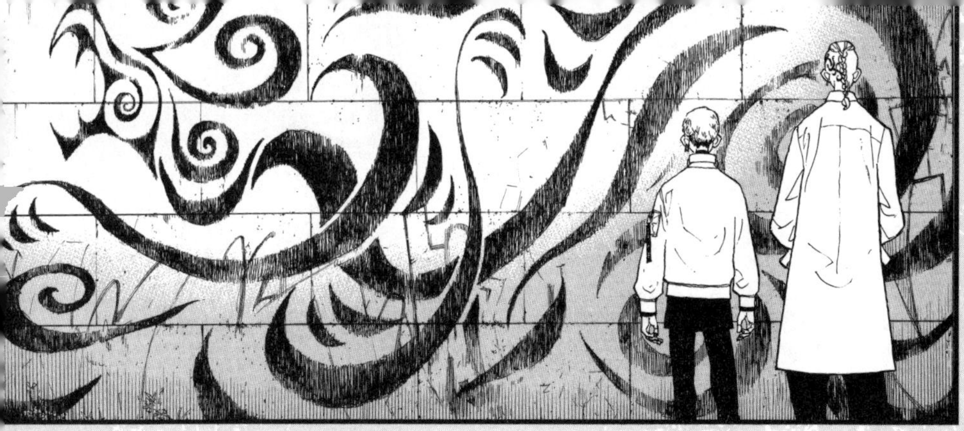

Seit ihrer ersten Begegnung versucht er, Drakens Beispiel zu folgen

Er lernte Draken kennen, als er in seiner Grundschulzeit einmal von zu Hause ausriss, und empfand sofort Bewunderung für den anderen Jungen, der trotz der unglücklichen Verhältnisse, in denen er aufwuchs, stolz und selbstbewusst lebte. Er schwor, ein Mann zu werden, der würdig sei, an Drakens Seite zu stehen. Als Zeichen seiner Entschlossenheit ließ er sich das Drachengraffito tätowieren, durch das sie sich kennengelernt hatten.

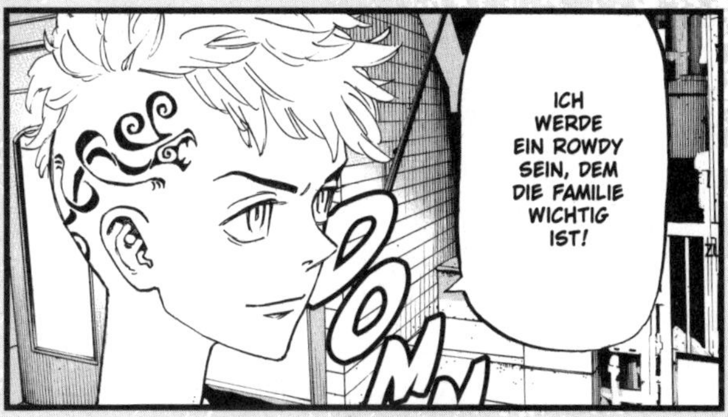

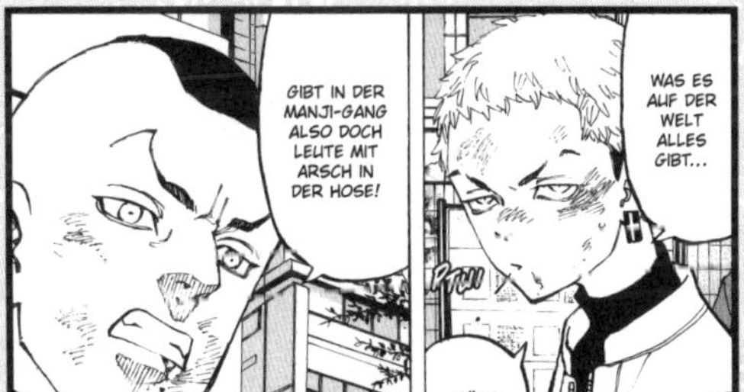

Vertritt die Werte der Manji-Gang in jeder Lage

Als Tenjiku in Shinjuku einmarschiert, trifft er dort auf Mocchi. Die beiden liefern sich einen ausgeglichenen Kampf, der jedoch durch das überraschende Eingreifen der Haitani Brüder ein jähes Ende findet. Am Tag vor der Entscheidungsschlacht wird er mit einem Stahlrohr attackiert und schwer verletzt ins Krankenhaus eingeliefert. Doch um die Moral der verzagten Manji-Gang zu stärken, schleicht er sich heimlich aus dem Krankenhaus und gibt Takemichi Schützenhilfe beim Gang-Treffen. Da er aufgrund seiner Verletzung selbst nicht an der großen Schlacht teilnehmen kann, betraut er Hakkai damit, für ihn und die Gang zu kämpfen.

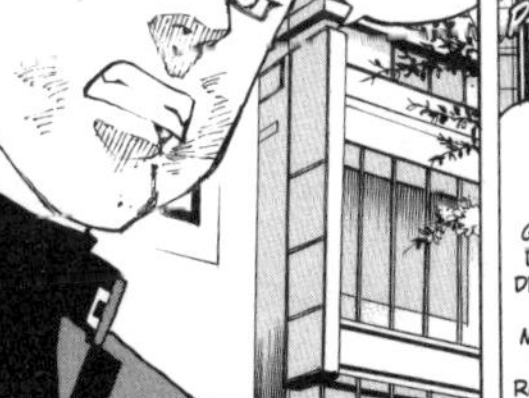

Nach dem Kanto-Zwischenfall

Was geht Mitsuya am Abend der Gang-Auflösung durch den Kopf?

Nach dem Sieg gegen Yokohama Tenjiku steht die Manji-Gang nun an der Spitze. Doch obwohl sie nun ihren Traum von einer neuen Ära der Rowdys erreicht haben, verkündet Mikey völlig unerwartet die Auflösung der Gang. Was mag in Mitsuya wohl vorgehen, als er das hört?

Tokyo-Manji-Gang

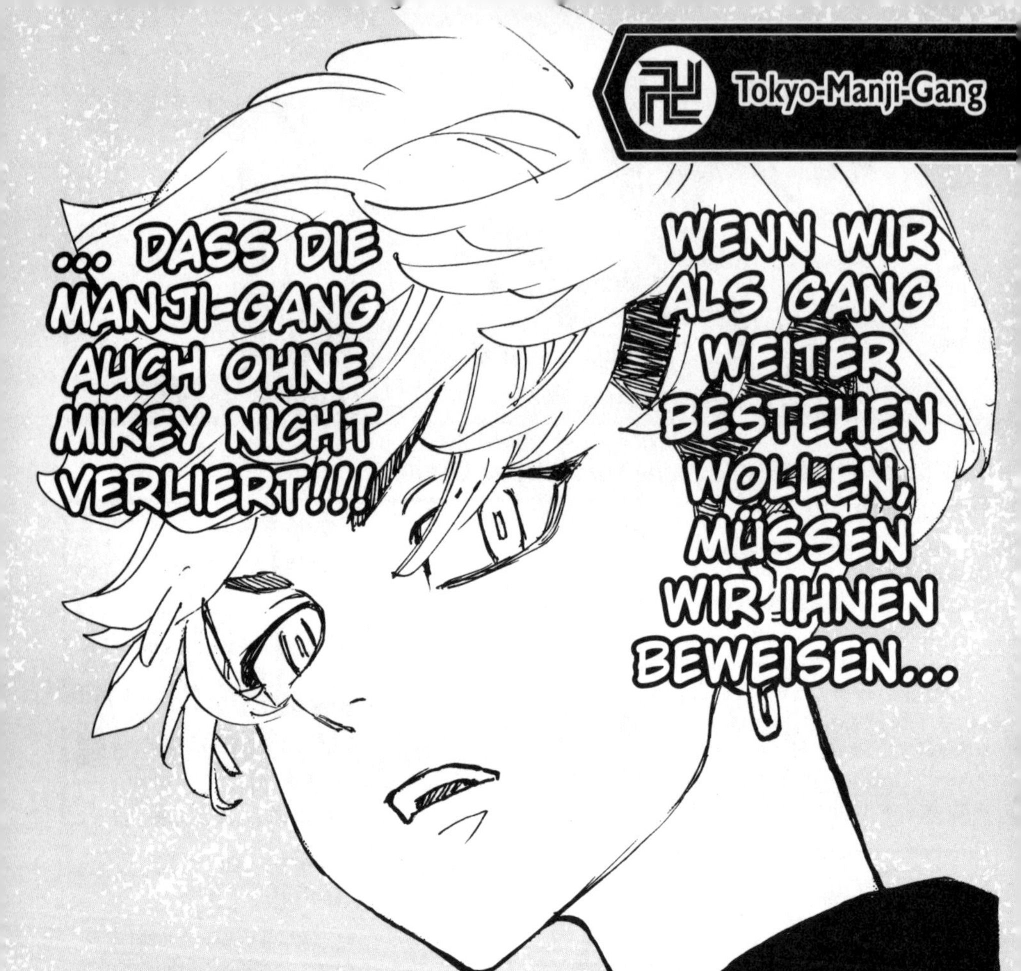

Vizekommandant der 1. Division

CHIFUYU MATSUNO

♦ Größe: 1,68 m ♦ Gewicht: 58 kg ♦ Geburtstag: 19. Dezember 1991 ♦ Sternzeichen: Schütze ♦ Blutgruppe: 0 ♦ Themenfarbe: Hellblau ♦ Liebt: mit seiner Katze Peke-J zu spielen, Luftfahrtmagazine, die Werke der Mangaka Ai Yazawa ♦ Hasst: Hierarchien ♦ Besondere Fähigkeit: Kann mit Tieren sprechen (glaubt er) ♦ Bewundert: Keisuke Baji ♦ Kommt nicht so gut zurecht mit / Hat Angst vor: Kazutora, Nostradamus (weil ihm dessen Prophezeiungen so Angst machen, dass er deswegen schon schlaflose Nächte verbracht hat) ♦ Traum: Pilot zu werden ♦ Bemerkenswerte (oder bedauernswerte) Leistung: Einmal, als er seiner Katze hinterherjagte, stürzte er aus seiner Wohnung im 1. Stock, blieb aber völlig unverletzt. ♦ Lieblingsort: die Treppe im Wohnhaus, wo er oft bis zum Morgengrauen mit Baji gequatscht hat ♦ Ein Tag aus seinem Leben: Er steht auf, badet mit Peke-J und spielt danach noch eine Weile mit ihr. Da es dann schon Mittag wird, beschließt er, dass es sich nicht mehr lohnt, in die Schule zu gehen, und macht sich sofort auf den Weg zu Takemitchy. Dort verspürt er einen kleinen Hunger, öffnet den Kühlschrank und stößt auf ein Mille-Crêpe-Törtchen mit einem Zettelchen dran, auf dem »Meins!« steht. Er ignoriert den Zettel und isst das Törtchen. Takemitchy bemerkt es und fordert ihn zu einem Duell heraus. Als er Takemitchy dann bei einem Kampfspiel in der Spielhalle plattmacht, bricht dieser allerdings zornig in Tränen aus, also besorgt er ihm auf dem Heimweg eine Tafel Schokolade als Wiedergutmachung.

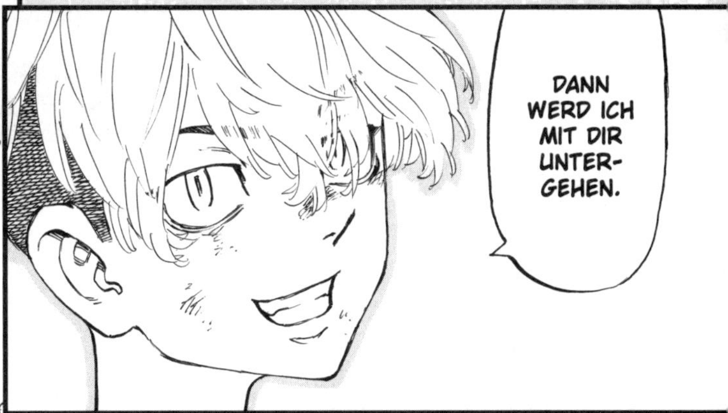

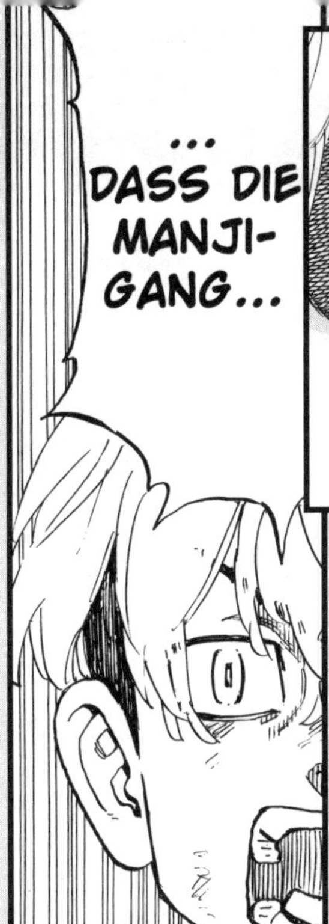

Volle Unterstützung für Takemichi und die Manji-Gang

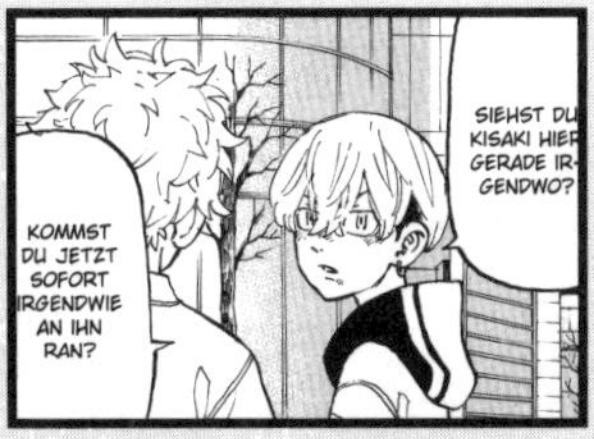

Chifuyu ist für Takemichi ein unentbehrlicher Partner, der ihm in kritischen Situationen beisteht. Zum Beispiel hilft er seinem Freund dabei, sich wieder zu beruhigen, als der beim Gedanken daran, dass Kisaki vielleicht ebenfalls durch die Zeit springen könnte, völlig die Nerven verliert. Als Takemichi allein gegen Tenjiku in den Kampf ziehen will, schließt er sich lächelnd mit den Worten »Dann werd ich mit dir untergehen« an und beweist damit seine Bereitschaft, bis zum bitteren Ende an seiner Seite zu stehen.

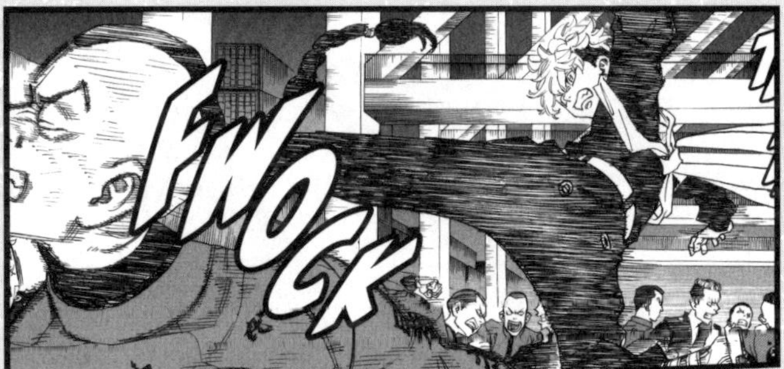

Beschützt Takemichi um jeden Preis!

Bei der Schlacht gegen Tenjiku bildet er zusammen mit Angry, Hakkai und den anderen einen Verteidigungsring um Takemichi, für den sie eine Schneise hin zu Kisaki durch die gegnerischen Truppen schlagen wollen. Dabei kommt es zum Zweikampf zwischen ihm und Mocchi, einem der Generäle von Tenjiku. Zudem greift er ein, als Takemichi es mit Kakucho aufnehmen will.

Nach dem Kanto-Zwischenfall

Ein Stütze für den leidenden Takemichi

Nach der Schlacht macht sich Takemichi schwere Vorwürfe, gequält von dem Gedanken, dass vielleicht alles anders gelaufen wäre, wenn er Kisaki offener begegnet wäre. Chifuyu ist für ihn da und zeigt Verständis und Mitgefühl für seinen Freund.

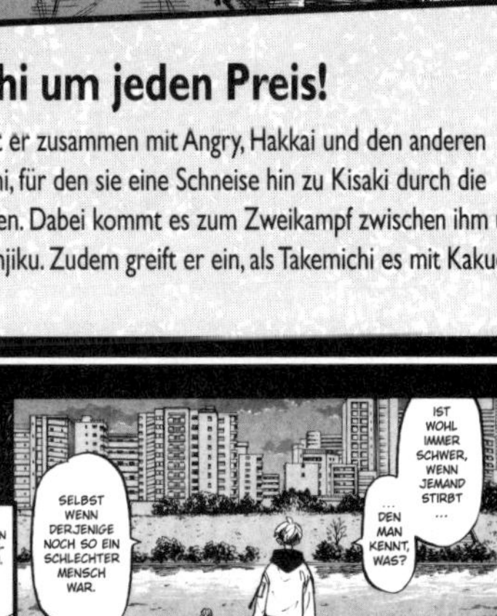

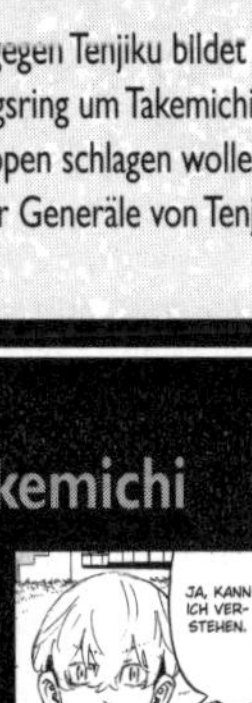

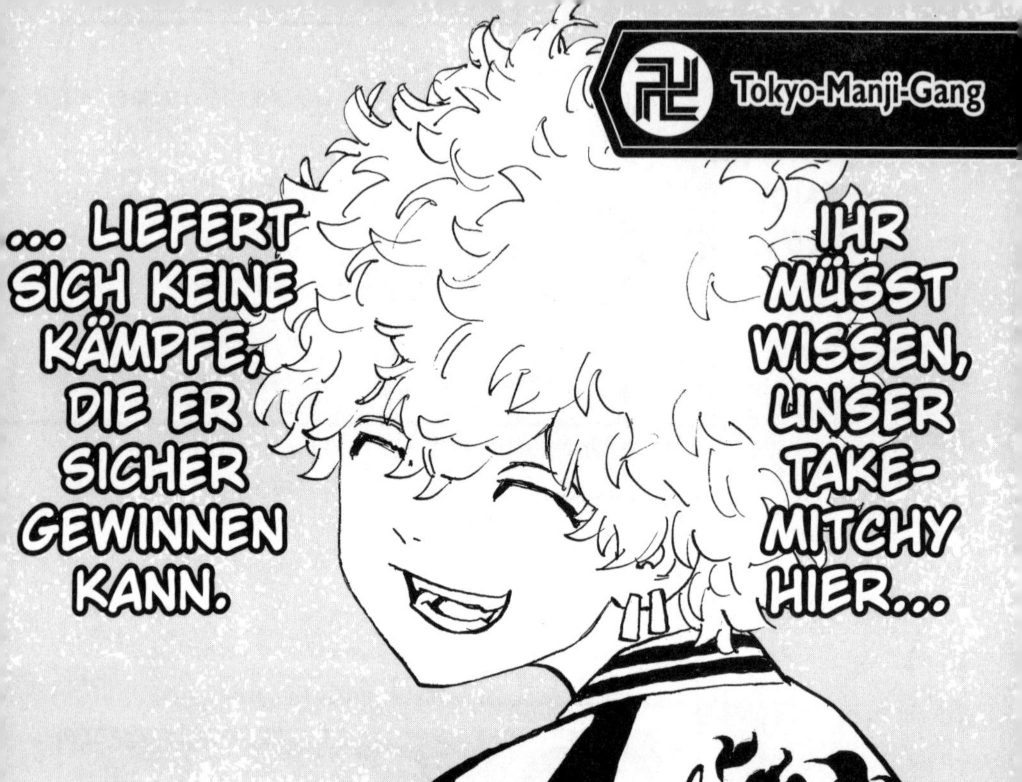

♦ Größe: 1,70 m (inkl. Haare) ♦ Gewicht: 56 kg ♦ Geburtstag: 25. Mai 1989 ♦ Sternzeichen: Zwillinge ♦ Blutgruppe: B ♦ Spitzname: Smiley ♦ Themenfarbe: Orange ♦ Liebt: eigentlich Modellbaukästen und Manga, aber das hält er geheim, weil er gern beliebt wäre ♦ Hasst: seine widerspenstigen Haare, die sich selbst nach einer dauerhaften Haarglättung noch kräuseln ♦ Besondere Fähigkeit: Kann ausgezeichnet Ramen zubereiten, sodass jeder Küchenchef neidisch werden würde ♦ Bewundert: Mucho ♦ Kommt nicht so gut zurecht mit / Hat Angst vor: seiner Mutter, nachdem sie mitbekam, dass er Angry getriezt hatte ♦ Traum: glatte Haare zu haben und Besitzer einer beliebten Kette von Host Clubs mit dem Namen »Smiley« zu sein ♦ Bemerkenswerte (oder bedauernswerte) Leistung: Als einmal in der Schule so ein richtig woaaah großer Typ hätätääh daherkam und ihn anmachte, stieg's voll so graaah in ihm hoch und dann ging's wämm, kabämm, und erledigt. ♦ Lieblingsort: gemeinsam mit Marimo, dem Zwergspitz seiner Eltern, unter dem beheizten Tisch in seinem Elternhaus

Liefert sich einen Zweikampf mit Kakucho!

Zu Beginn des Konflikts mit Tenjiku stellt er sich beim Treffpunkt der gegnerischen Gang in Yokohama einem Zweikampf mit Kakucho. Der Kampf verläuft zunächst ausgeglichen, doch schließlich gelingt es ihm, sich mit einem Dropkick gegen seinen Gegner durchzusetzen. Allerdings stellt sich heraus, dass Kakucho absichtlich verloren hat. Somit ist weiterhin unklar, wer von beiden tatsächlich der Stärkere ist.

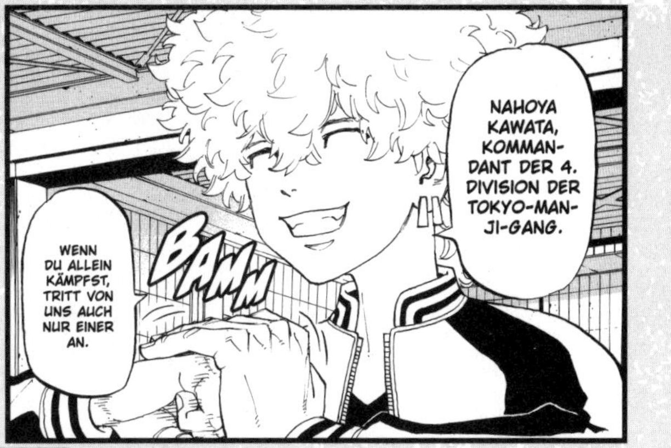

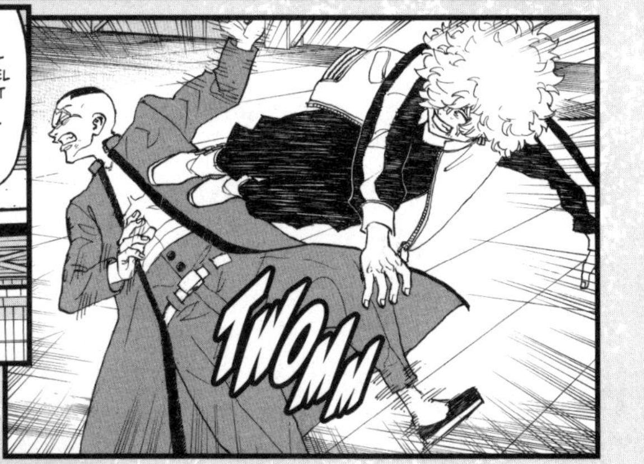

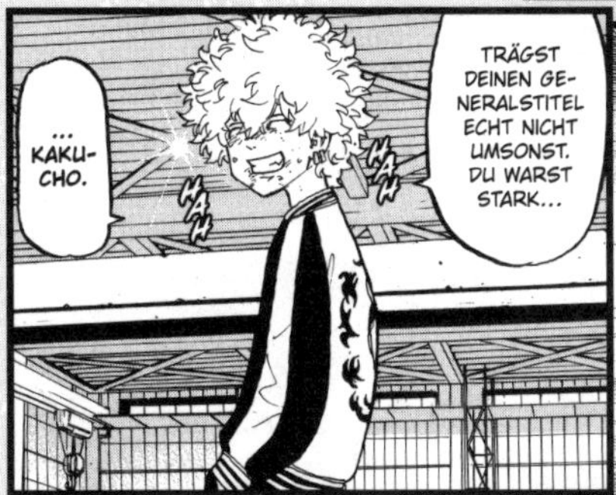

Legt seine Hoffnungen für die Manji-Gang in die Hände seines Bruders

Nach einem von Madarame und Rindo inszenierten Überraschungsangriff wird er ins Krankenhaus eingeliefert. Doch am Vorabend der Entscheidungsschlacht gegen Tenjiku stiehlt er sich zusammen mit Mitsuya heimlich davon und vertraut seinem Bruder Angry die Aufgabe an, Takemichi und die anderen Mitglieder der Manji-Gang zu unterstützen, die sich auf einen Kampf vorbereiten, den sie ohne Mikey und Draken bestehen müssen. Nichtsdestotrotz bereitet ihm der Gedanke, Angry allein losschicken zu müssen, große Sorgen.

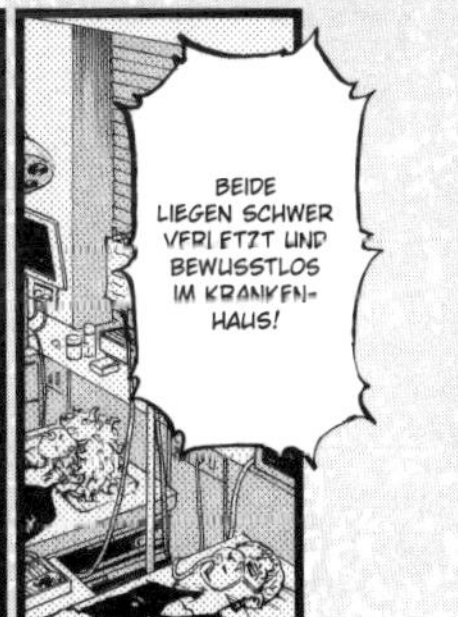

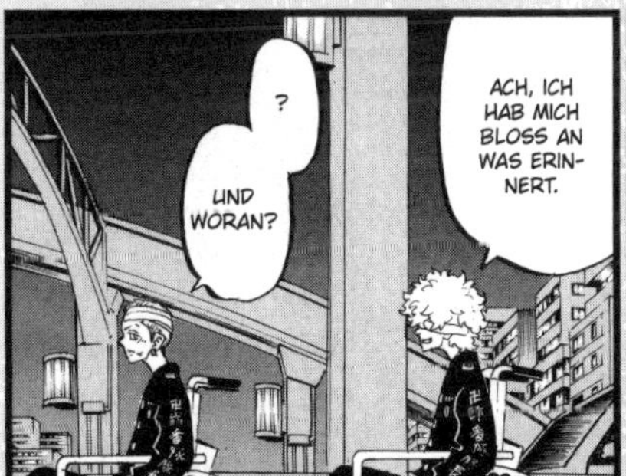

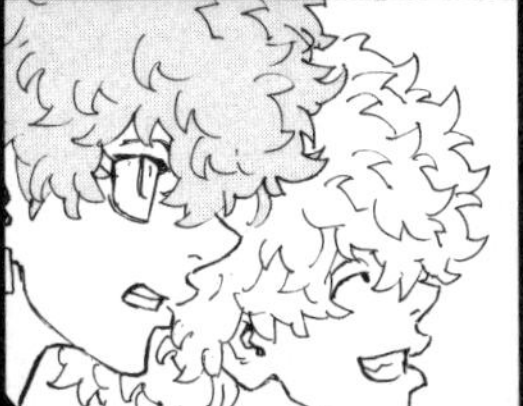

Nach dem Kanto-Zwischenfall

Wieder auf den Beinen und zurück an der Front

Nachdem er sich von den Verletzungen, die er durch Madarames und Rindos hinterhältigen Überraschungsangriff erlitten hatte, erholt hat, steht er wieder an der Front und nimmt persönlich am letzten Treffen der Manji-Gang teil, bei dem Mikey die Auflösung der Gang verkündet.

Tokyo-Manji-Gang

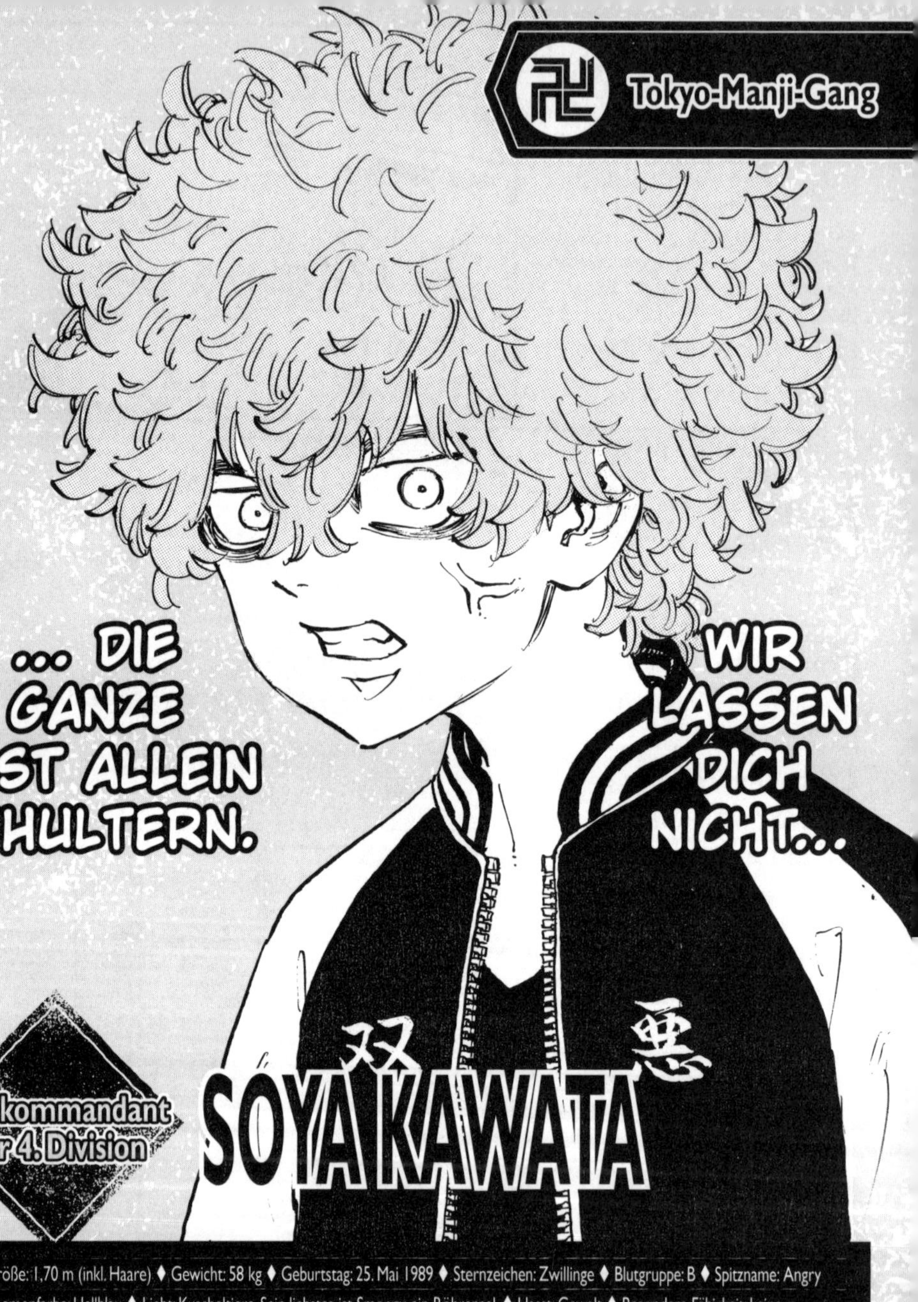

Vizekommandant der 4. Division

SOYA KAWATA

♦ Größe: 1,70 m (inkl. Haare) ♦ Gewicht: 58 kg ♦ Geburtstag: 25. Mai 1989 ♦ Sternzeichen: Zwillinge ♦ Blutgruppe: B ♦ Spitzname: Angry ♦ Themenfarbe: Hellblau ♦ Liebt: Kuscheltiere. Sein liebstes ist Smoogy, ein Röhrenaal. ♦ Hasst: Gewalt ♦ Besondere Fähigkeit: keine ♦ Bewundert: Smiley ♦ Kommt nicht so gut zurecht mit / Hat Angst vor: Mocchi ♦ Traum: dafür zu sorgen, dass sein Bruder nicht den falschen Weg einschlägt ♦ Bemerkenswerte (oder bedauernswerte) Leistung: Ist ziemlich gut beim Fadenspiel ♦ Lieblingsort: Das Wohnzimmer, insbesondere dann, wenn er dort mit seinem Bruder gemeinsam sitzen und quatschen kann. Das mag er am meisten. ♦ Ein Tag aus seinem Leben: Er verarztet seinen Bruder, der frühmorgens völlig kaputt und verletzt nach Hause kommt. Zu Mittag kommen Baji und Draken vorbei, nachdem sie sich mit anderen Rowdys eine Prügelei geliefert haben, also kümmert er sich auch um ihre Verletzungen. Am Abend schneit Mikey herein, weil er Hunger hat und Smiley ihm Ramen machen soll. Mikeys Fußrücken sind ganz zerschunden, weil er immer in Badelatschen Motorrad fährt. Pflaster aufzukleben gehört längst zu Angrys Alltag. Die anderen halten ihn wohl für ihren persönlichen Sanitäter.

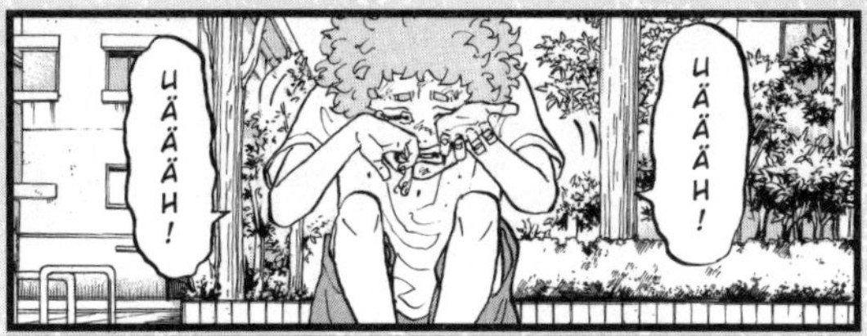

Verspricht seinem Bruder, nie wieder zu weinen

Angry ist von Natur aus viel zu nett, um mit voller Kraft zuschlagen zu können. Doch als er in der 4. Klasse einmal miterlebte, wie sein Bruder Smiley von einem Dutzend Mittelschüler angegriffen und verprügelt wurde, brach er in Tränen aus, zeigte seine wahre Stärke und hatte die Angreifer einen Moment später krankenhausreif geschlagen. Danach musste er Smiley versprechen, nie wieder zu weinen, da Angrys wahre Kraft viel zu gefährlich sei.

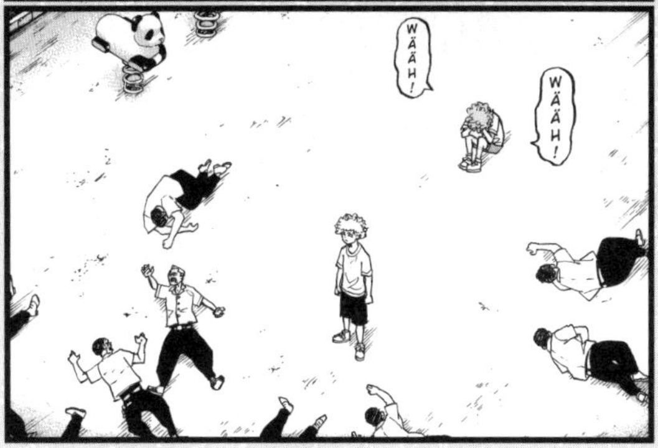

Wenn er weint, ist er hundertmal stärker?!

Als er beim Kampf gegen Tenjiku mitansehen muss, wie die Haitani-Brüder gemeinsam auf Hakkai losgehen und gnadenlos auf ihn einprügeln, beginnt er hemmungslos zu weinen. Die Tränen entfesseln die unbändigen Kräfte des hundertmal stärkeren Teufels in ihm, mit denen er die Haitani-Brüder im Handumdrehen besiegt. Auch Mocchi streckt er mit einem einzigen Schlag zu Boden. Ebenso überrumpelt er Mucho und hat damit die Hälfte von Tenjikus Führungsmitgliedern im Alleingang ausgeschaltet. Mit seiner wahren Stärke konnte er das Blatt im Nu zugunsten der Manji-Gang wenden.

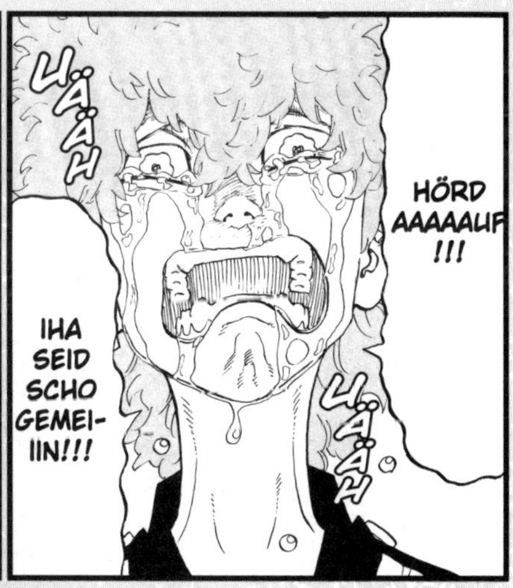

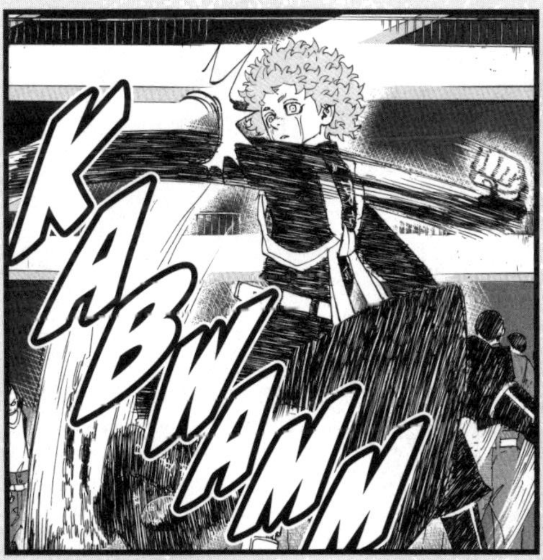

Nach dem Kanto-Zwischenfall

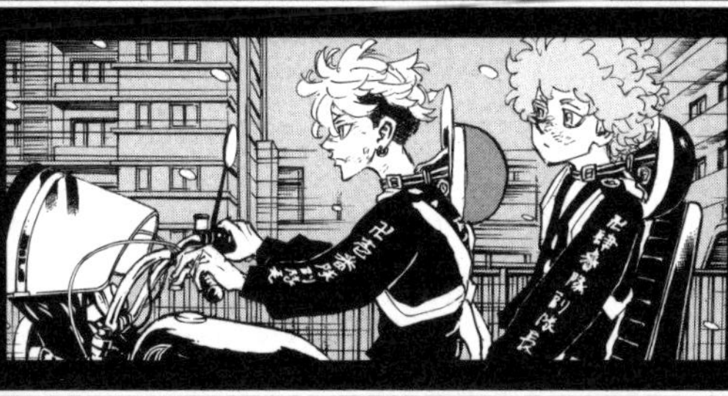

Was geht nach dem Kampf in ihm vor?

Angry wird nach der Schlacht von Chifuyu auf dessen Motorrad nach Hause gefahren. Welche Gedanken mögen sich hinter der ausdruckslosen Fassade verbergen?

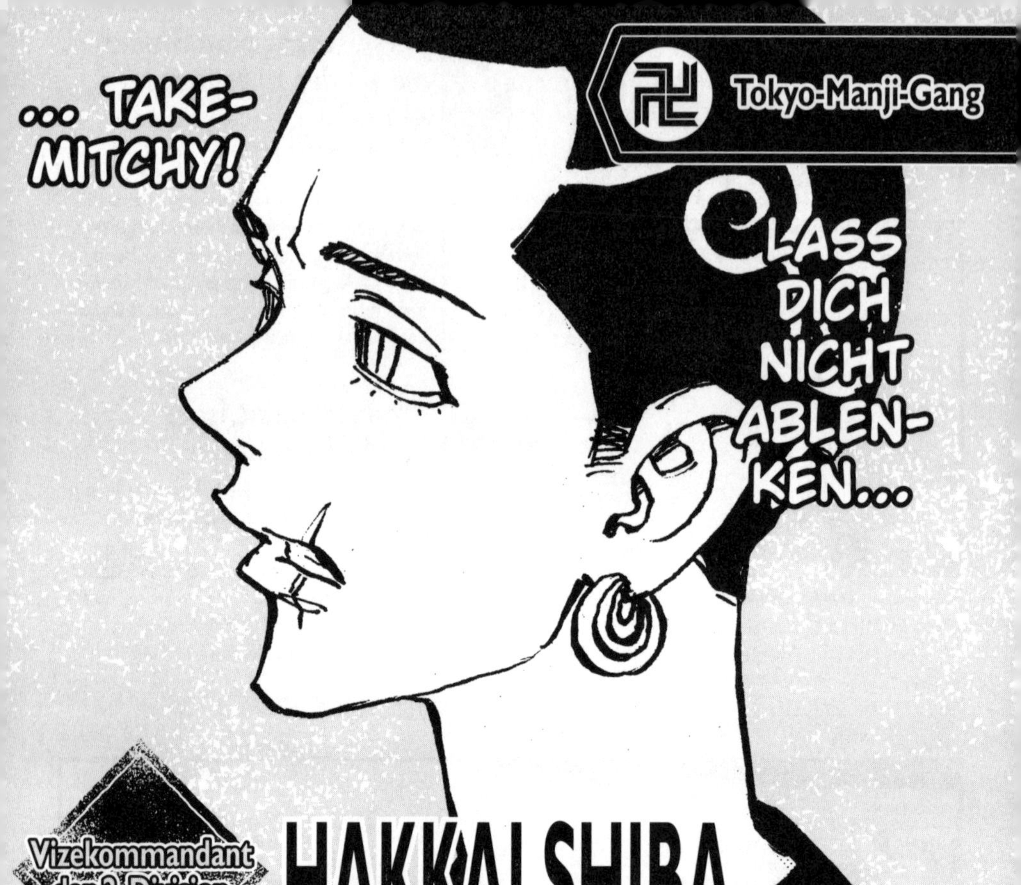

Tokyo-Manji-Gang

Vizekommandant der 2. Division

HAKKAI SHIBA

♦ Größe: 1,83 m ♦ Gewicht: 78 kg ♦ Geburtstag: 4. September 1991 ♦ Sternzeichen: Jungfrau ♦ Blutgruppe: 0 ♦ Themenfarbe: Dunkelblau ♦ Liebt: Filmreihe »Der Pate« ♦ Hasst: lasche Typen ♦ Besondere Fähigkeit: sich von anderen bemuttern zu lassen ♦ Bewundert: Takashi Mitsuya ♦ Kommt nicht so gut zurecht mit / Hat Angst vor: Taiju Shiba ♦ Traum: Astronaut werden ♦ Bemerkenswerte (oder bedauernswerte) Leistung: Als er klein war, lief er seinem großen Bruder überallhin nach. Als Taiju eines Tages von einer Mauer sprang, wollte er es ihm gleichtun und brach sich dabei ein Bein. Taiju trug ihn danach huckepack ins Krankenhaus. Darüber freute sich Hakkai sehr. ♦ Lieblingsort: bei Taka zu Hause (auch wenn Runa und Mana ihn wie ihren persönlichen Diener behandeln) ♦ Ein Tag aus seinem Leben: Morgen ist Takas Geburtstag, also fährt er mit Yuzuha gemeinsam ins Modeviertel Harajuku, um ein Geschenk für ihn zu besorgen. Sie lehnt jedoch alle Kleidungsstücke, die Hakkai vorschlägt, mit den Worten ab: »Wenn er das anzieht, sieht der kurz geschorene Igelkopf doch aus wie einer dieser Knirpse aus 'nem Baseballverein!« Da fragt man sich schon, wofür sie Taka eigentlich hält.

Als »Kleine-Brüder-Allianz« gehen sie zum Angriff über?!

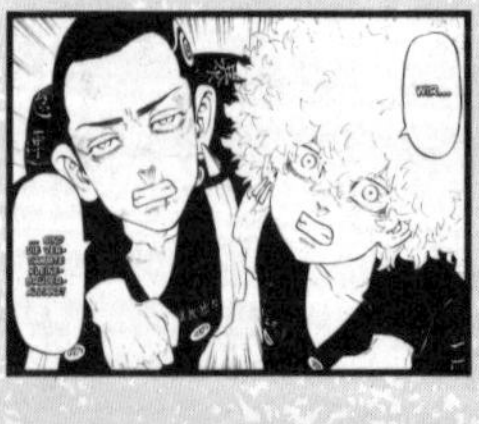

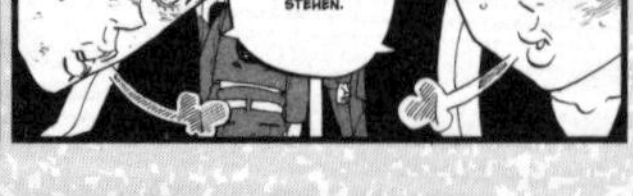

Das ausgezeichnete Teamwork der Haitani-Brüder bringt Hakkai in schwere Bedrängnis, also bildet er mit Angry die »Kleine-Brüder-Allianz«, da Angry genau wie er selbst alle schlechten Eigenschaften in sich vereint, die man als jüngstes Kind in der Familie nur haben kann, nämlich egoistisch, verwöhnt und verantwortungslos zu sein. Sie versuchen mit der Kraft ihrer Sturheit einen Gegenangriff, doch es gelingt ihnen nicht, sich auf diese Weise gegen die Haitanis durchzusetzen und sich zu beweisen.

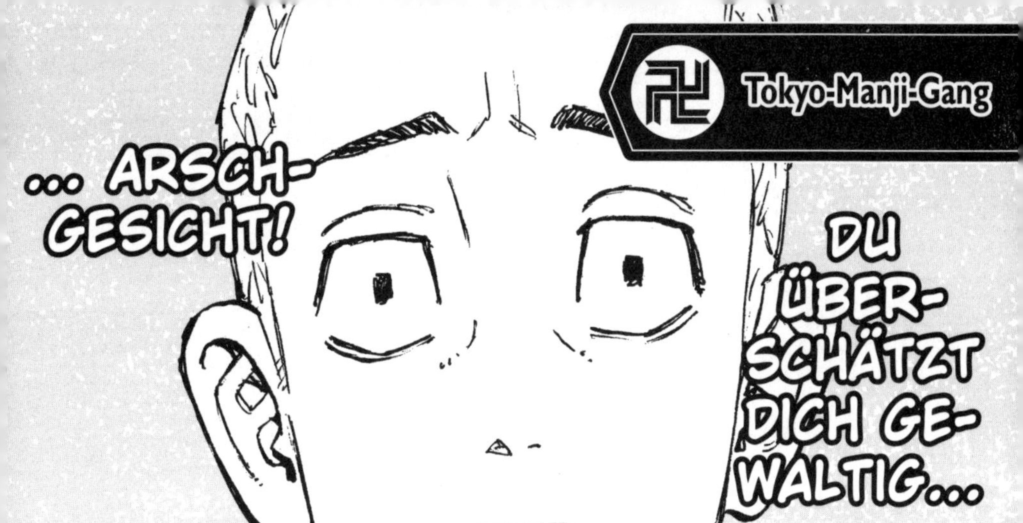

Stellvertretender Kommandant der 3. Division

RYOHEI HAYASHI

♦ Größe: 1,76 m ♦ Gewicht: 56 kg ♦ Geburtstag: 15. Oktober 1990 ♦ Sternzeichen: Waage ♦ Blutgruppe: B ♦ Spitznahme: Peh ♦ Themenfarbe: Smaragdgrün ♦ Liebt: was in Pahs Kopf drin ist ♦ Hasst: was in Kisakis Kopf drin ist ♦ Besondere Fähigkeit: Aufs Pimpen von Autos versteht er sich sogar besser als Draken. ♦ Bewundert: Manjiro Sano ♦ Kommt nicht so gut zurecht mit / Hat Angst vor: Pochi, Pahs Afghanischem Windhund ♦ Traum: ganz egal, solange er was mit Pah zusammen machen kann ♦ Lieblingsort: der Musashi-Schrein ♦ Ein Tag aus seinem Leben: Eine Gruppe von zehn Schlägertypen, die er vor einiger Zeit einmal aufgemischt hatte, lauert ihm in einem Park in der Nähe seiner Schule auf, um Rache zu nehmen, und verprügelt ihn schwer. Yasuda, die Vizechefin der Handarbeits-AG, kommt zufällig vorbei, sieht ihn verletzt auf dem Boden liegen und verarztet ihn. Am nächsten Tag will er ihr als Dankeschön seinen Lieblingsschlagring schenken, aber sie reagiert wütend und abweisend. Er merkt wieder einmal, dass er echt nicht mit ihr kann.

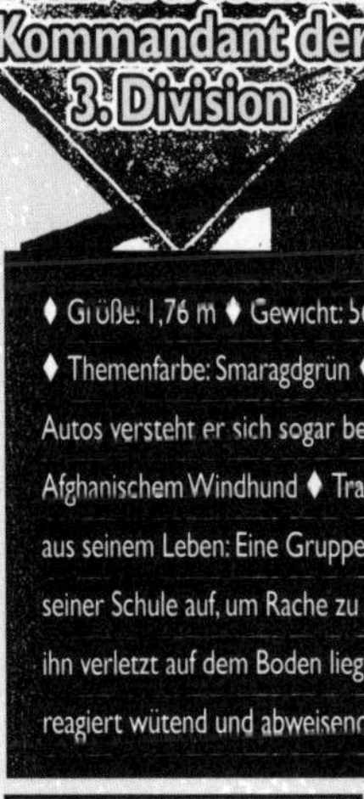

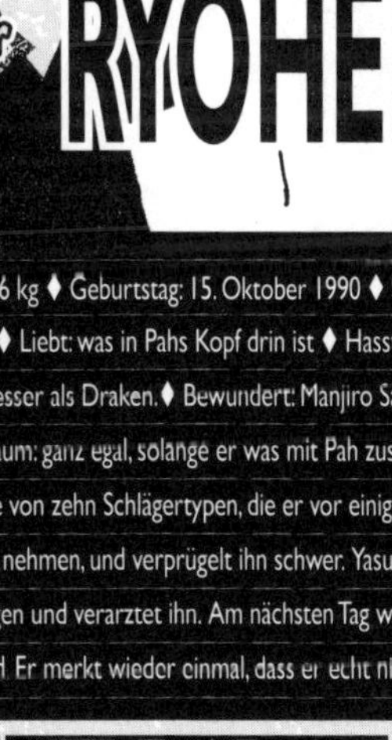

Er zeigt endlich, was wirklich in ihm steckt!

Mitsuya zufolge sei er vielleicht nicht der Schlauste, aber Peh würde ihn an Power auf jeden Fall übertreffen, was er nun beim Kampf gegen Tenjiku auch glänzend unter Beweis stellt. Er lässt die feindlichen Truppen erzittern, indem er Madarame, einen der Vier Generäle von Tenjiku, mit nur einem Schlag niederstreckt.

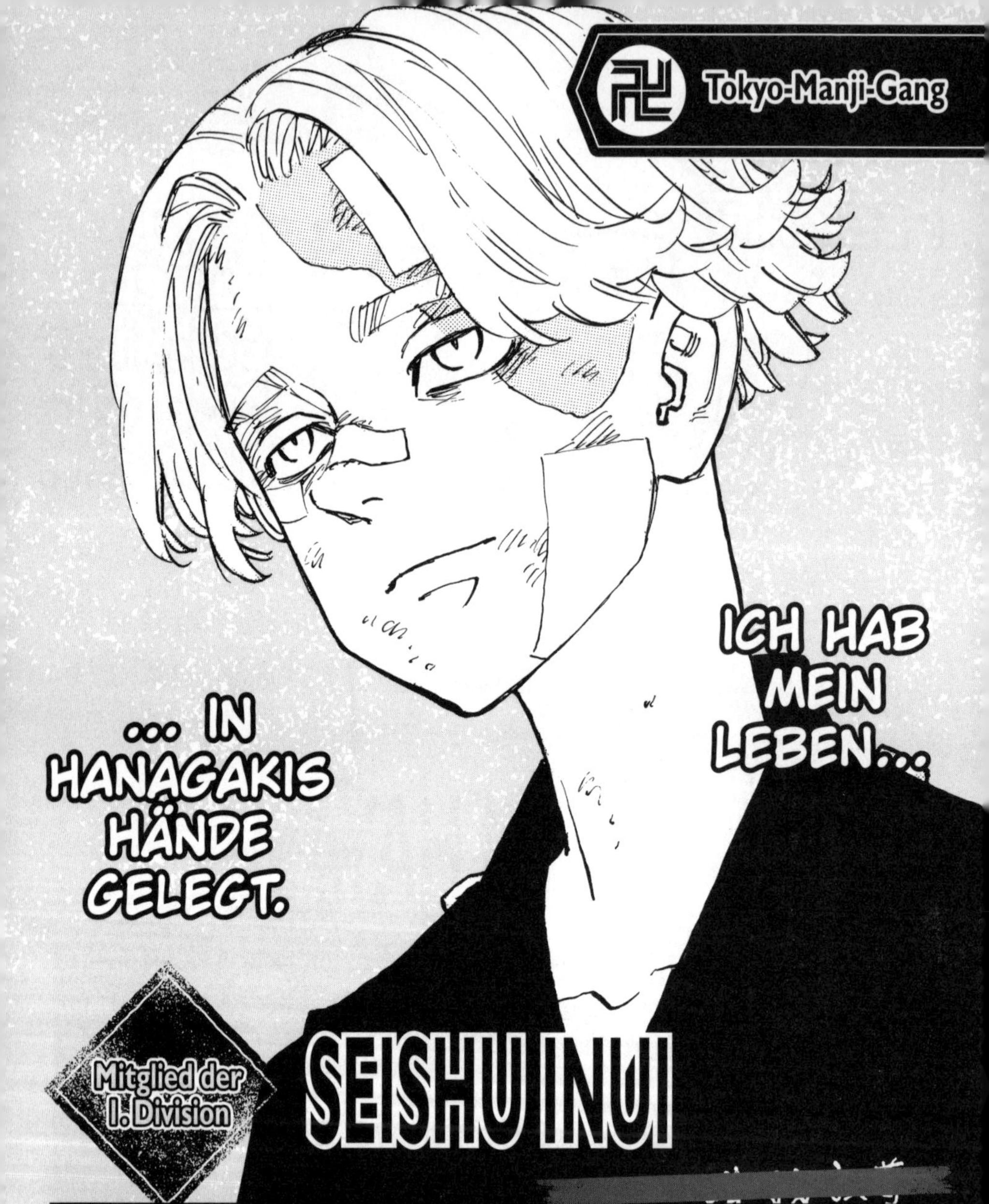

♦ Größe: 1,77 m ♦ Gewicht: 64 kg ♦ Geburtstag: 18. Oktober 1989 ♦ Sternzeichen: Waage ♦ Blutgruppe: B ♦ Spitzname: Inupi ♦ Themenfarbe: Blauviolett ♦ Liebt: Blut zu spenden. Er mag das Gefühl, wenn das Blut aus ihm herausgesaugt wird. Koko kann Spritzen übrigens gar nicht ausstehen. ♦ Hasst: sich zurückzuhalten ♦ Besondere Fähigkeit: gut in allen Ballsportarten ♦ Bewundert: die Mitglieder der 1. Generation von Black Dragon ♦ Kommt nicht so gut zurecht mit / Hat Angst vor: niemandem ♦ Traum: der Wiederaufbau von Black Dragon ♦ Bemerkenswerte (oder bedauernswerte) Leistung: Einmal kam ein Typ bei S.S. Motors vorbei, der aussah, als wäre er in seinen Vierzigern. Inupi begrüßte ihn und dachte, dass das der Ladenbesitzer sei, doch es war nur Benkei. Ist der wirklich genauso alt wie Shin'ichiro? ♦ Lieblingsort: S.S. Motors

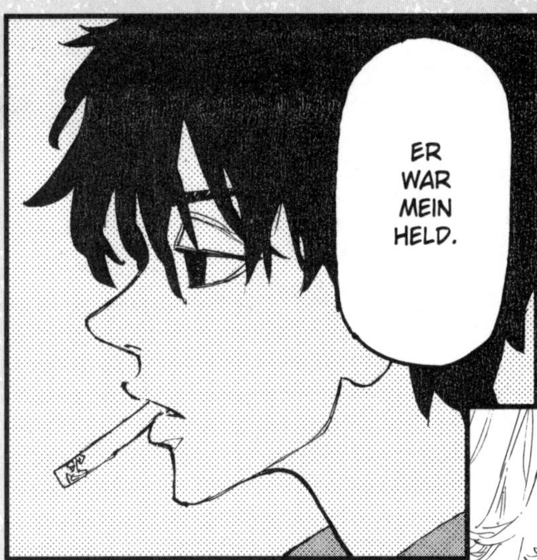

Wollte Black Dragon wegen seines Helden zurückbringen

Inupi hängt an Black Dragon, weil die Gang von Shin'ichiro Sano, den er als seinen Helden verehrt, gegründet wurde. Er bewunderte die alten Rocker, die sich in Shin'ichiros Motorradladen trafen, Geschichten erzählten und gemeinsam über den Blödsinn lachten, den sie als Jugendliche getrieben hatten. Aus diesem Grund wollte er Black Dragon wieder zu dem machen, was die Gang zu Shin'ichiros Zeiten gewesen war.

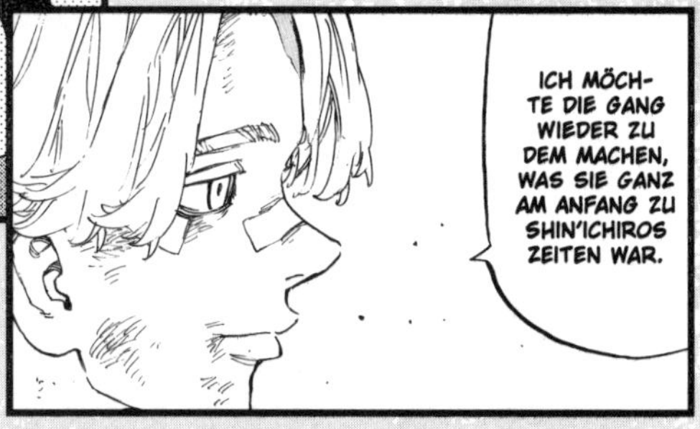

Legt die Manji-Uniform an, um seinen Freund zu retten

Bei der Weihnachtsschlacht erkennt Inupi in Takemichi etwas von Shin'ichiro, dem Gründungsoberhaupt von Black Dragon, wieder. Als sie von Mucho entführt werden, hilft ihm Takemichi und nennt ihn seinen Kumpel. Danach ist er bereit, sein Leben in Takemichis Hände zu legen. Er kämpft auf der Seite der Manji-Gang, um Koko zurückzuholen, der sich Tenjiku angeschlossen hat, und versucht seinen Freund, der den Tod von Inupis Schwester Akane nicht akzeptieren kann, zur Vernunft zu bringen.

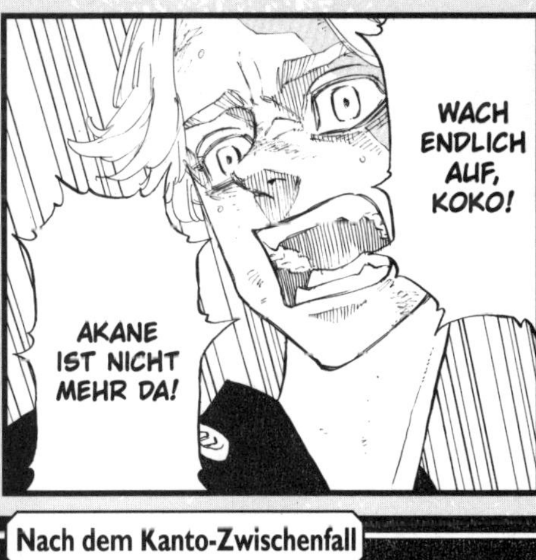

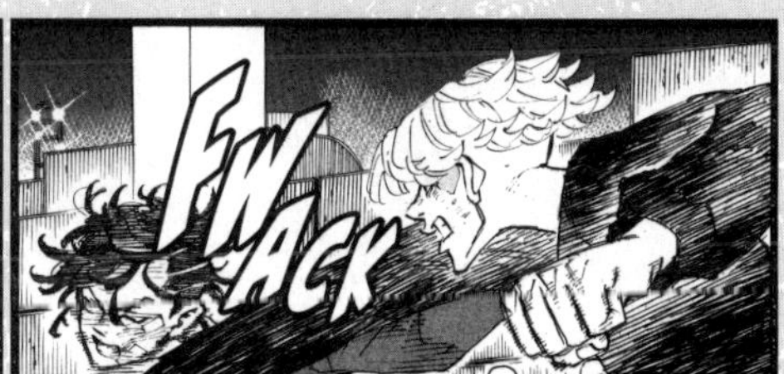

Nach dem Kanto-Zwischenfall

Der Moment des Abschieds

Kokos Entschluss, seinen eigenen Weg zu gehen, führt zu einem Wendepunkt in der langjährigen Beziehung der beiden. Mit einem friedlichen Lächeln bedankt sich Inupi bei seinem Freund, der ihm die ganze Zeit bei seinem verbissenen Versuch, Black Dragon von damals zurückzubringen, beigestanden hat. Es bedarf keiner weiteren Worte zwischen den beiden.

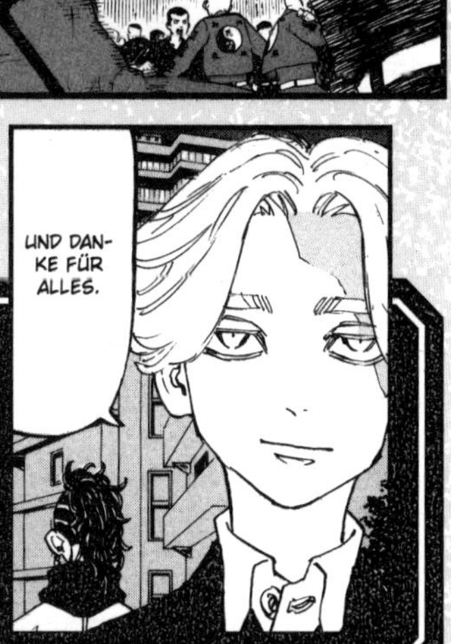

Tokyo-Manji-Gang

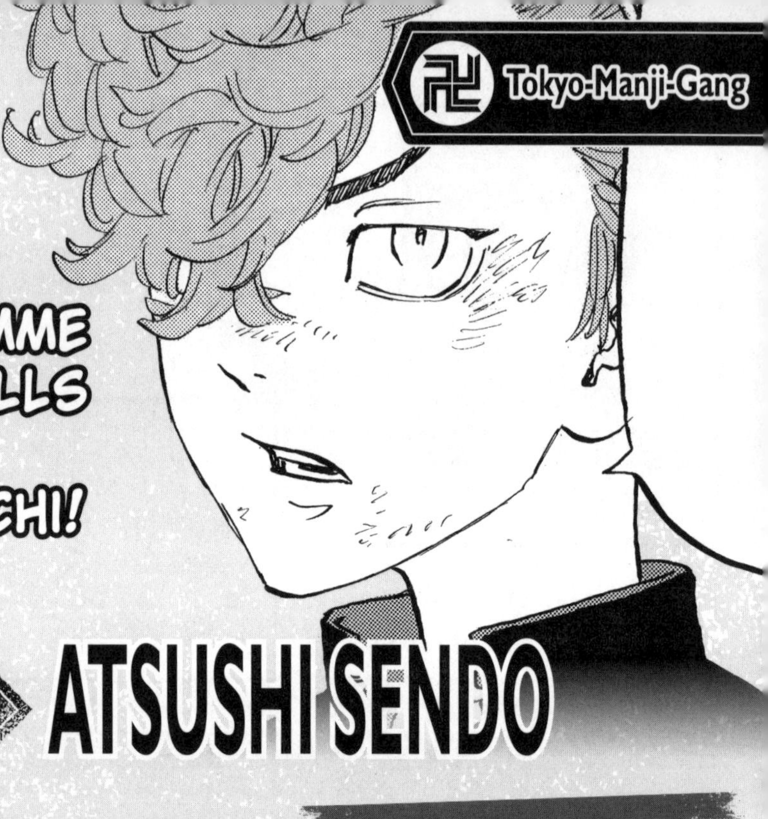

ICH KOMME EBENFALLS MIT, TAKEMICHI!

Mitglied der 1. Division

ATSUSHI SENDO

♦ Größe: 1,68 m ♦ Gewicht: 59 kg ♦ Geburtstag: 2. Dezember 1991
♦ Sternzeichen: Schütze ♦ Blutgruppe: 0 ♦ Spitzname: Akkun ♦ Themenfarbe: Orange
♦ Liebt: Haartollen ♦ Hasst: übertriebene Dauerwellen ♦ Bewundert: Elvis Presley
♦ Traum: Friseur zu werden ♦ Bemerkenswerte (oder bedauernswerte) Leistung: Verpasste einem bescheuert aussehenden Rowdy-Typen, der ihn auf der Eintrittsfeier der Mittelschule finster angestarrt hatte, eine Tracht Prügel. Es war Takemichi.
♦ Lieblingsort: der Friseurladen seines Cousins in Harajuku

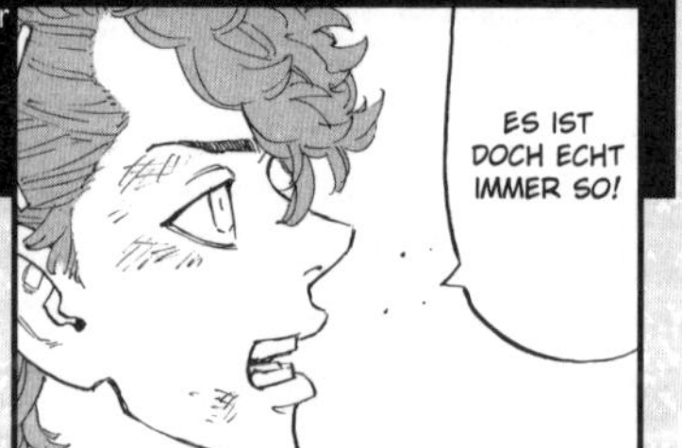

Teilt Takemichis Schicksal

Nach dem »Blutigen Halloween« werden die Furiosen Fünf der Mizo-Mittelschule Teil von Takemichis 1. Division. Beim Kampf gegen Tenjiku nehmen sie es, ohne zu zögern, mit den feindlichen Truppen auf und helfen mit, Takemichi den Weg freizuräumen, damit er seine Mission fortsetzen kann.

Kämpfen, um ihren Freund zu unterstützen!

Mitzuerleben, wie entschlossen Takemichi kämpft, hat nun auch die Leidenschaft und den Geist der Manji-Gang in den Furiosen Fünf der Mizo-Mittelschule geweckt. Sie sind bereit, Takemichi zu unterstützen und bis zum bitteren Ende an seiner Seite zu stehen.

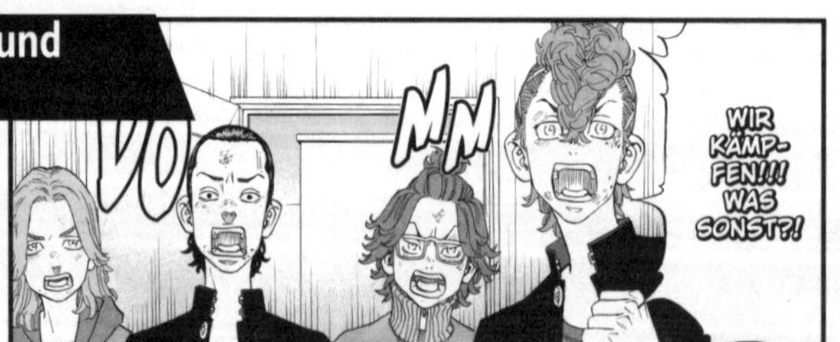

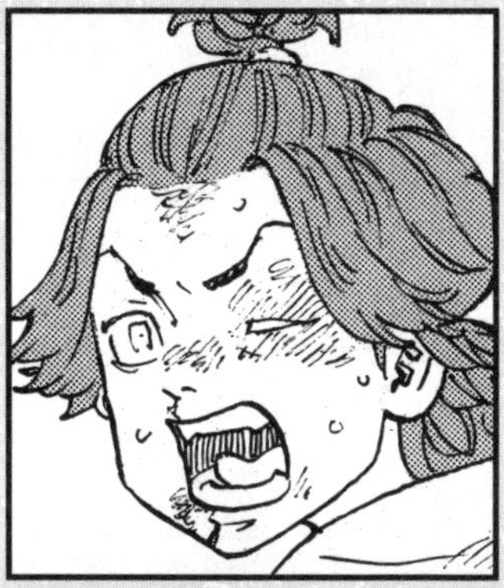

Mitglied der 1. Division

KAZUSHI YAMAGISHI

Da ihm nicht gefällt, was Izana mit Mikey vorhat, schließt er sich Takemichis Kampf gegen Tenjiku an. Zudem darf er sich als »Rowdy-Lexikon« nach eigener Aussage den Geschwisterstreit zwischen Mikey und Izana auf keinen Fall entgehen lassen.

♦ Größe: 1,58 m ♦ Gewicht: 52 kg ♦ Geburtstag: 9. Februar 1992 ♦ Sternzeichen: Wassermann ♦ Blutgruppe: A ♦ Spitzname: das Rowdy-Lexikon ♦ Themenfarbe: Zitronengelb ♦ Liebt: Gerüchte aus der Welt der Rowdys ♦ Hasst: Schlägereien ♦ Besondere Fähigkeit: Kann reden wie ein Wasserfall ♦ Bewundert: Takemichi, um ehrlich zu sein ♦ Traum: einmal Rowdys aus dem Hintergrund heraus zu kontrollieren ♦ Bemerkenswerte (oder bedauernswerte) Leistung: Er ist immer der Erste, der ins Visier genommen wird, wenn sich die Furiosen Fünf mit Rowdys von einer anderen Mittelschule anlegen. ♦ Lieblingsort: Takemichis Zuhause

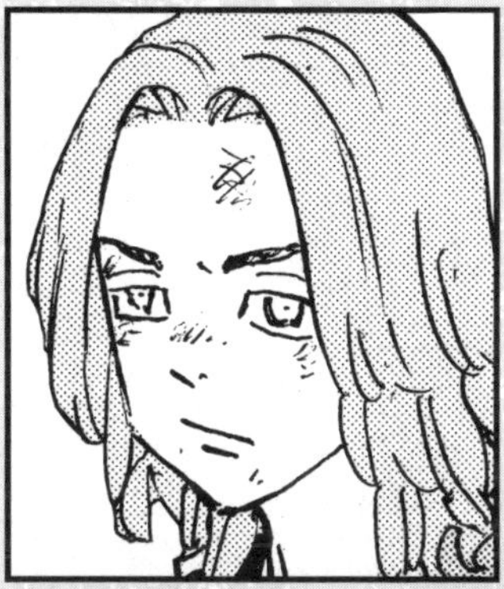

Mitglied der 1. Division

TAKUYA YAMAMOTO

Er verschwindet während der Flucht vor Tenjiku in Shibuya spurlos und wird später von Angry und Smiley bewusstlos auf der Straße entdeckt und in Sicherheit gebracht. Obwohl Schlägereien nicht seine Stärke sind, machte er dennoch beim Kampf gegen Tenjiku mit.

♦ Größe: 1,66 m ♦ Gewicht: 55 kg ♦ Geburtstag: 15. Juli 1991 ♦ Sternzeichen: Krebs ♦ Blutgruppe: A ♦ Themenfarbe: Aquamarinblau ♦ Liebt: Nahrungsergänzungsmittel ♦ Hasst: Mahlzeiten ♦ Besondere Fähigkeit: Kennt Takemichi in- und auswendig (weil sie von klein auf befreundet sind) ♦ Bewundert: Hinata Tachibana (wegen ihrer bedingungslosen Liebe zu Takemichi) ♦ Traum: ein Muskelpaket zu werden ♦ Bemerkenswerte (oder bedauernswerte) Leistung: Hat den 4. Dan beim Kugelfangspiel Kendama ♦ Lieblingsort: das Schulkrankenzimmer

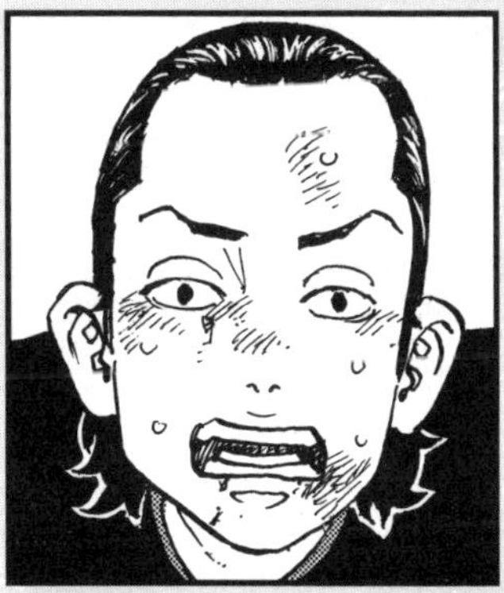

Mitglied der 1. Division

MAKOTO SUZUKI

Seine Verbundenheit mit den anderen der Furiosen Fünf der Mizo-Mittelschule und sein Stolz als Mitglied der 1. Division der Manji-Gang haben ihn zu einem verlässlichen Mann gemacht, der auch vor einem Kampf mit Tenjiku nicht zurückschreckt. Schlauer ist er dennoch nicht geworden.

♦ Größe: 1,72 m ♦ Gewicht: 64 kg ♦ Geburtstag: 28. Dezember 1991 ♦ Sternzeichen: Steinbock ♦ Blutgruppe: B ♦ Themenfarbe: Olivgrün ♦ Liebt: Lesen und DVDs (Pornos) ♦ Hasst: alle Männer ♦ Besondere Fähigkeit: Beherrscht den Octopus Hold, eine Wrestling-Technik ♦ Bewundert: den Pornodarsteller Taka Kato ♦ Traum: alle Pornos dieser Welt zu besitzen ♦ Bemerkenswerte (oder bedauernswerte) Leistung: Wurde einmal von Takemichis Mutter aus dem Haus gejagt, nachdem sie ihn in Takemichis Zimmer beim Masturbieren erwischt hatte ♦ Lieblingsort: unter dem Bett

Personen mit Bezug zur Manji-Gang

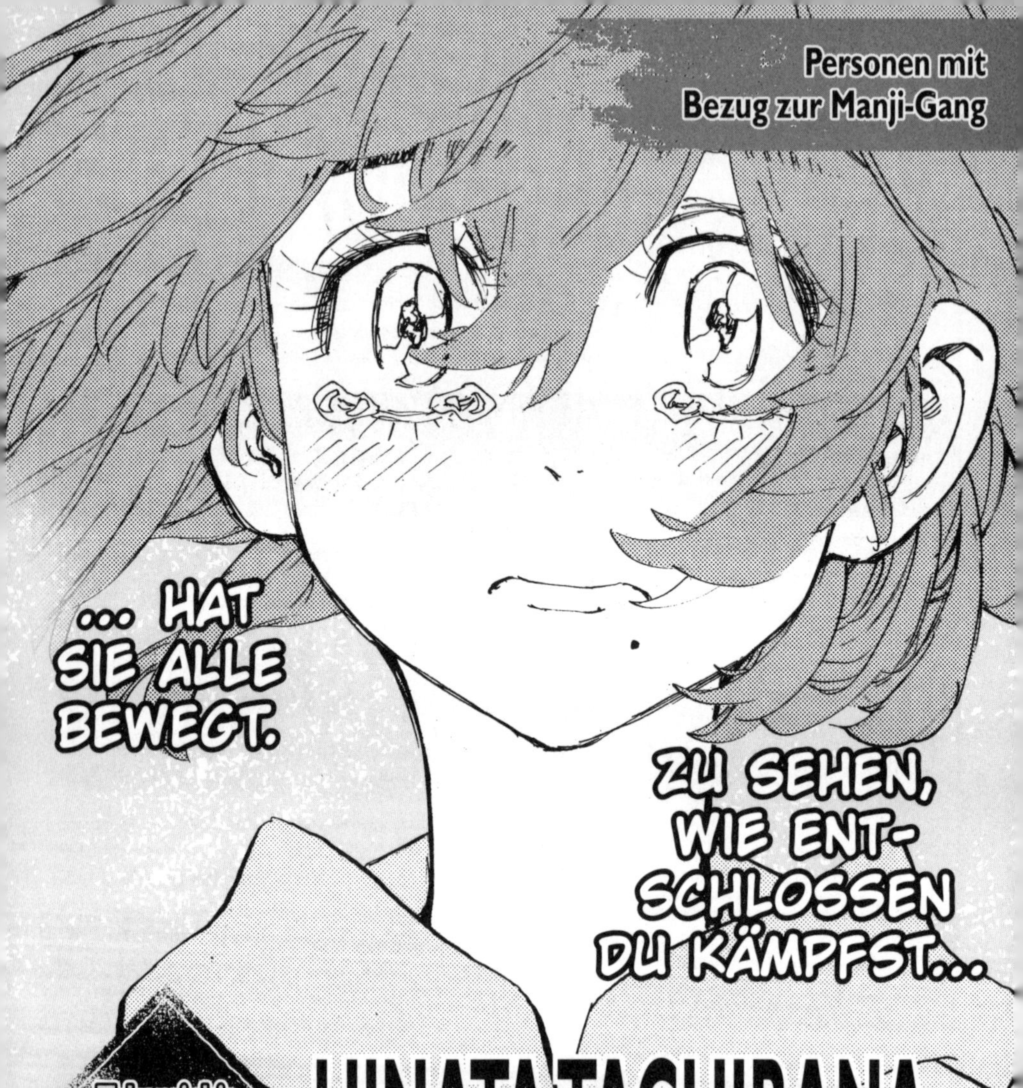

Takemichis Freundin

HINATA TACHIBANA

♦ Größe: 1,53 m ♦ Gewicht: streng geheim ♦ Geburtstag: 21. Mai 1991 ♦ Sternzeichen: Zwillinge ♦ Blutgruppe: A ♦ Spitzname: Hina ♦ Themenfarbe: Weiß ♦ Liebt: Kakao ♦ Hasst: bitteren Kaffee ♦ Besondere Fähigkeit: Spielt Klavier ♦ Lieblingstier: Delfin ♦ Bewundert: ihre Mutter & Helen Keller ♦ Kommt nicht so gut zurecht mit / Hat Angst vor: ihrem Vater, wenn er zu weitschweifigen Geschichten ausholt, die kein Ende nehmen ♦ Traum: Krankenschwester zu werden ♦ Bemerkenswerte (oder bedauernswerte) Leistung: Takemichi lobte die Kekse, die sie gebacken hatte! (Es sollten eigentlich Makronen sein, aber was soll's!) ♦ Lieblingsort: die Dachterrasse ihres Wohnhauses, als sie sich von dort aus gemeinsam mit Takemichi das Feuerwerk angesehen hat ♦ Ein Tag aus ihrem Leben: Geht mit Naoto zur Schule und kommt wie immer etwas früher als die anderen aus ihrer Klasse an. ⇨ Nimmt am Unterricht teil. Den Musikunterricht mag sie am liebsten. ⇨ In der Mittagspause isst sie gemeinsam mit ihren Freundinnen zu Mittag. ⇨ Nach der Schule geht sie mit Takemichi auf ein Date! ⇨ Vor dem Schlafengehen nimmt sie ein langes Bad, wünscht Takemichi per SMS eine gute Nacht und geht ins Bett.

Das Wissen um sein Geheimnis vertieft ihre Liebe

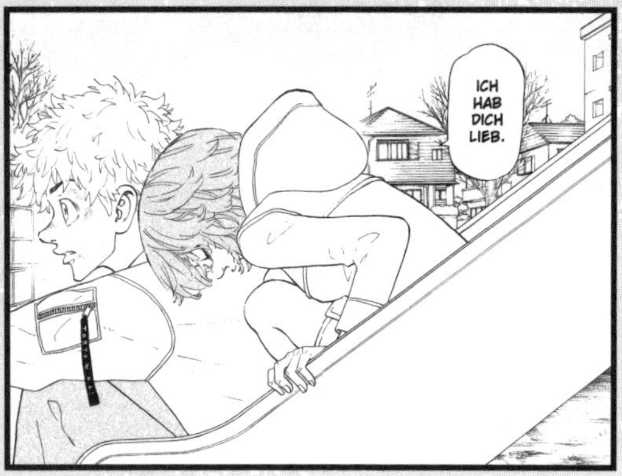

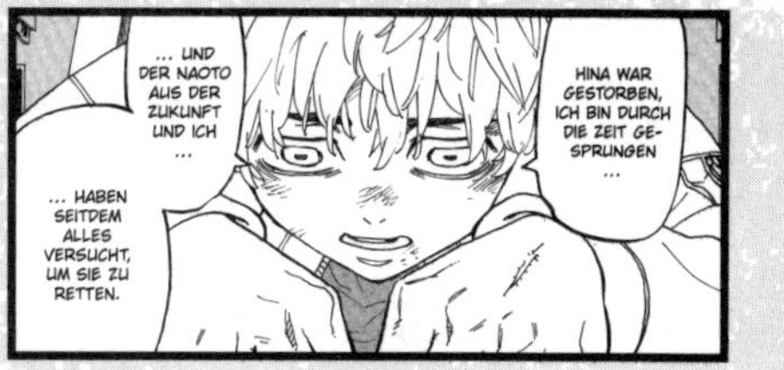

Durch Zufall erfährt Hina, dass Takemichi ein Zeitreisender ist. Als ihr klar wird, dass Takemichi verzweifelt versucht, die Zukunft zu ändern, weil sie in zwölf Jahren sterben wird, gesteht sie ihm ihre Gefühle für ihn / ihre Liebe, und nachdem sie die Bestätigung erhält, dass er sie genauso gernhat, schenkt sie ihm ein liebevolles Lächeln.

Herzzerreißende Worte, die Mikey und Draken wieder Mut geben

Hina teilt Mikey und Draken, die beide in Verzweiflung versunken sind, mit, dass Takemichi ein Zeitreisender ist, und offenbart ihnen, wie schrecklich sie sich fühlt, dass sie nichts für ihn tun kann, obwohl er so verzweifelt für ihre Zukunft kämpft. Die Tränen, die Hina vergießt, helfen Draken und Mikey, sich wieder aufzuraffen.

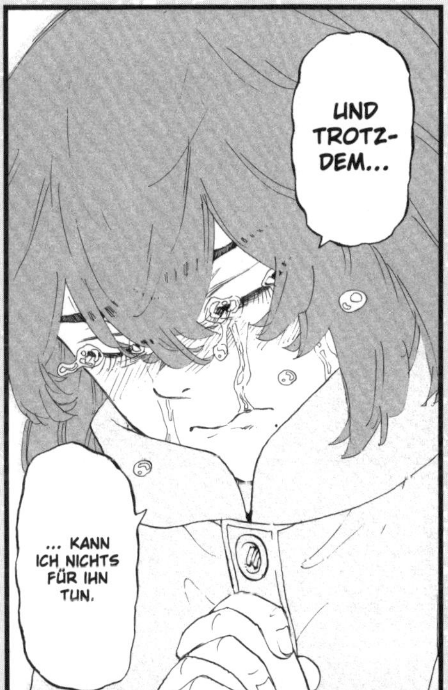

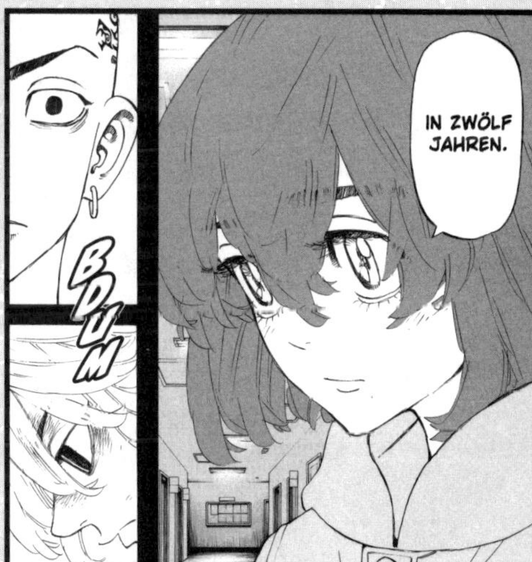

Nach dem Kanto-Zwischenfall

Takemichis Gefühle sind ihre Rettung

Hina verbringt schlaflose Nächte, weil sie das furchtbare Gefühl hat, dass Emas und Kisakis Tod ihre Schuld sei. Neuen Mut und neue Kraft schenken ihr schließlich Takemichis Liebesgeständnis und Heiratsantrag.

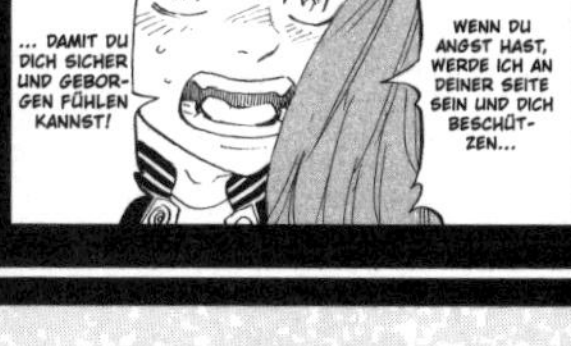

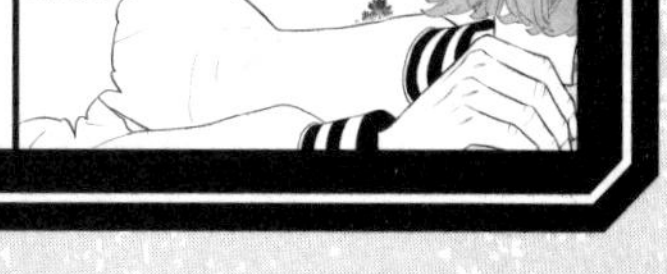

Personen mit Bezug zur Manji-Gang

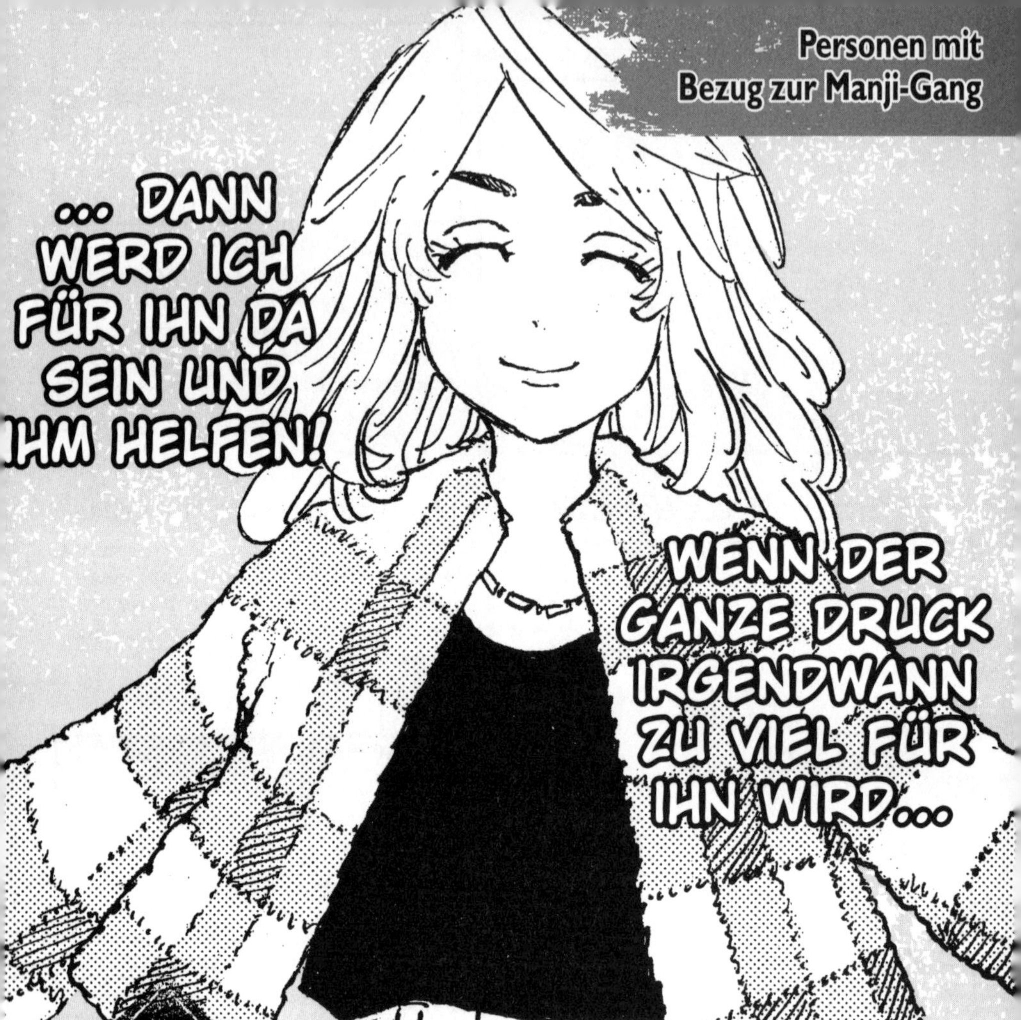

Manjiro Sanos kleine Schwester

EMA SANO

♦ Größe: 1,50 m ♦ Gewicht: ungefähr so viel wie drei Äpfel ♦ Geburtstag: 25. November 1991

♦ Sternzeichen: Schütze ♦ Blutgruppe: B ♦ Lieblingsfarbe: irgendwas zwischen Rot und Pink (Magenta)

♦ Liebt: Horoskope und Kosmetik ♦ Hasst: Zephyr, Drakens Motorrad (ist ihre Liebesrivalin)

♦ Besondere Fähigkeit: Hausarbeit ♦ Bewundert: Mikey

♦ Traum: verheiratet und Ehefrau zu sein ♦ Bemerkenswerte (oder bedauernswerte) Leistung: An ihrem ersten Tag in der Mittelschule hatten alle Angst vor ihr, weil sie die kleine Schwester des berüchtigten Mikey ist.

♦ Lieblingsort: das Viertel Dogenzaka in Shibuya

Die Liebe ihrer Geschwister ist ihre Rettung

Ema war noch ein kleines Kind, als sie von der Familie Sano aufgenommen wurde. Sie fühlte sich einsam und litt darunter, dass ihre Mutter sie verlassen hatte, und unter der Tatsache, dass sie die Einzige mit einem ausländisch klingenden Namen war. Am Ende waren es ihre neuen Brüder, die ihr halfen, mit ihrer Situation klarzukommen. Shin'ichiro, der sie von Anfang an als seine Schwester betrachtete und nie anders behandelte, und Manjiro, der sich selbst den Namen »Mikey« gab, um sie aufzumuntern, standen ihr bei und ließen sie ihre Einsamkeit und Traurigkeit vergessen.

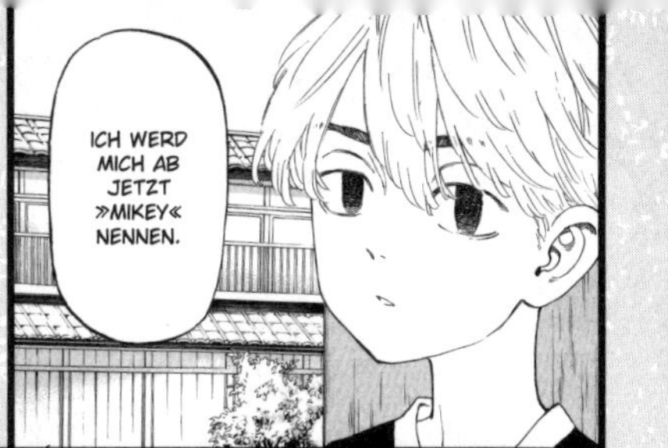

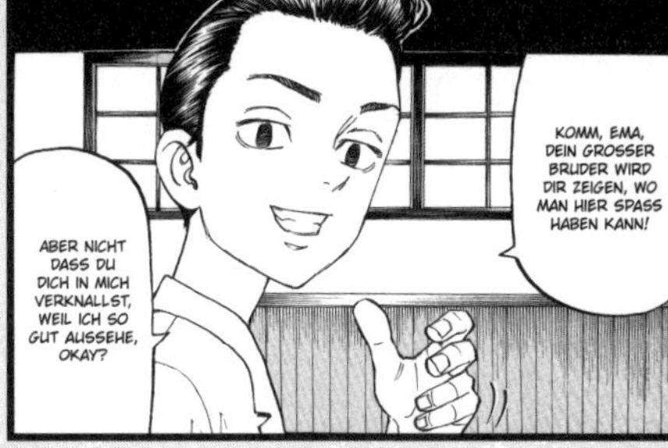

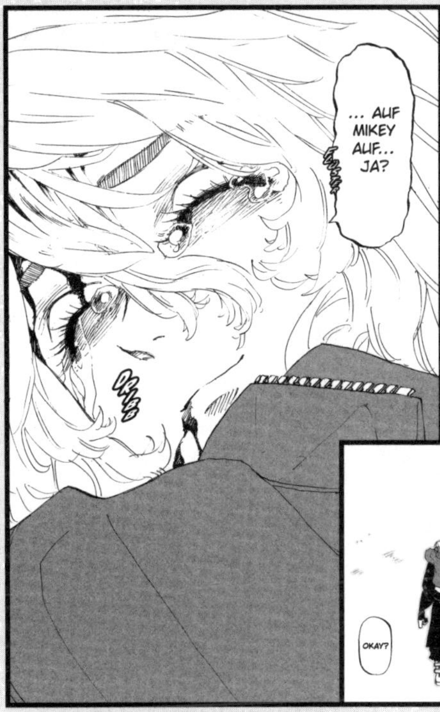

Worte an ihre Liebsten kurz vor ihrem Tod

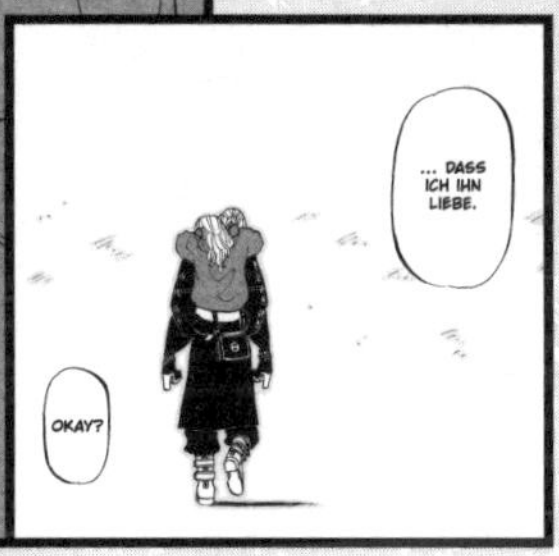

Auf dem Heimweg von einem Friedhofsbesuch wird Ema von Kisaki brutal attackiert und tödlich verletzt. Wohl ahnend, dass ihr Tod kurz bevorsteht, vertraut sie Mikey an, was sie für Draken empfindet, und bittet Takemichi, auf Mikey aufzupassen. Ihre letzten Worte sind Zeugnis dafür, wie viel ihr ihre Liebsten bedeuteten.

Draken spürt ihre Liebe

Emas Worte, die sie vor ihrem Tod Mikey anvertraut hatte, erreichen Draken. Ihre Liebe und die Erinnerungen an sie werden Draken für immer begleiten und ihm Kraft geben.

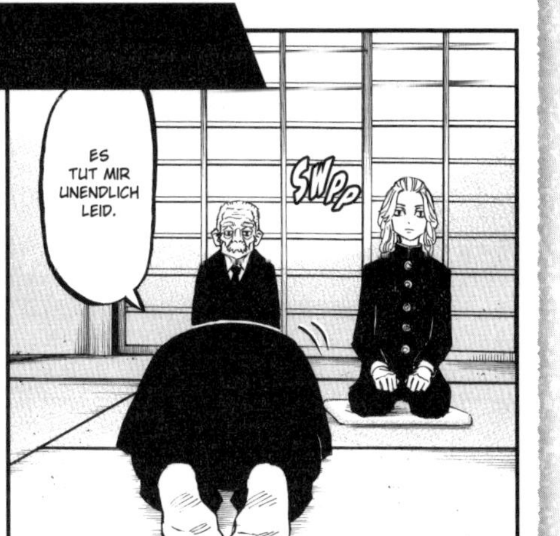

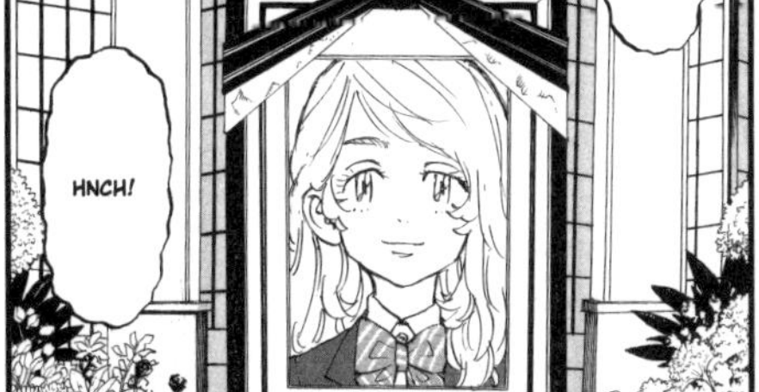

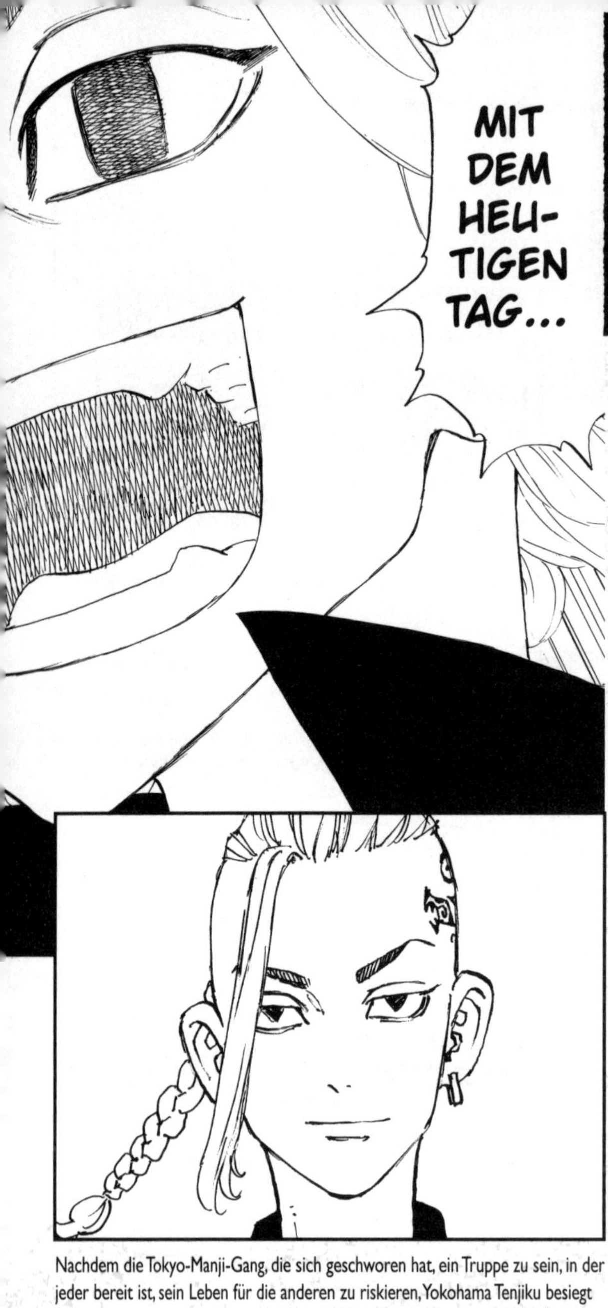

Das Ende der Manji-Gang?!

Nach dem Einläuten einer neuen Ära der Rowdys, löst sich die Manji-Gang unerwartet auf!

Nachdem die Tokyo-Manji-Gang, die sich geschworen hat, ein Truppe zu sein, in der jeder bereit ist, sein Leben für die anderen zu riskieren, Yokohama Tenjiku besiegt hat, steht sie nun an der Spitze der Rowdy-Welt. Das ist der Beginn einer neuen, strahlenden Ära der Rowdys, von der Mikey und die anderen immer geträumt haben.

Nun, wo es Mikey gelungen ist, eine Ära zu schaffen, über die man noch viele Rowdy-Generationen lang reden wird, beschließt er, die Manji-Gang aufzulösen und die Legende auf ihrem Höhepunkt enden zu lassen. Der Kampf zur Verwirklichung seines Traums, den er mit seinen Freunden teilte, ist gewonnen.

Takemichi und die anderen Mitglieder der Gang stehen damit an einem Scheideweg.

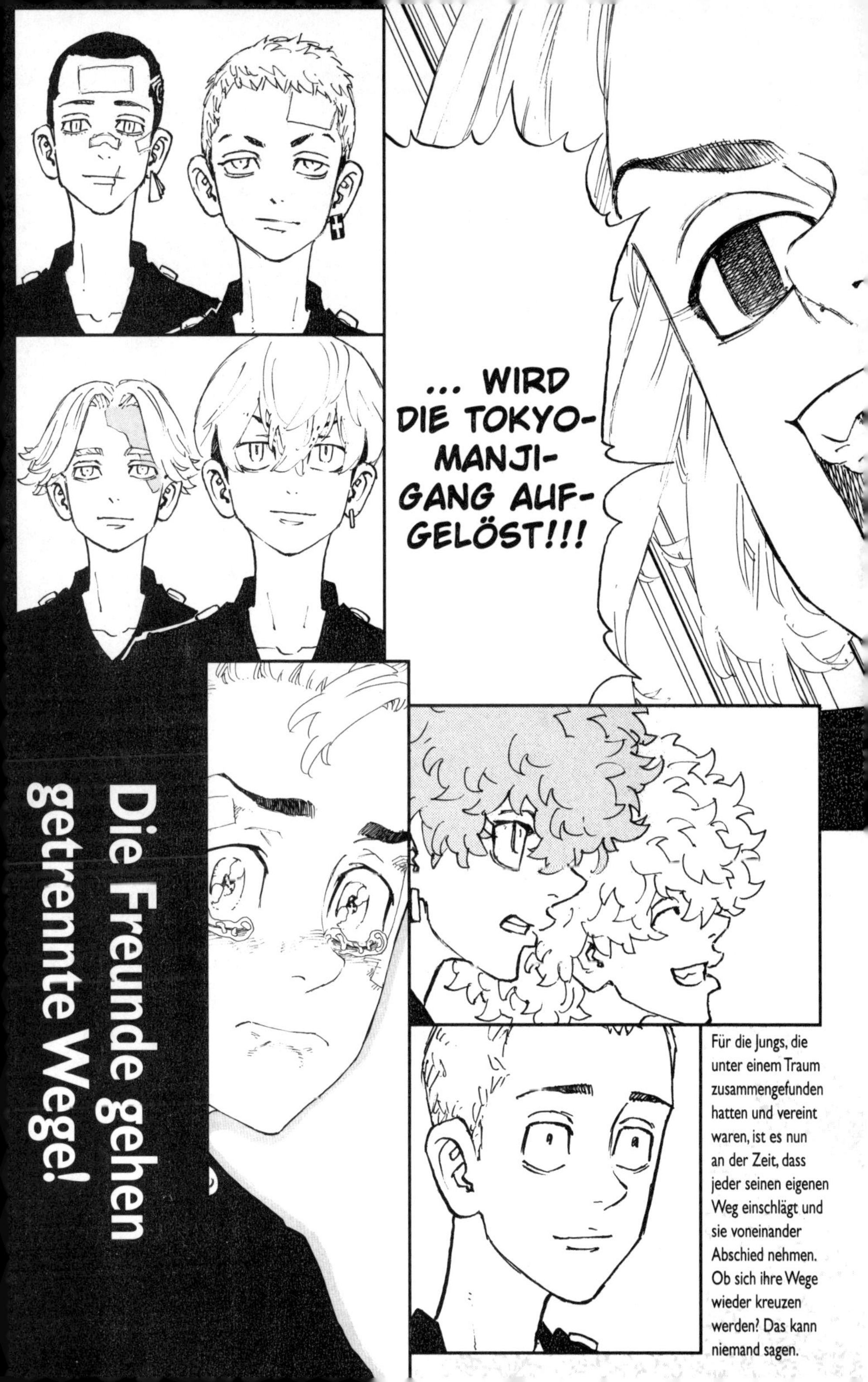

Die Freunde gehen getrennte Wege!

Für die Jungs, die unter einem Traum zusammengefunden hatten und vereint waren, ist es nun an der Zeit, dass jeder seinen eigenen Weg einschlägt und sie voneinander Abschied nehmen. Ob sich ihre Wege wieder kreuzen werden? Das kann niemand sagen.

Der Unsterbliche Izana und das Gedicht auf seinem Mantel!

Exklusiv!

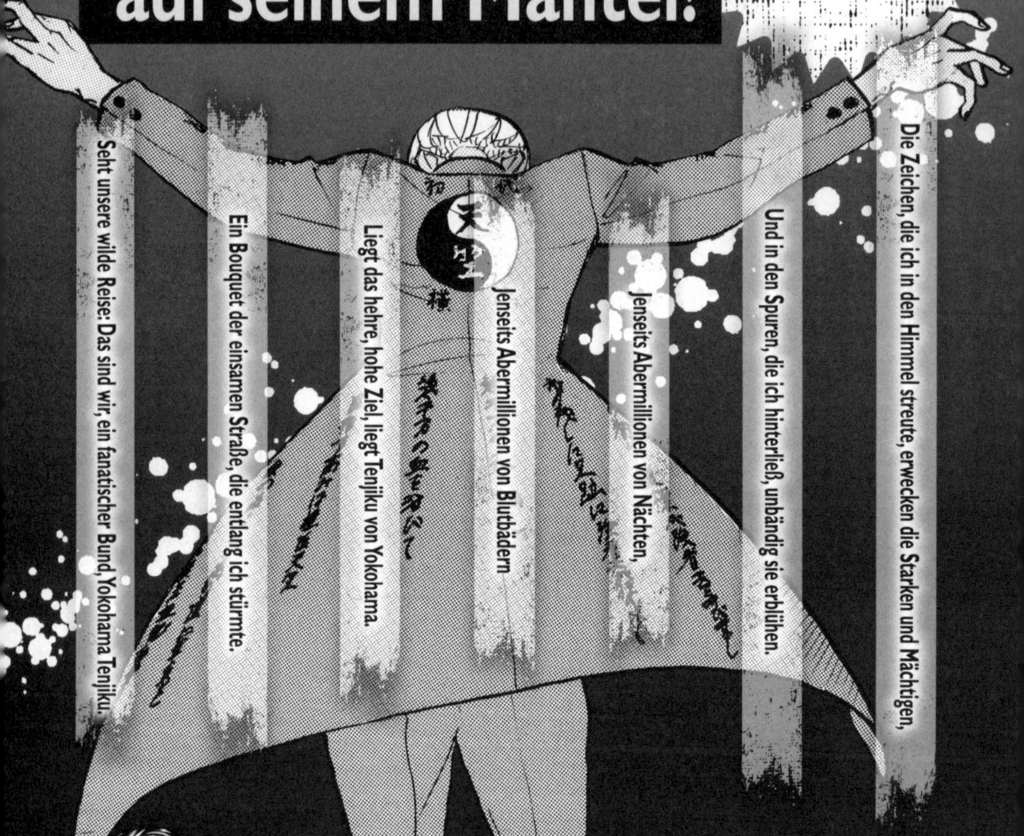

Die Zeichen, die ich in den Himmel streute, erwecken die Starken und Mächtigen,
Und in den Spuren, die ich hinterließ, unbändig sie erblühen.
Jenseits Abermillionen von Nächten,
Jenseits Abermillionen von Blutbädern
Liegt das hehre, hohe Ziel, liegt Tenjiku von Yokohama.
Ein Bouquet der einsamen Straße, die entlang ich stürmte.
Seht unsere wilde Reise: Das sind wir, ein fanatischer Bund, Yokohama Tenjiku.

Eine Auswahl an Uniformen aus der Tenjiku-Episode!

Hier sind noch einige weitere Uniformen zu sehen, die in der Geschichte rund um den Kanto-Zwischenfall vorkommen.

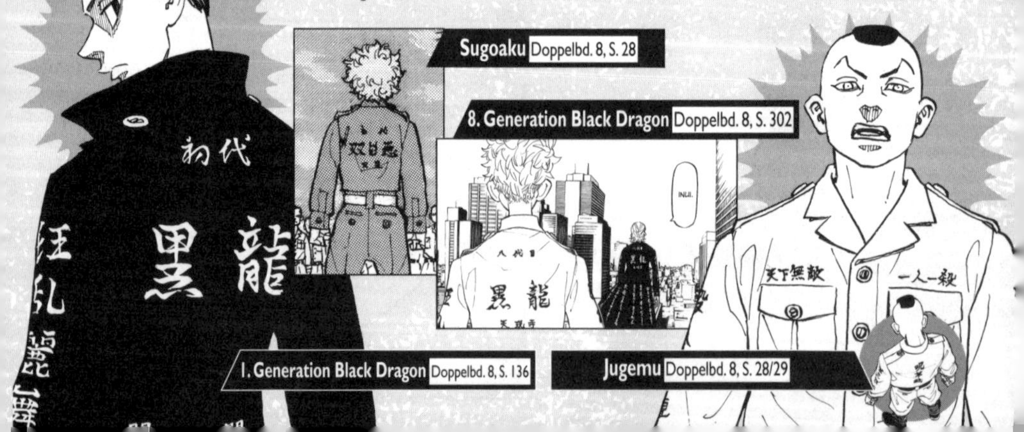

KEN WAKUI PRÄSENTIERT! EXKLUSIV!

DIE TOP 3 IN ALLEN MÖGLICHEN DISZIPLINEN!

Hier wurden die Mitglieder der »Ruchlosen Generation« und Yokohama Tenjiku ganz willkürlich bewertet! ♥

TENJIKU-AUSGABE

WER IST DER BESTE GLÜCKSSPIELER?

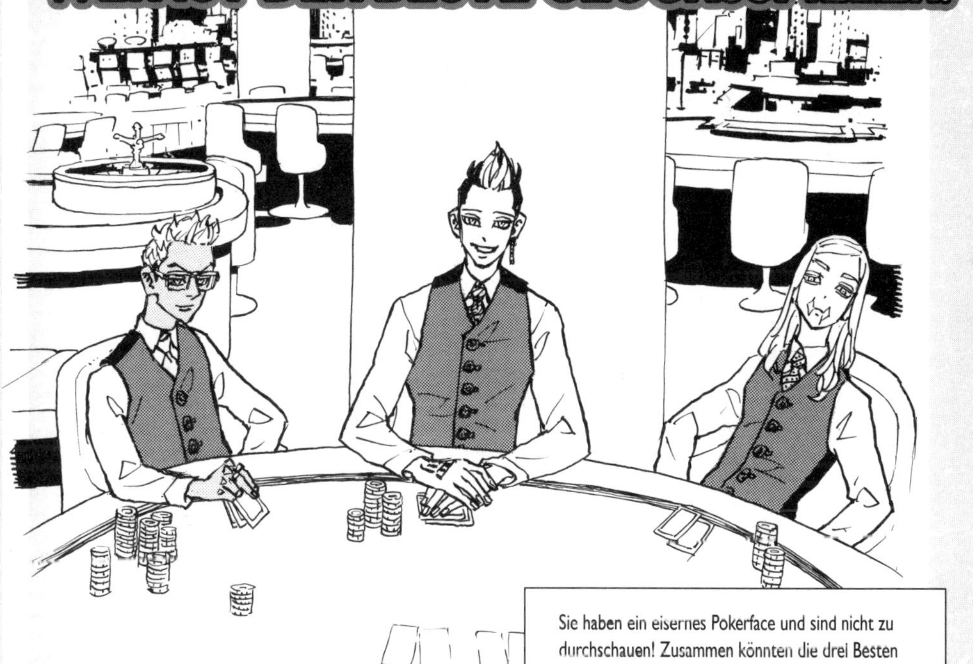

Sie haben ein eisernes Pokerface und sind nicht zu durchschauen! Zusammen könnten die drei Besten wohl in einer Nacht die Bank sprengen!

DIE 3 BESTEN

Platz 1 Kisaki

Platz 2 Sanzu

Platz 3 Hanma

DIE 3 SCHLECHTESTEN

Platz 1 Koko

Platz 2 Kakucho

Platz 3 Izana

WER SIND DER SCHNELLSTEN LÄUFER?

DIE 3 BESTEN

Platz 1 Ran

Platz 2 Izana

Platz 3 Kakucho

DIE 3 SCHLECHTESTEN

Platz 1 Kisaki

Platz 2 Mocchi

Platz 3 Madarame

Die Ruchlosen sind auch verdammt schnell! Ran auf Platz 1 und gleich dahinter Izana! Von Kakucho wollen sie sich auf keinen Fall abhängen lassen!

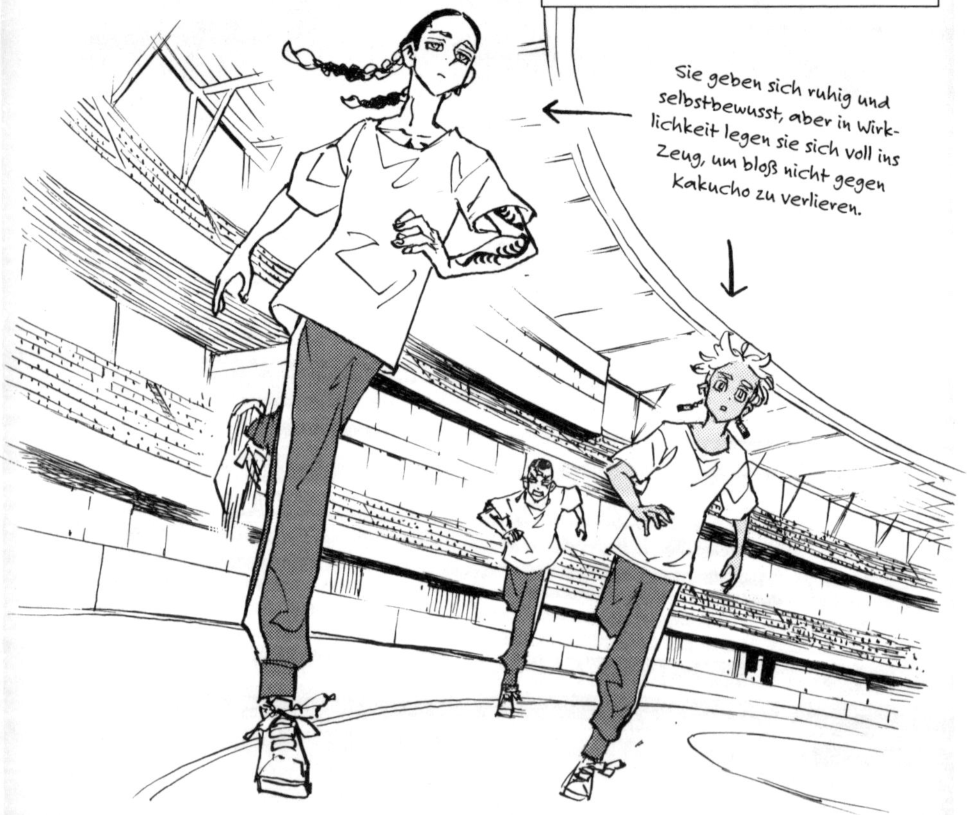

WER IST DER STÄRKSTE IM ARMDRÜCKEN?

DIE 3 BESTEN

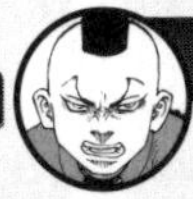
Platz 1 Mocchi

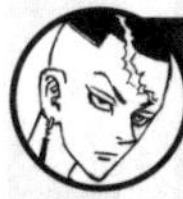
Platz 2 Kakucho

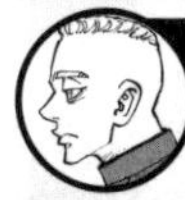
Platz 3 Mucho

DIE 3 SCHLECHTESTEN

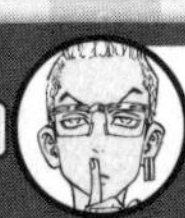
Platz 1 Kisaki

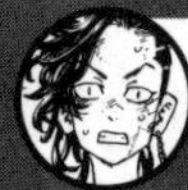
Platz 2 Koko

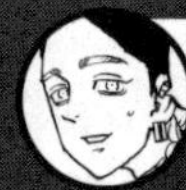
Platz 3 Ran

Auf dem Siegerpodest stehen die Mitglieder von Tenjiku, die sich vor allem etwas auf ihre Muskelkraft einbilden, ganz unten dagegen die drei hellsten Köpfe der Gang. Kisaki und Koko würden vermutlich nicht einmal mitmachen, da sie Armdrücken sicher für eine blödsinnige Zeitverschwendung halten.

WER GIBT DEN BESTEN FREUND AB?

DIE 3 BESTEN

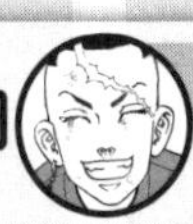
Platz 1 Kakucho

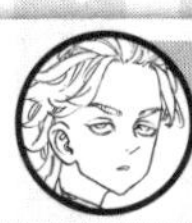
Platz 2 Rindo

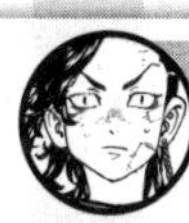
Platz 3 Koko

DIE 3 SCHLECHTESTEN

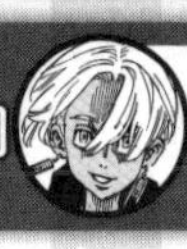
Platz 1 Izana

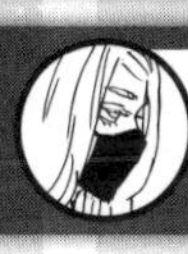
Platz 2 Sanzu

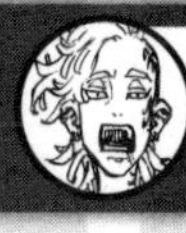
Platz 3 Madarame

An der Spitze steht Kakucho, ein sehr warmherziger Mann! Er wird seiner Freundin bestimmt genauso treu sein wie Izana!

WER HAT DIE BESTEN CHANCEN, SPÄTER EINMAL REICH ZU WERDEN?

DIE 3 BESTEN

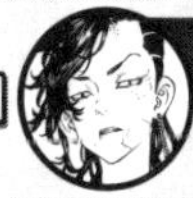
Platz 1 Koko

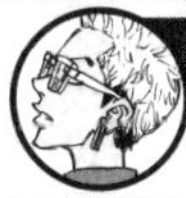
Platz 2 Kisaki

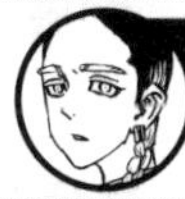
Platz 3 Ran

DIE 3 SCHLECHTESTEN

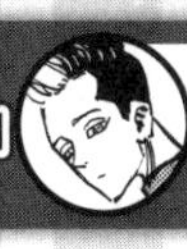
Platz 1 Hanma

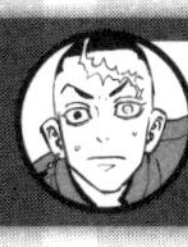
Platz 2 Kakucho

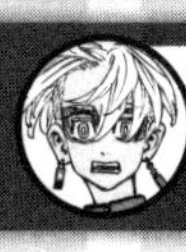
Platz 3 Izana

Auf dem ersten Platz landet selbstverständlich Koko, das Finanzgenie! Und Hanma, dem Spaß zu haben wichtiger ist als Profit, führt die Liste von hinten an.

WER IST DER RUCHLOSESTE VON ALLEN?

※ Von Izana erstellte Rangliste, basierend auf seinen eigenen Recherchen.

DIE 3 BESTEN

Platz 1 Izana

Platz 2 Mucho

Platz 3 Ran

DIE 3 SCHLECHTESTEN

Platz 1 Kakucho

Platz 2 Rindo

Platz 3 Mocchi

Auch wenn ihn Izana als seine stärkste Kampfmaschine bezeichnet, hat er Kakucho auf den letzten Platz verbannt. Der Weg der Ruchlosigkeit ist eben steil und beschwerlich!

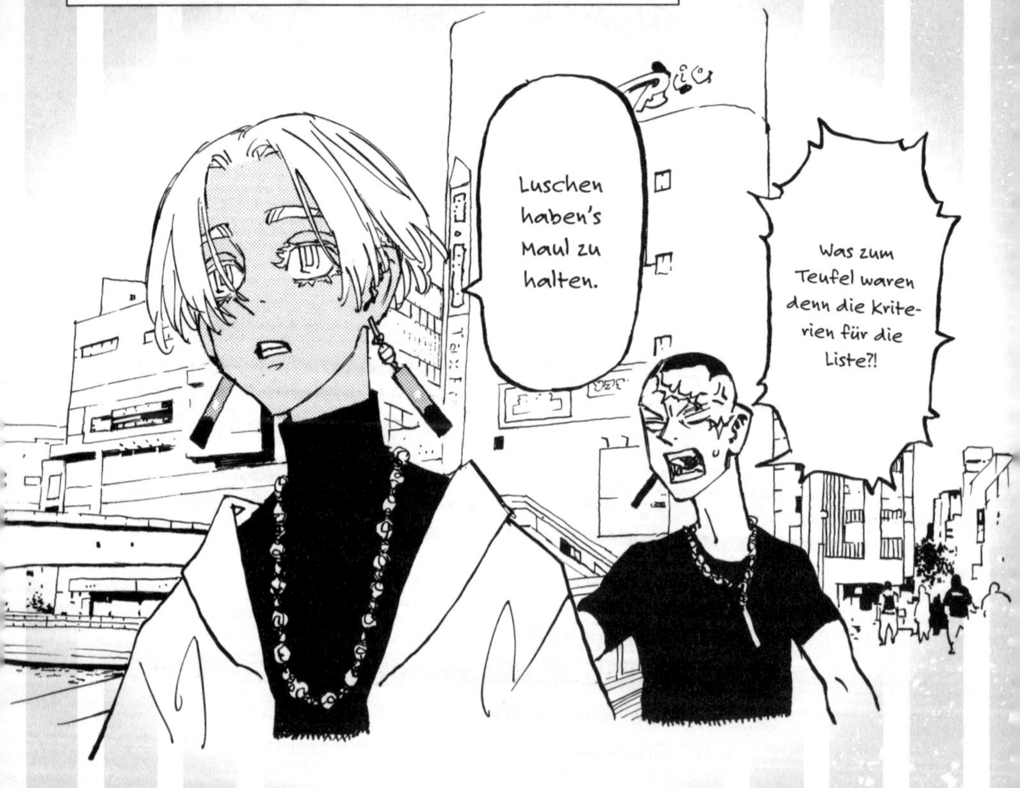

Sonderfassung! Das mitreißende Kapitel komplett in Farbe!

»Ich gebe nicht auf, und wenn es mich das Leben kostet!« Takemichis Unerschütterlichkeit lässt ein Wunder geschehen!

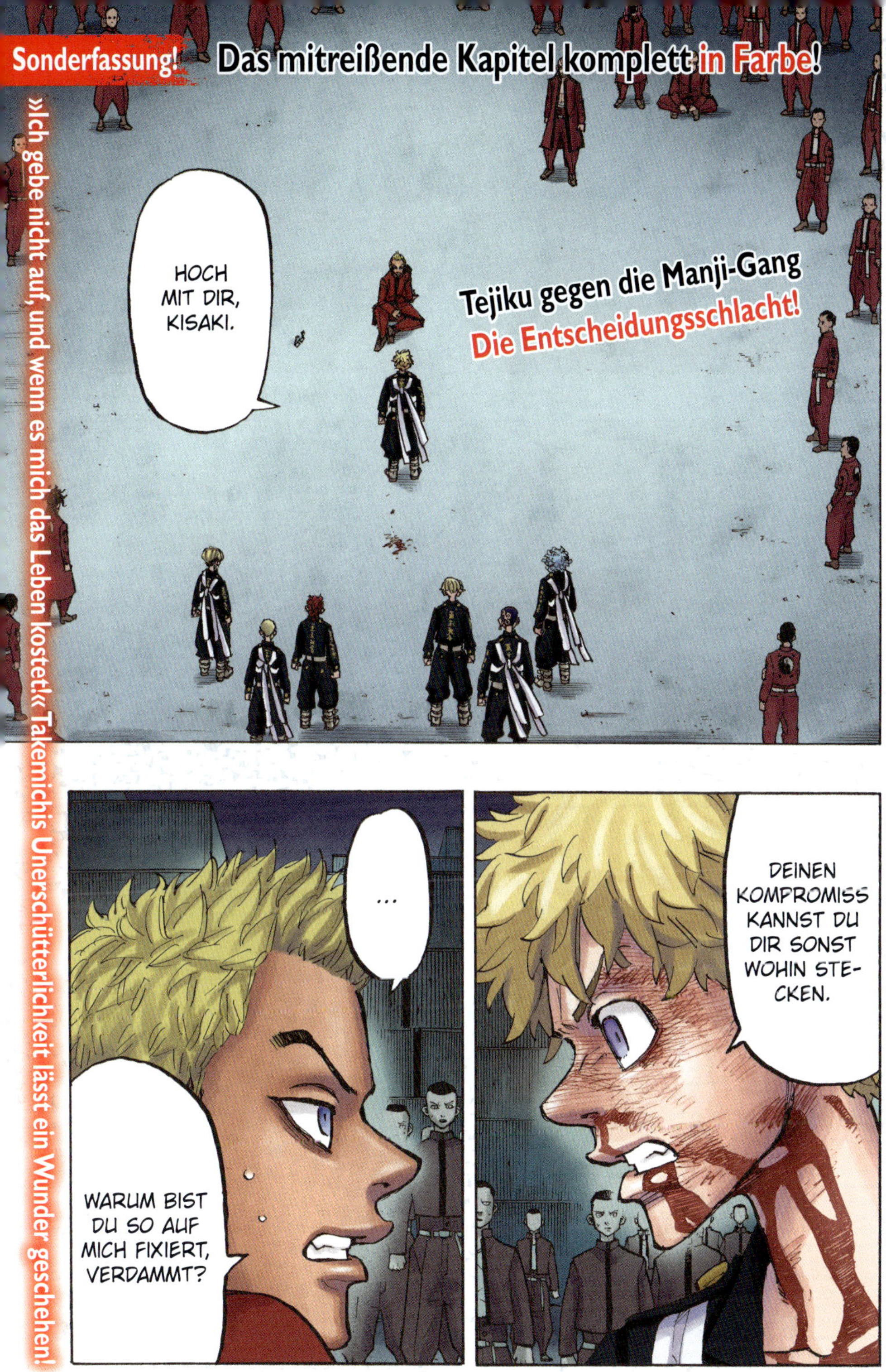

KAPITEL 168: HEADLINER

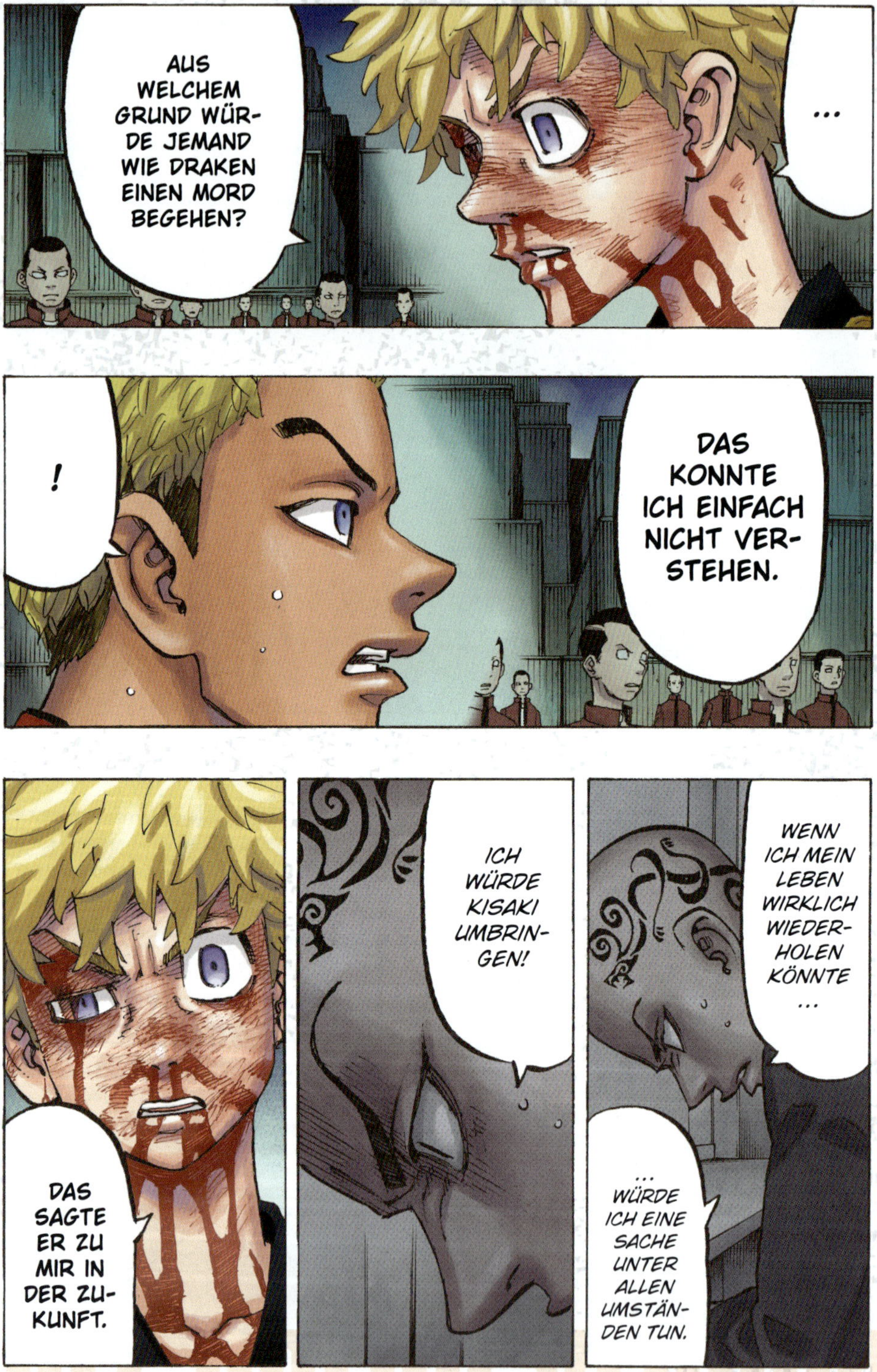
...
AUS WELCHEM GRUND WÜRDE JEMAND WIE DRAKEN EINEN MORD BEGEHEN?
DAS KONNTE ICH EINFACH NICHT VERSTEHEN.
!
WENN ICH MEIN LEBEN WIRKLICH WIEDERHOLEN KÖNNTE ...
... WÜRDE ICH EINE SACHE UNTER ALLEN UMSTÄNDEN TUN.
ICH WÜRDE KISAKI UMBRINGEN!
DAS SAGTE ER ZU MIR IN DER ZUKUNFT.

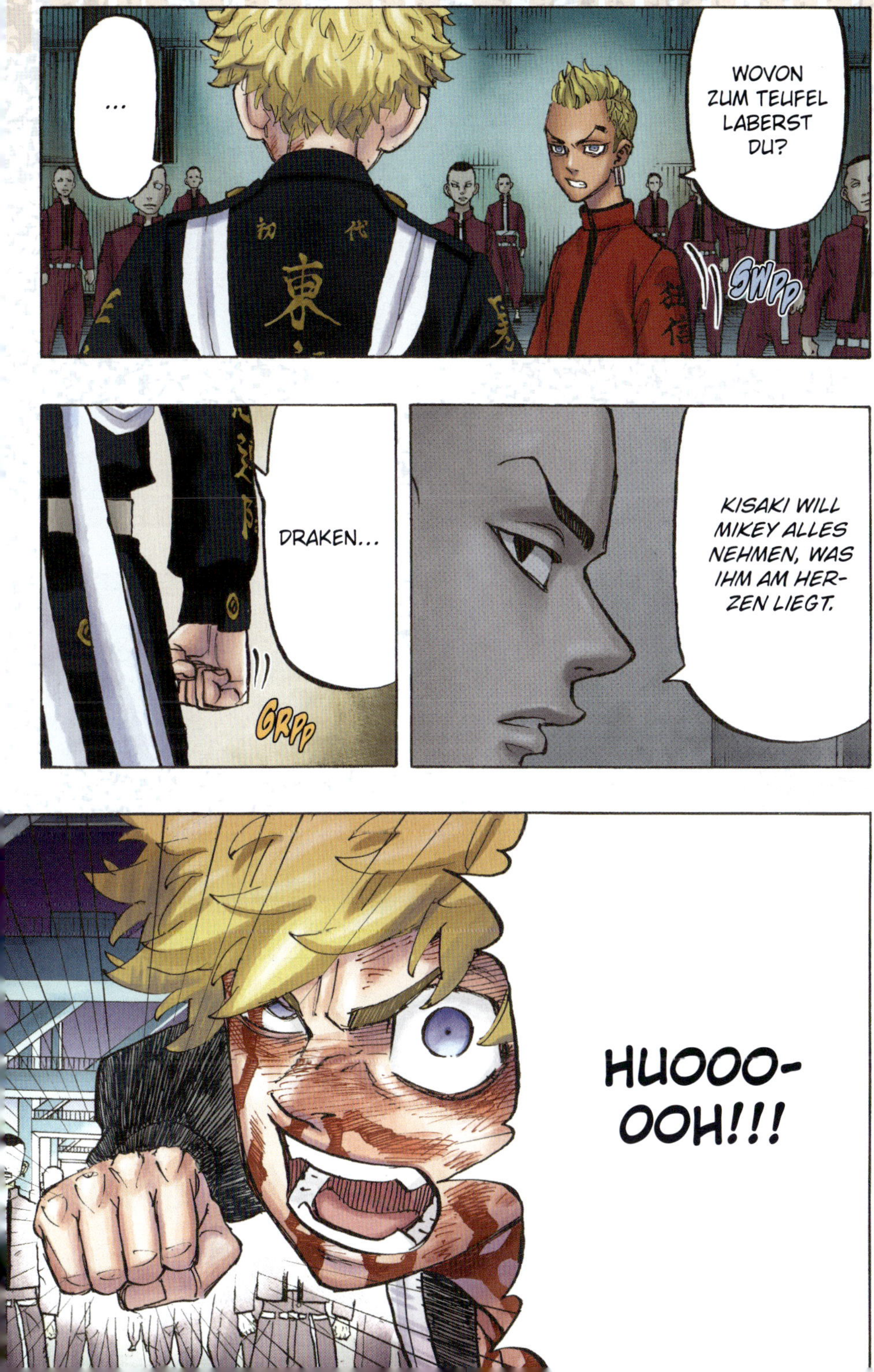

WOVON ZUM TEUFEL LABERST DU?
SWPP
...
KISAKI WILL MIKEY ALLES NEHMEN, WAS IHM AM HER-ZEN LIEGT.
DRAKEN...
GRPP
HUOOO-OOH!!!

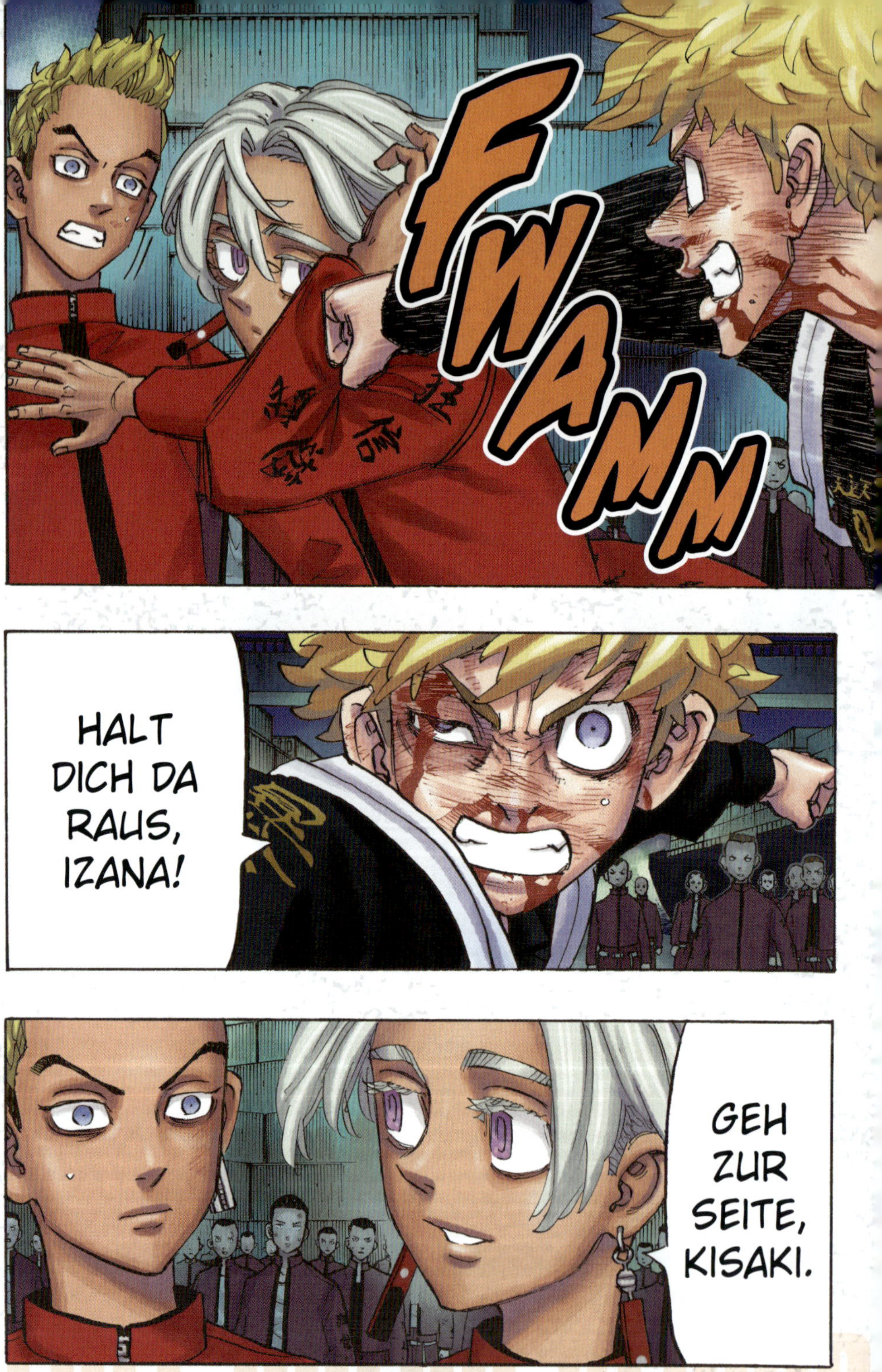
FWAMM
HALT DICH DA RAUS, IZANA!
GEH ZUR SEITE, KISAKI.

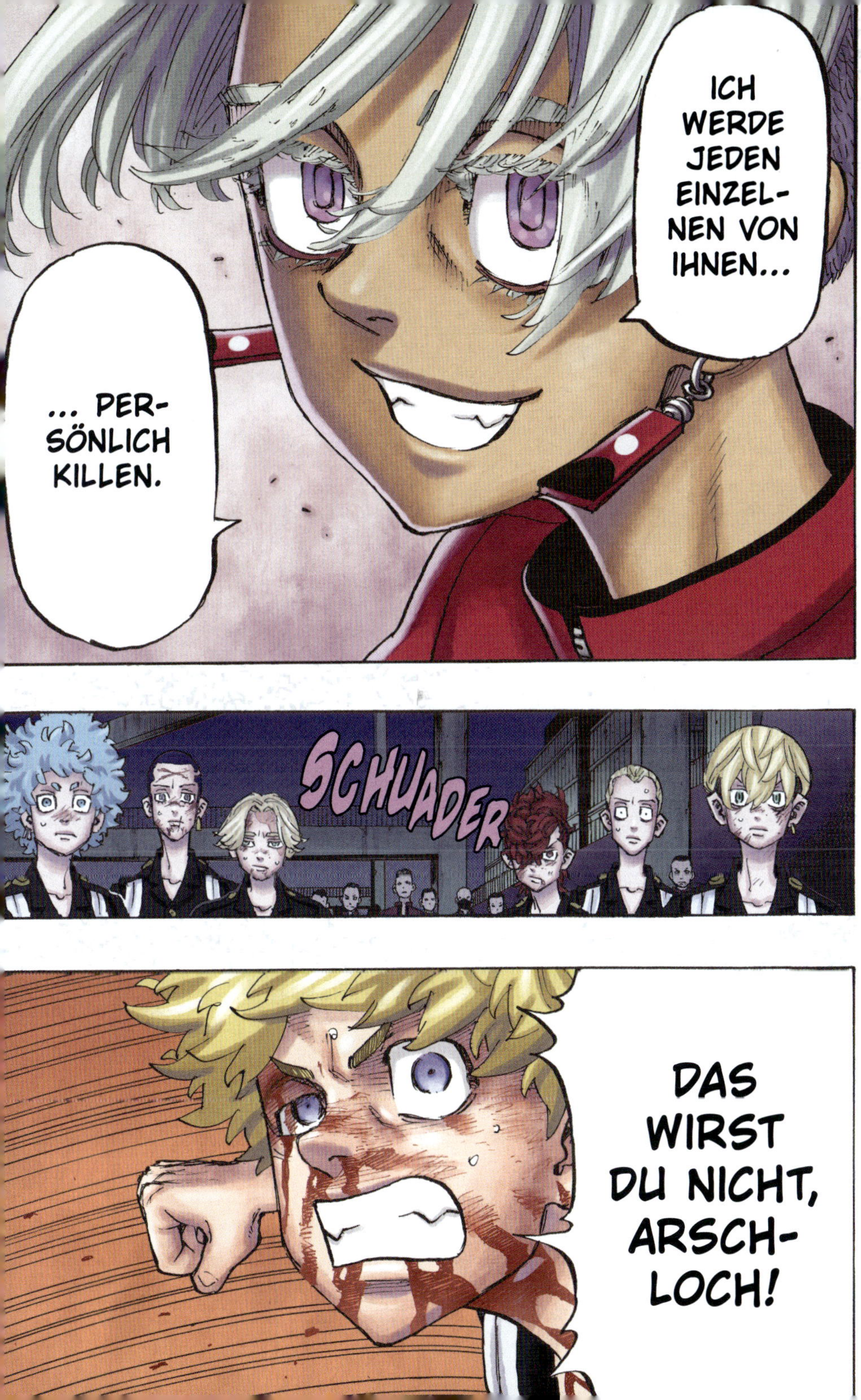
ICH WERDE JEDEN EINZELNEN VON IHNEN...
... PERSÖNLICH KILLEN.
SCHUADER
DAS WIRST DU NICHT, ARSCHLOCH!

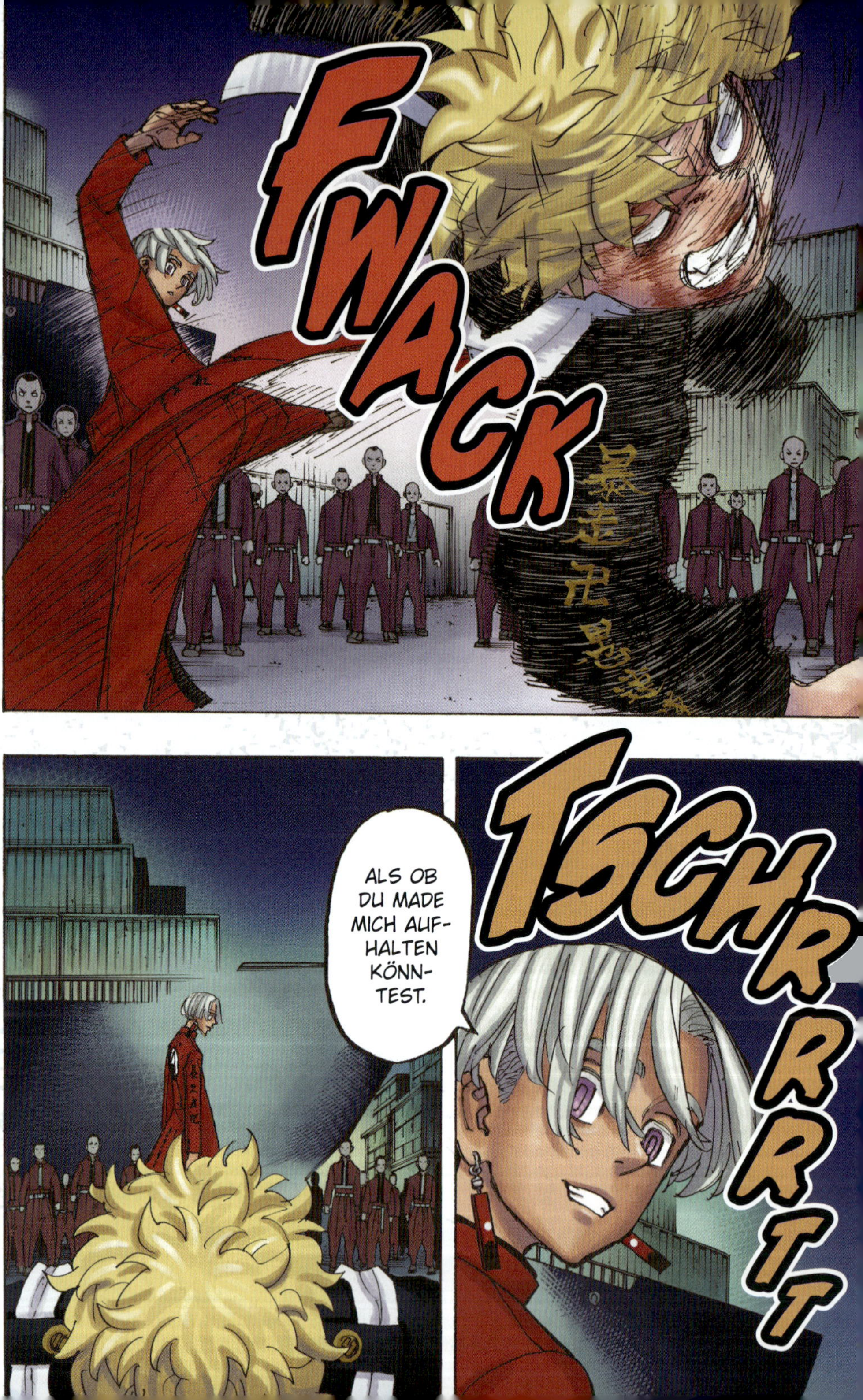
FWACK
TSCHRRRTT
ALS OB DU MADE MICH AUF-HALTEN KÖNN-TEST.

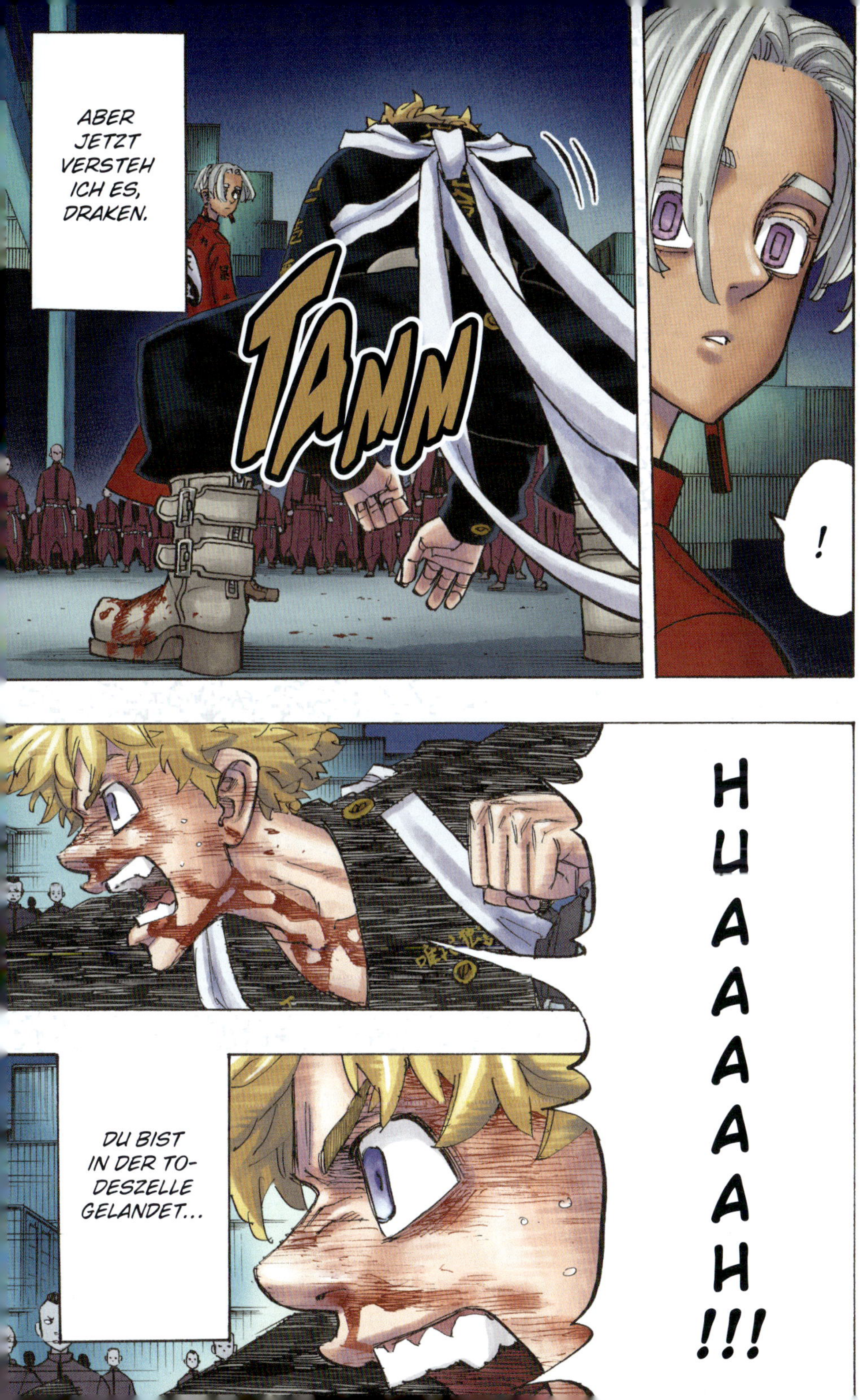
ABER JETZT VERSTEH ICH ES, DRAKEN.
!
TAMM
HUAAAAAAAH!!!
DU BIST IN DER TO-DESZELLE GELANDET…

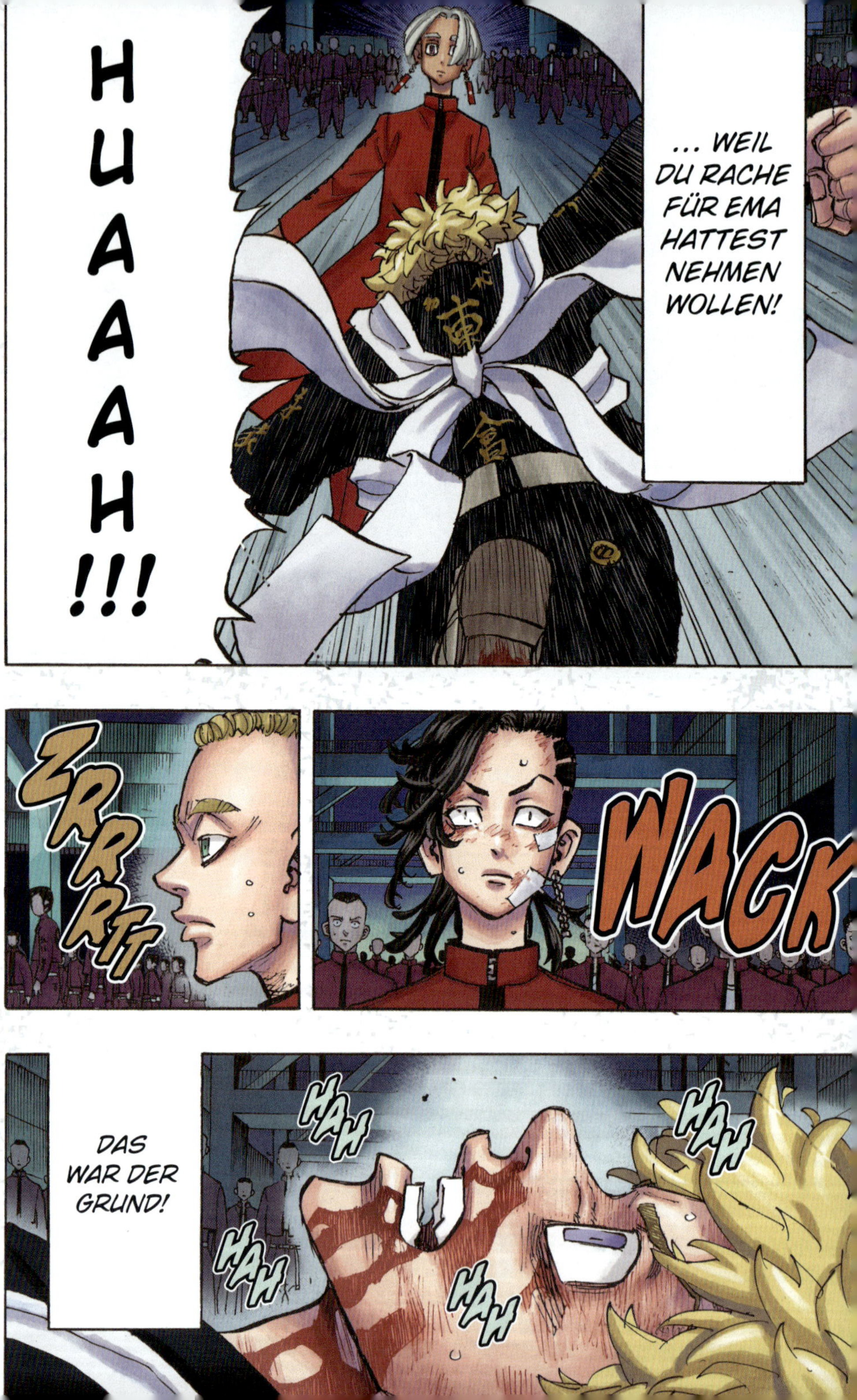

HUAAAAH!!!
... WEIL DU RACHE FÜR EMA HATTEST NEHMEN WOLLEN!
ZRRRTT
WACK
DAS WAR DER GRUND!
HAH
HAH
HAH
HAH

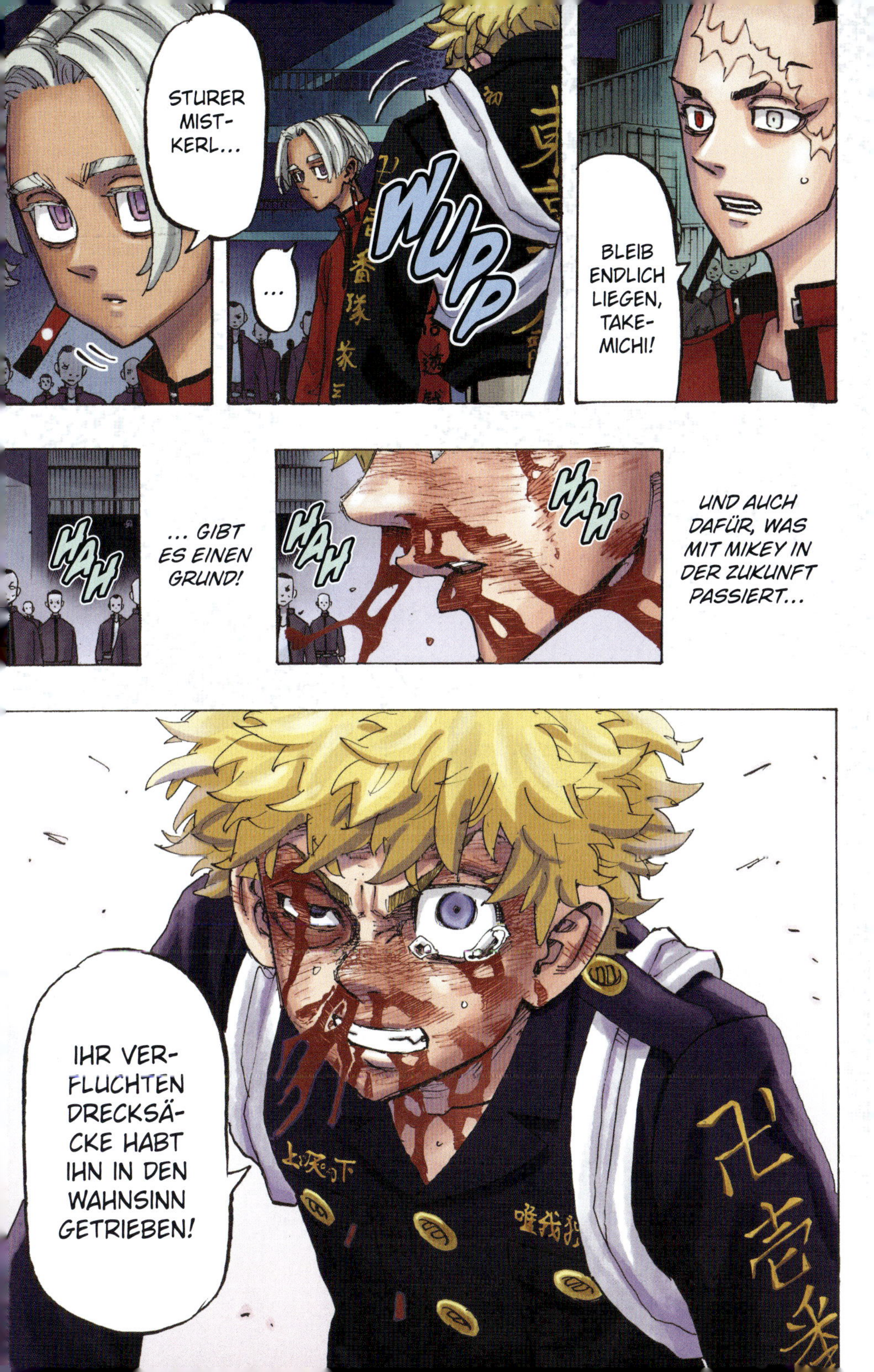
BLEIB ENDLICH LIEGEN, TAKE-MICHI!
WUPP
...
STURER MIST-KERL...
UND AUCH DAFÜR, WAS MIT MIKEY IN DER ZUKUNFT PASSIERT...
HAH
HAH
... GIBT ES EINEN GRUND!
HAH
IHR VER-FLUCHTEN DRECKSÄ-CKE HABT IHN IN DEN WAHNSINN GETRIEBEN!

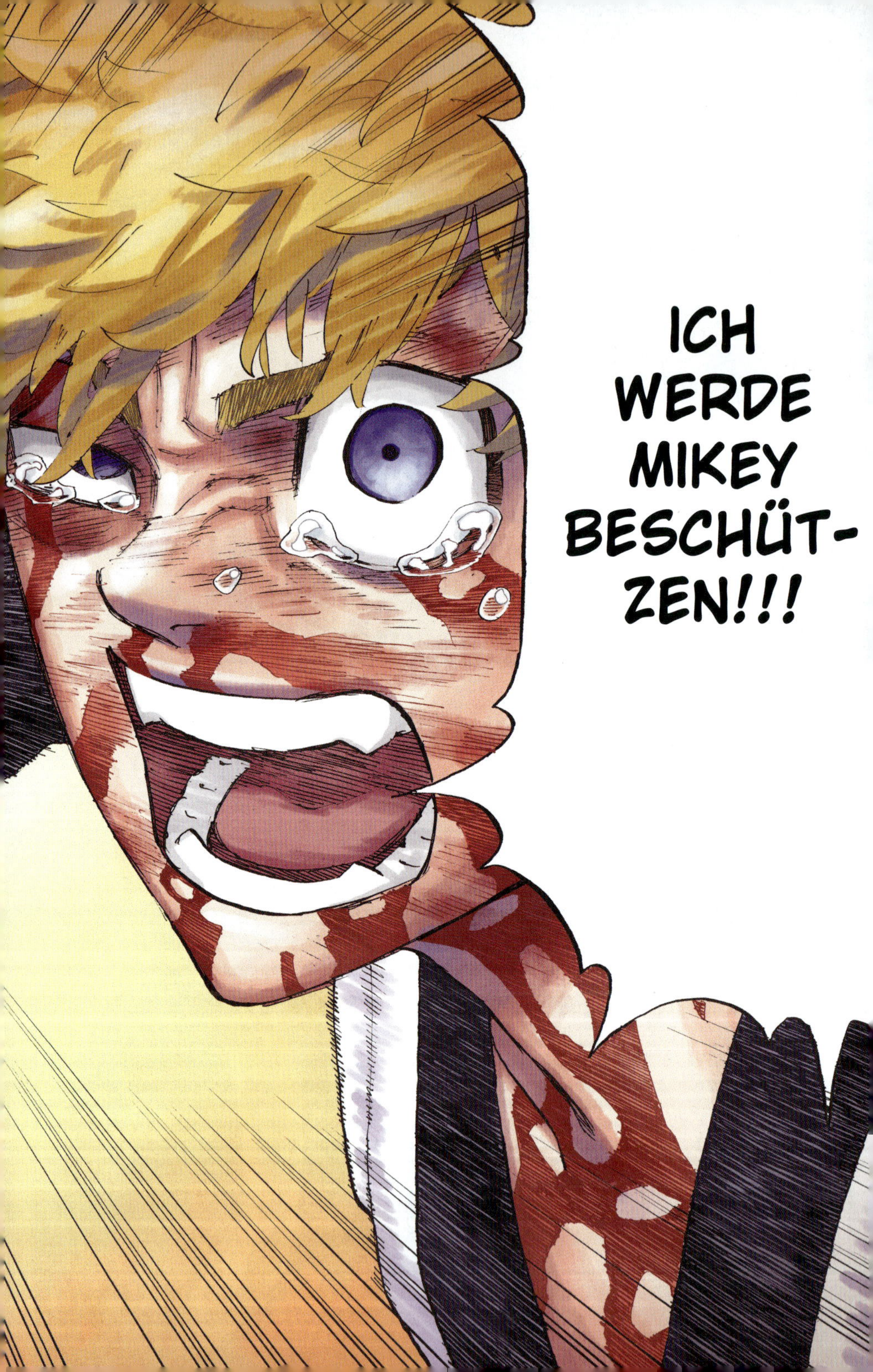
ICH WERDE MIKEY BESCHÜT-ZEN!!!

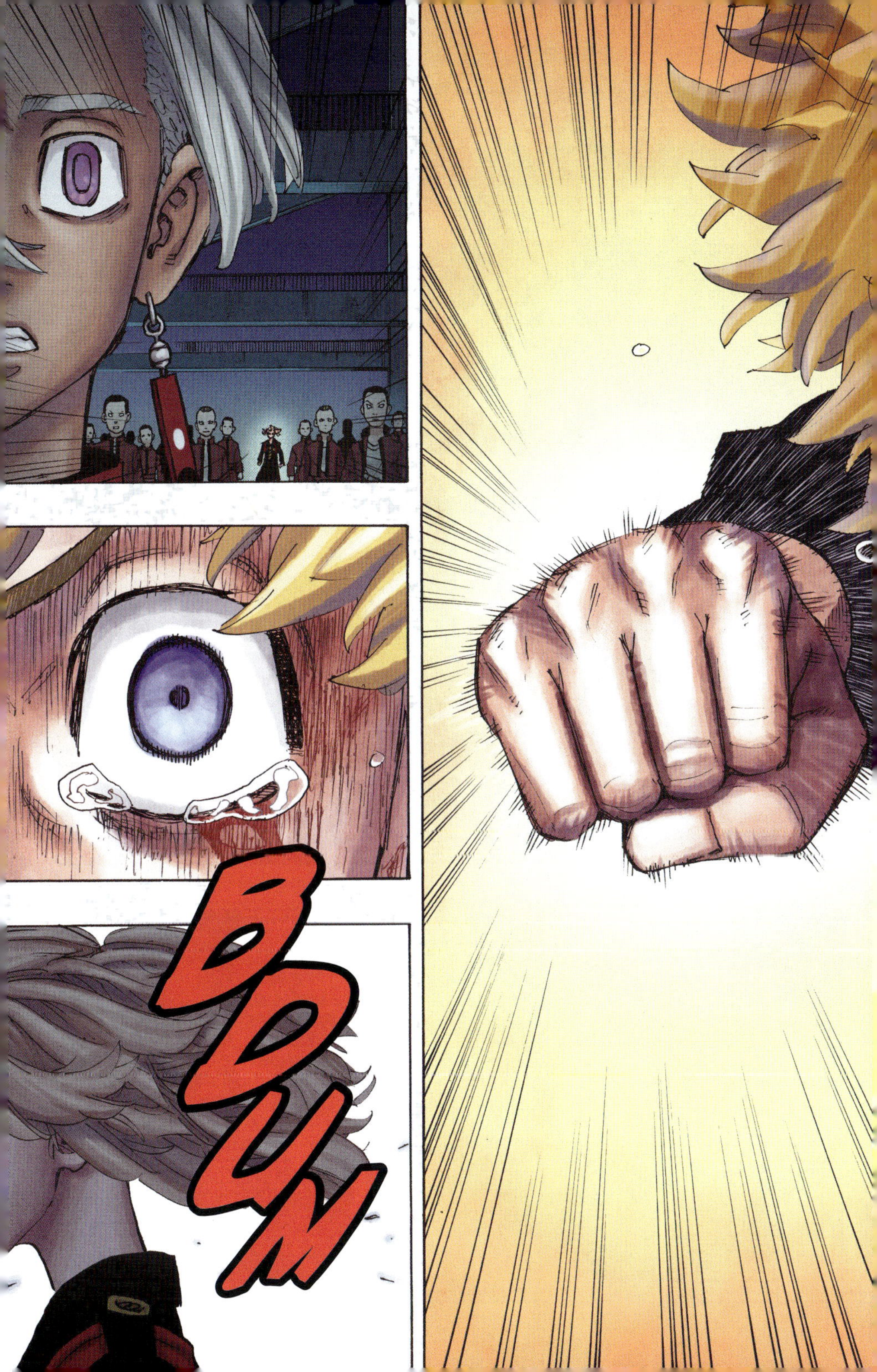
BDUM

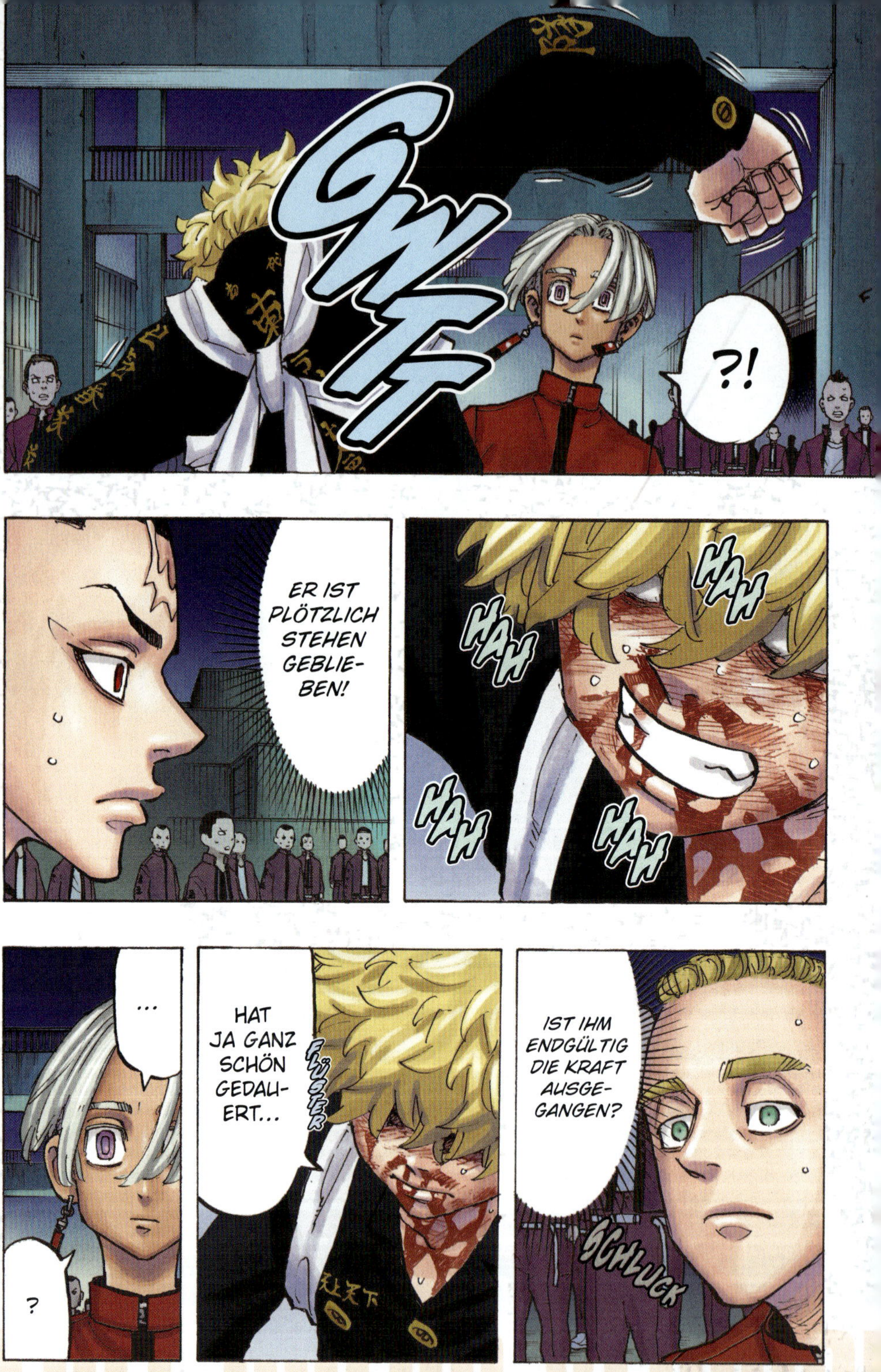
?!
HAH
HAH
HAH
HAH
ER IST PLÖTZLICH STEHEN GEBLIE-BEN!
IST IHM ENDGÜLTIG DIE KRAFT AUSGE-GANGEN?
SCHLUCK
HAT JA GANZ SCHÖN GEDAU-ERT…
FLÜSTER
…
?

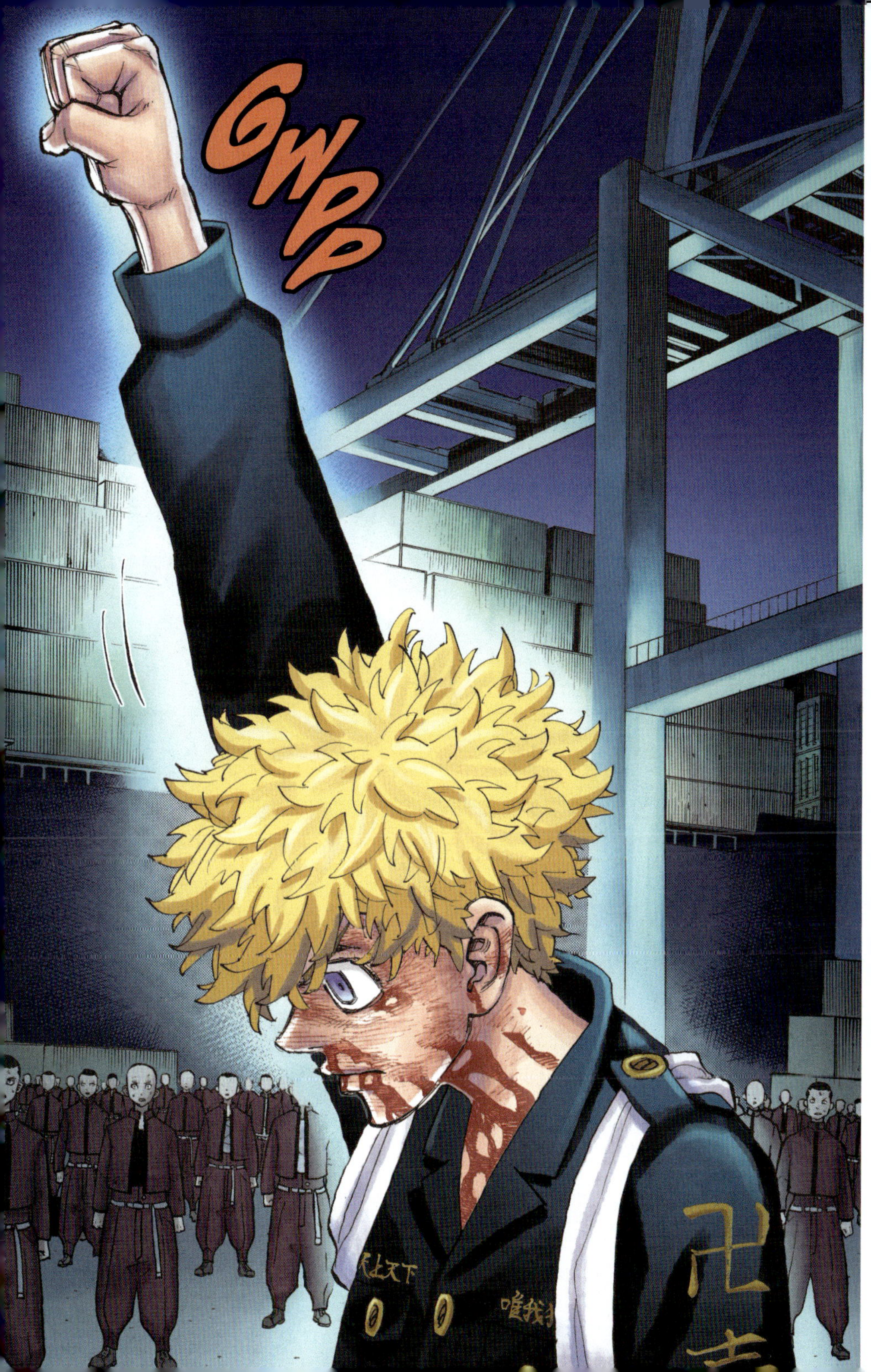
GWPP

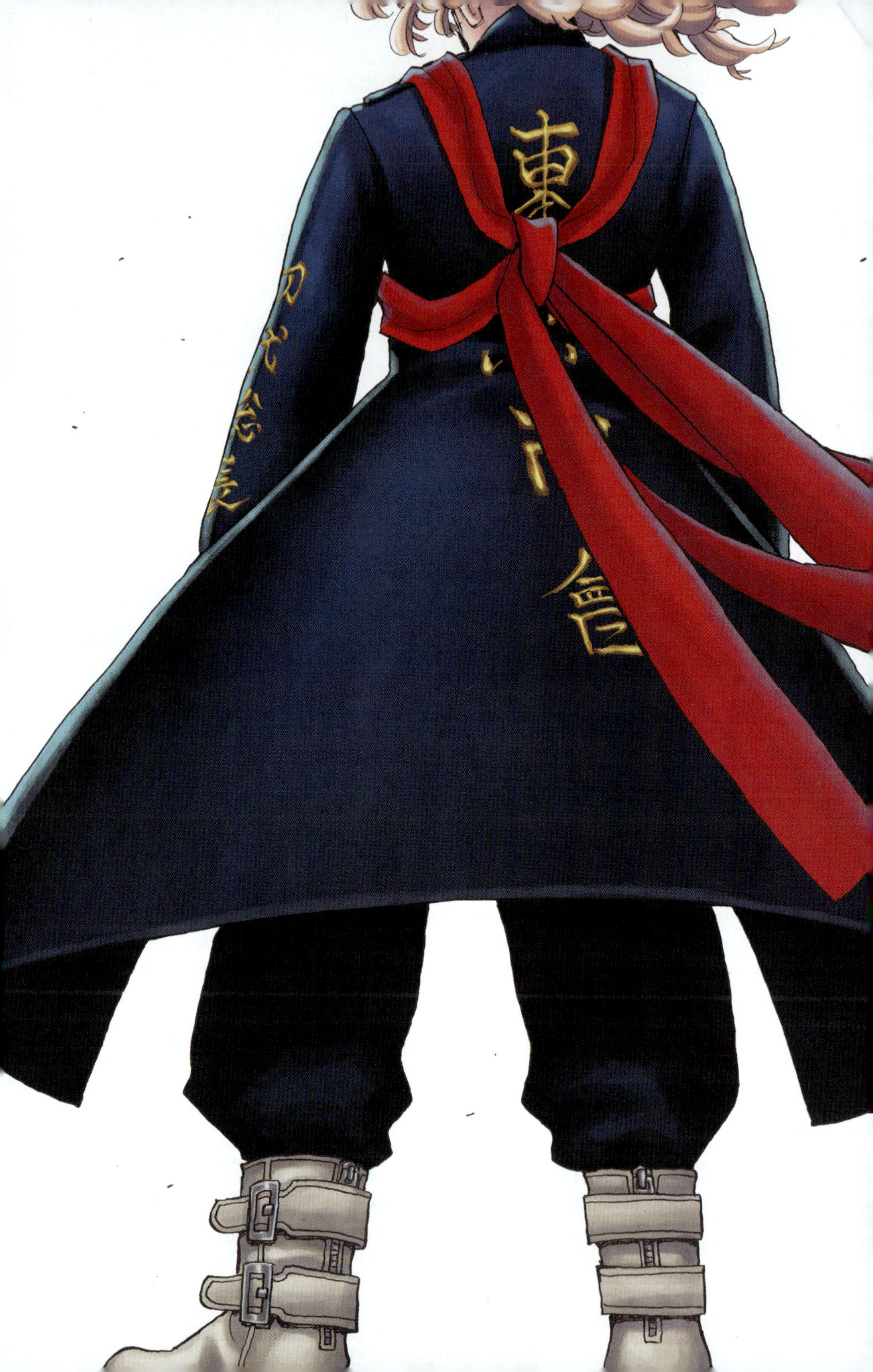

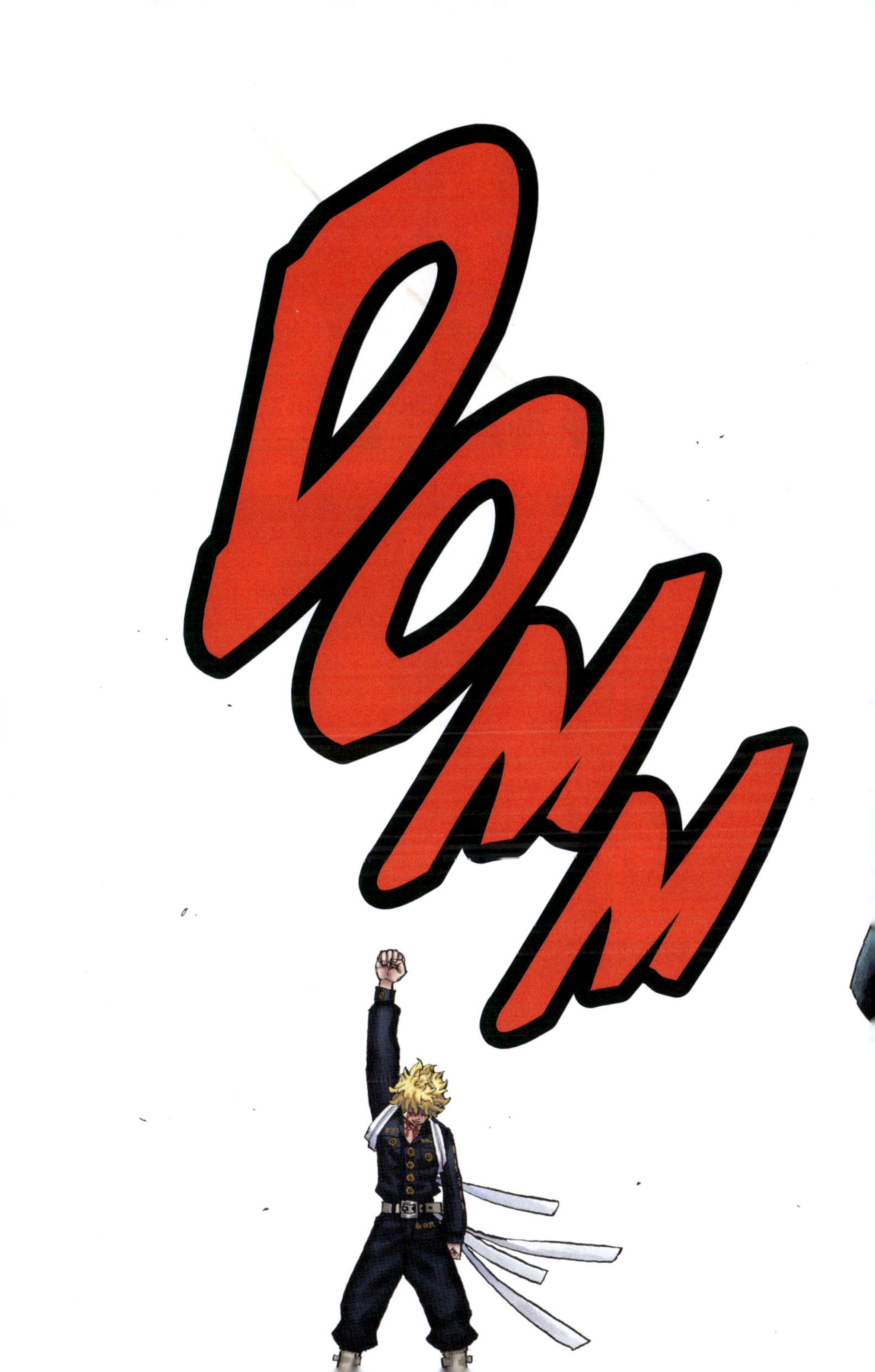
DOMM

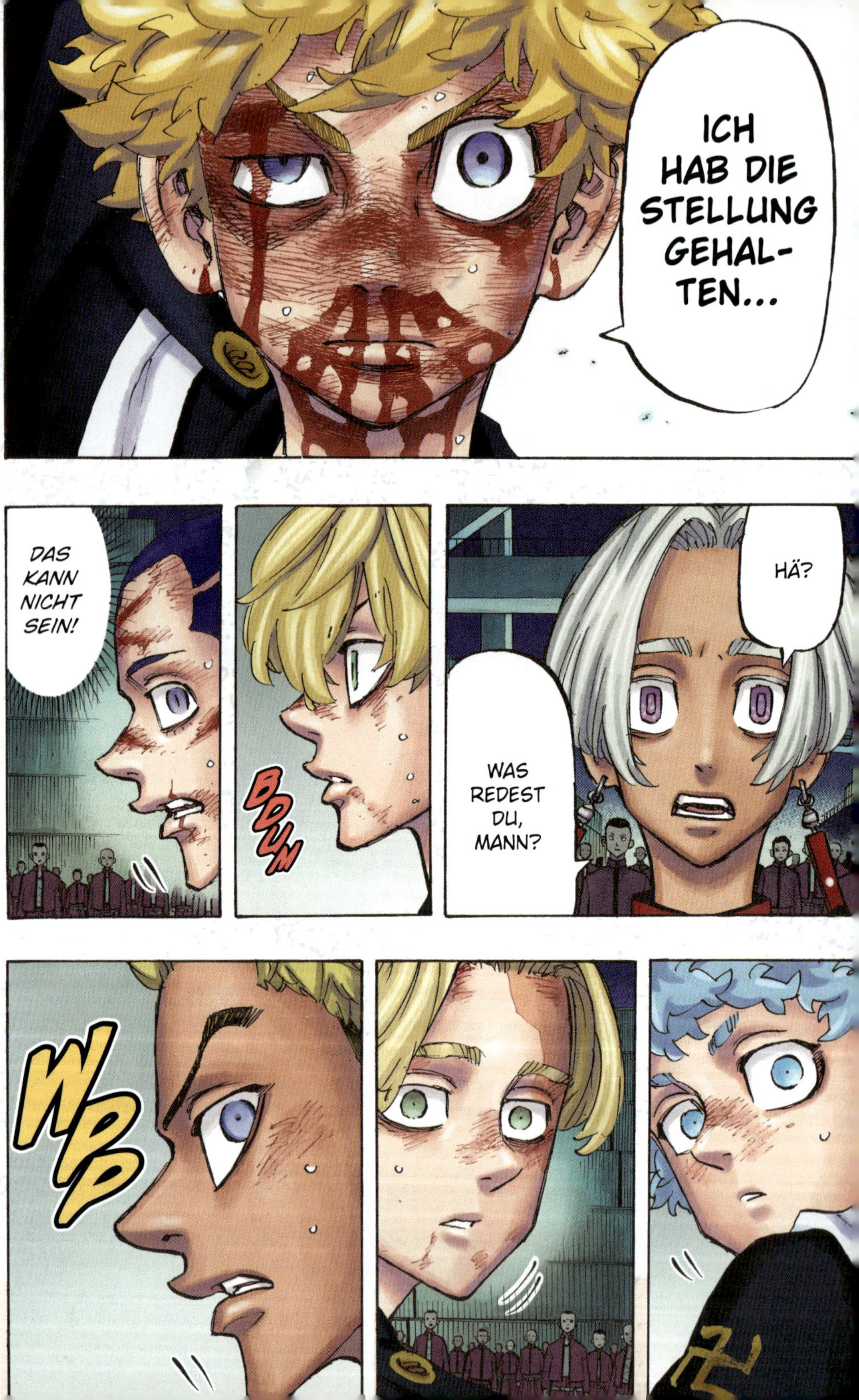
ICH HAB DIE STELLUNG GEHAL-TEN...
HÄ?
WAS REDEST DU, MANN?
BDUM
DAS KANN NICHT SEIN!
WB

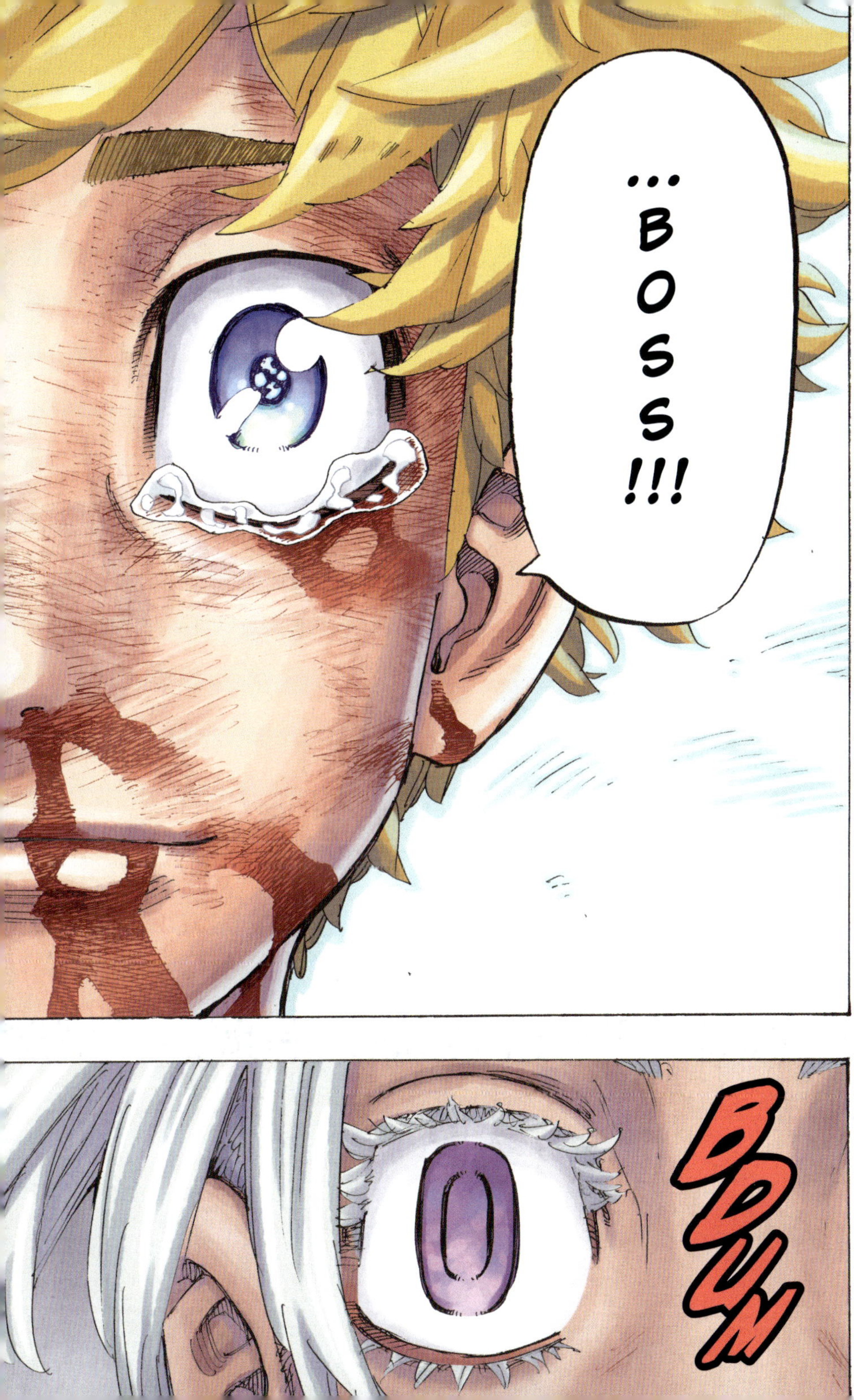
...BOSS!!!
BDUM

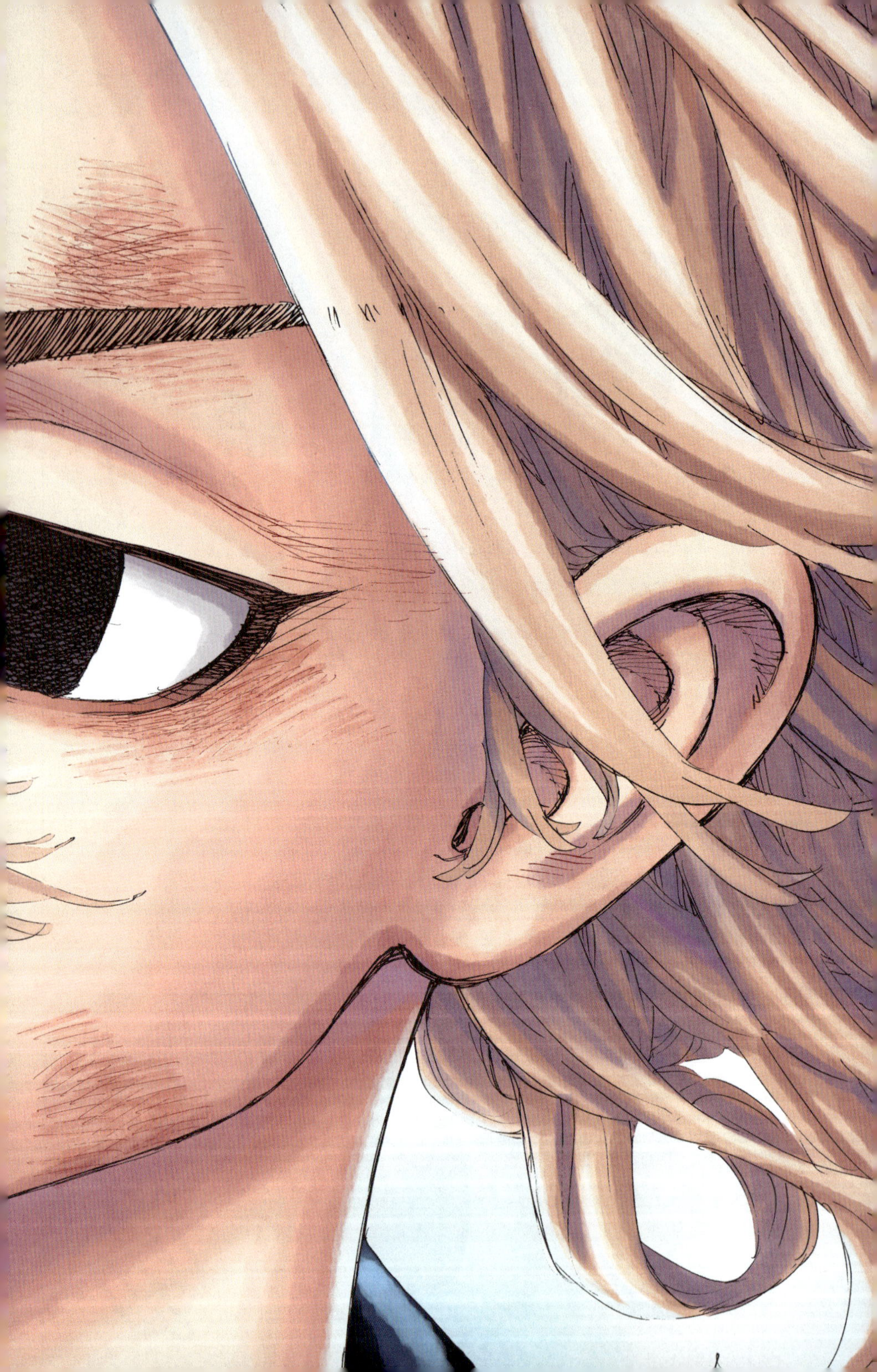

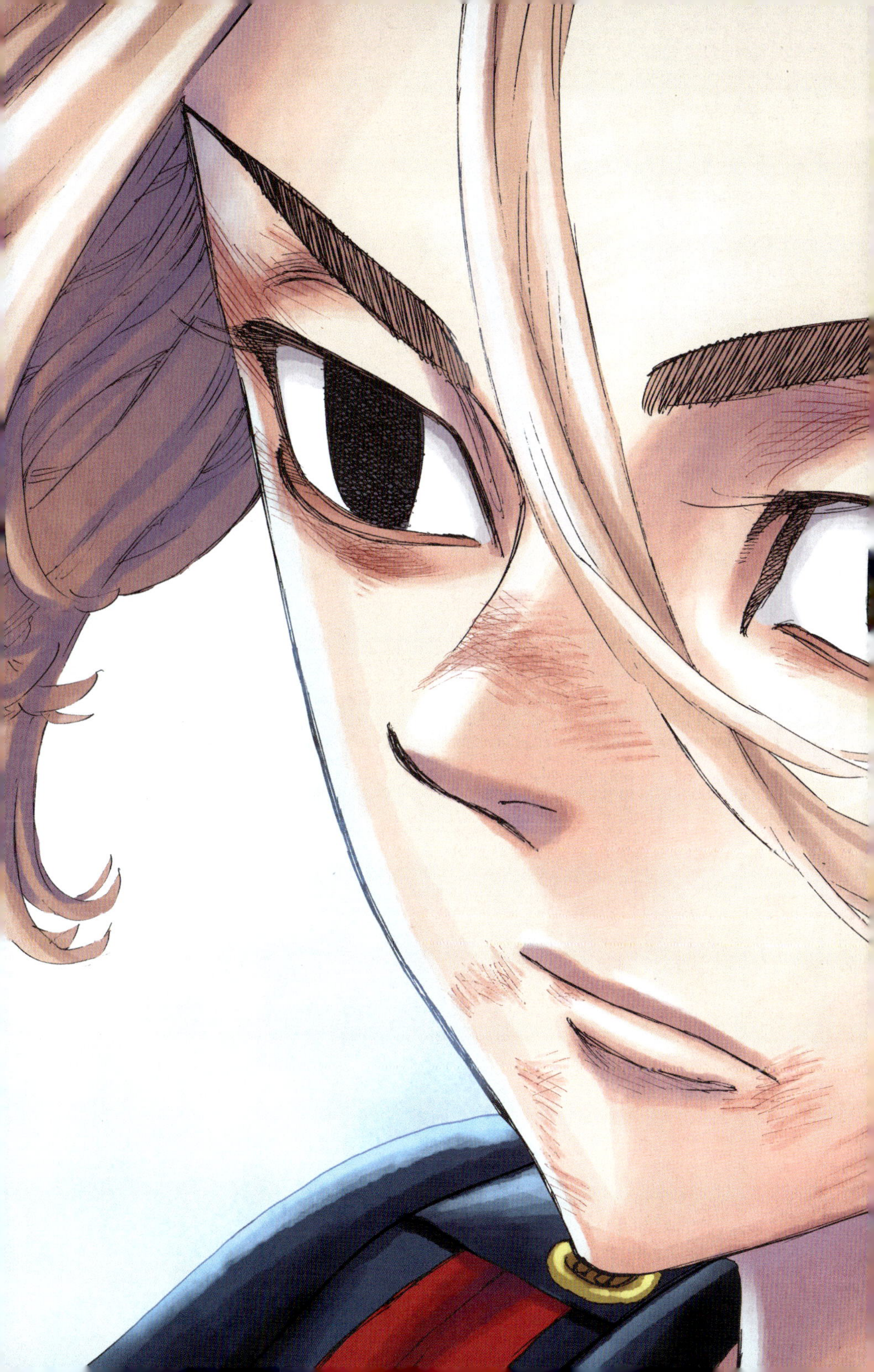

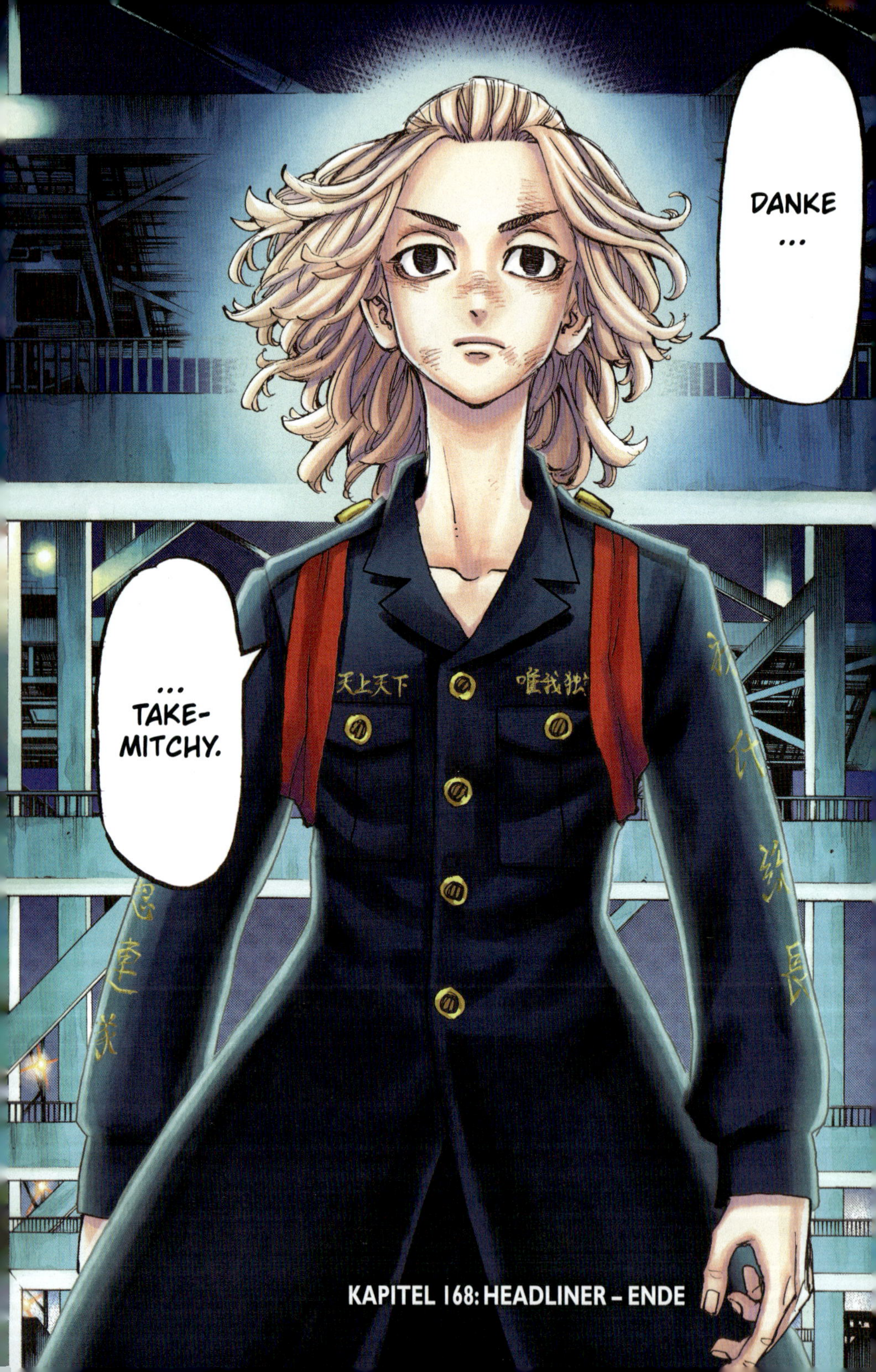
DANKE ...
... TAKE-MITCHY.
天上天下
KAPITEL 168: HEADLINER – ENDE

Jede Menge Artikel zu all euren Lieblingscharakteren!

Vorstellung des exklusiven Merch zur Ausstellung!

Teil 2

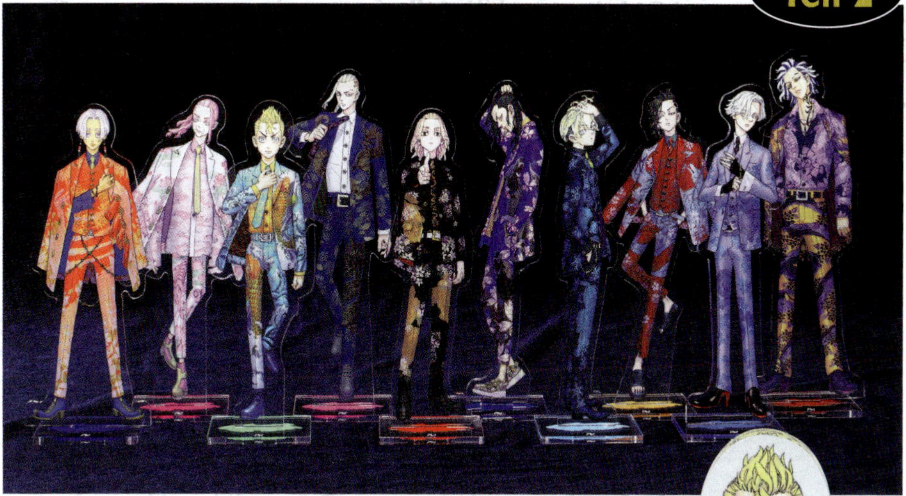

Acryl-Aufsteller (10 Motive)

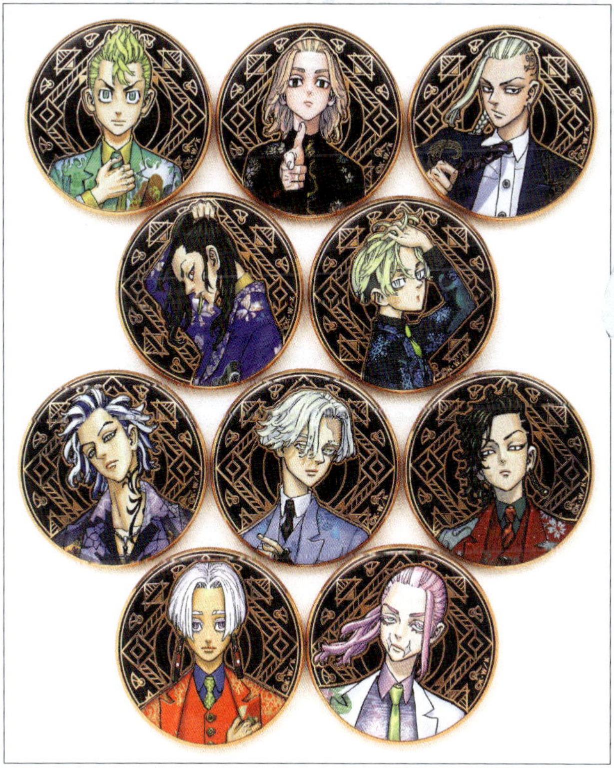

Anstecker (10 Motive)

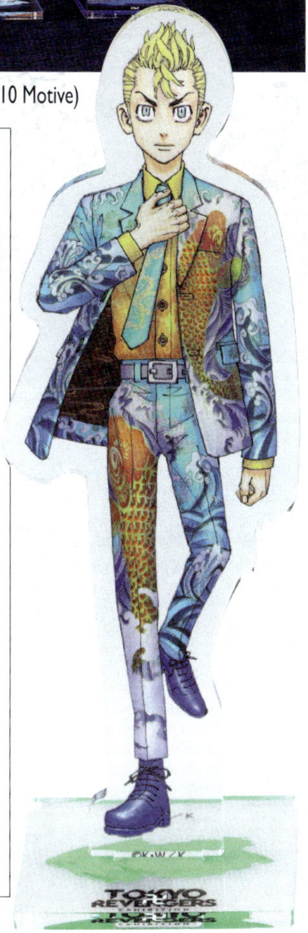

»Tokyo Revengers Exhibition«

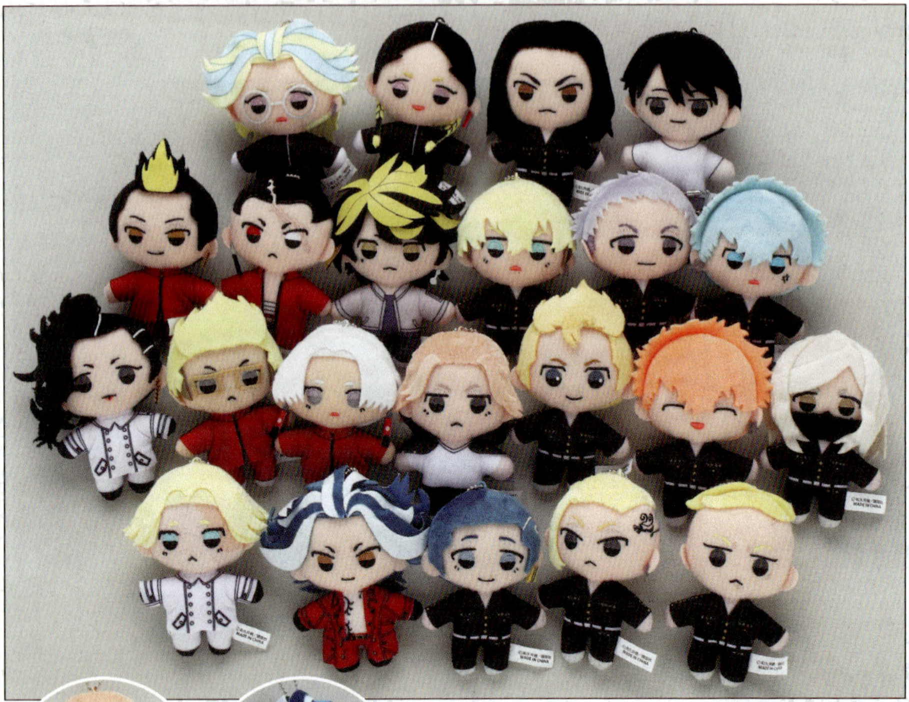

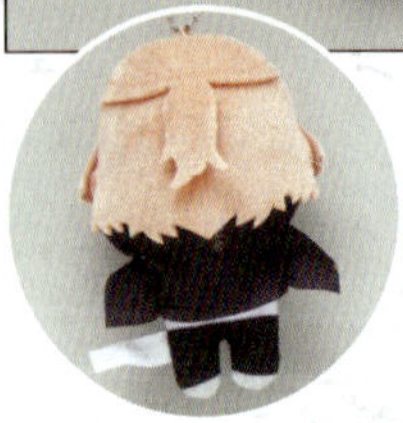

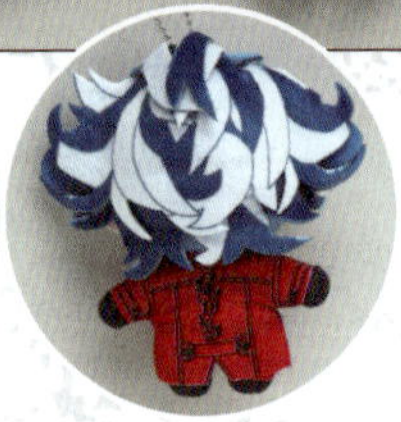

Plüschis
(22 Charaktere)

Leuchtaufsteller
(2 Motive)

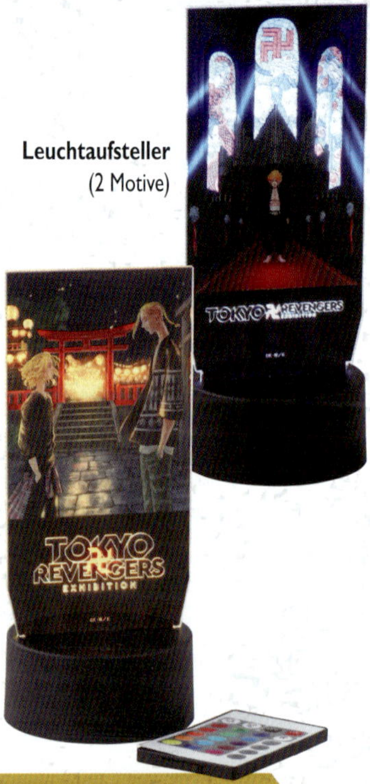

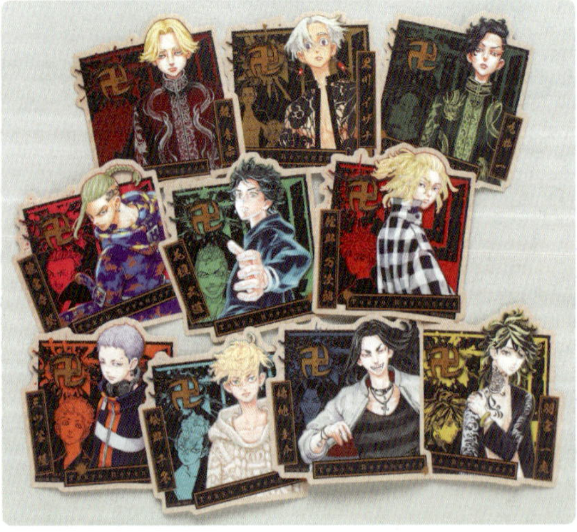

Aufkleber (10 Motive)

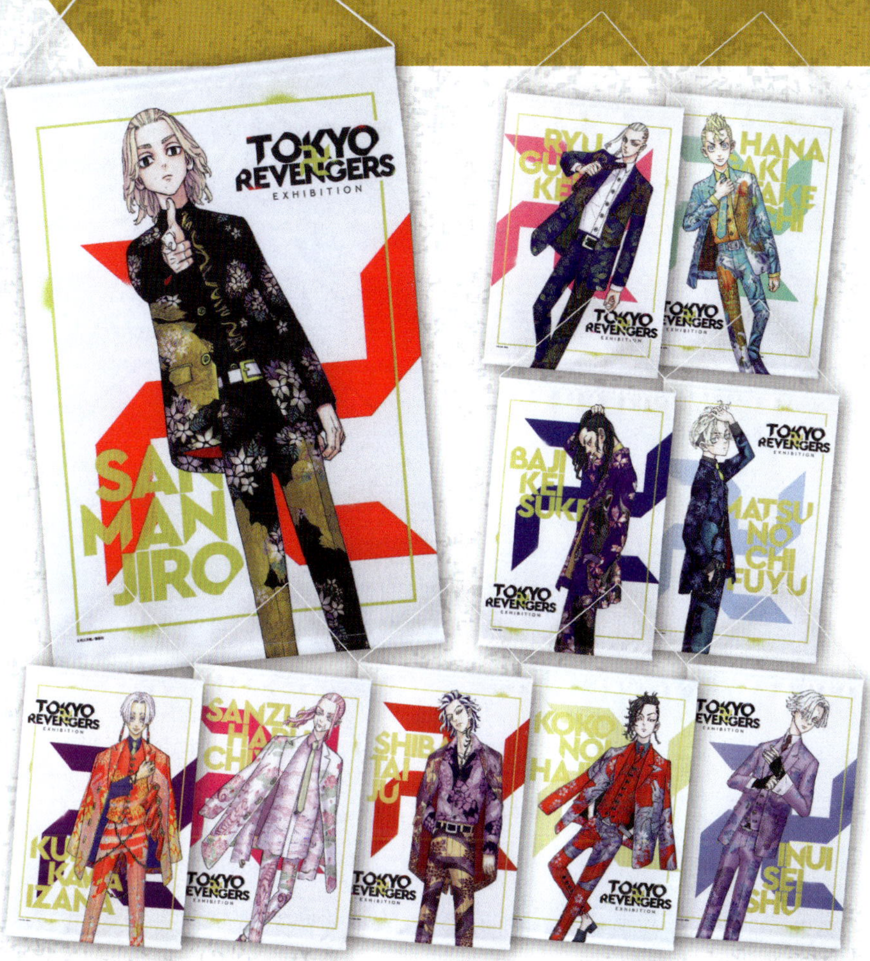

Wallscroll im B2-Format (10 Motive)

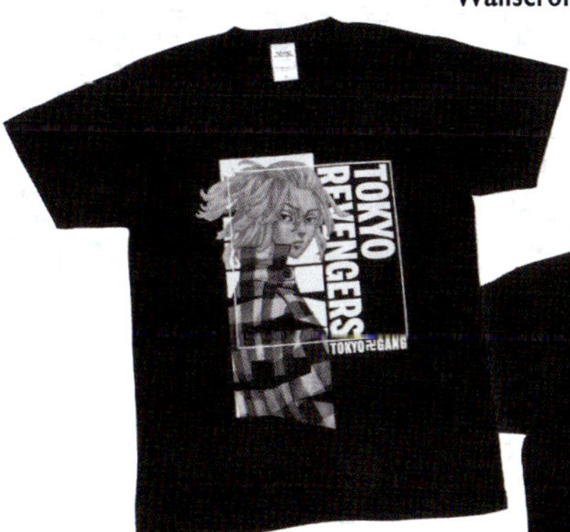

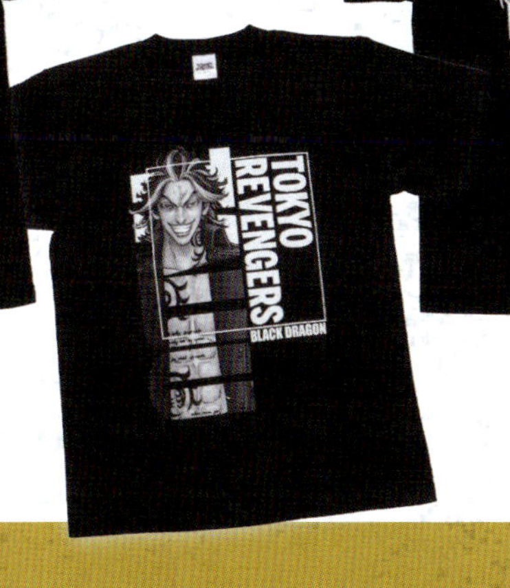

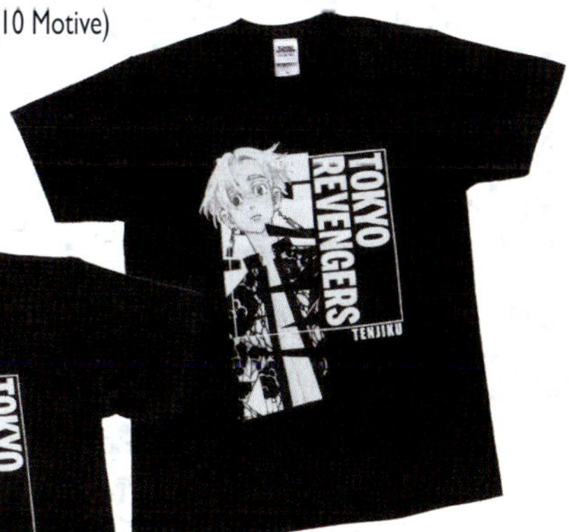

Boss-T-Shirts (3 Motive)
nur in den Größen M & L

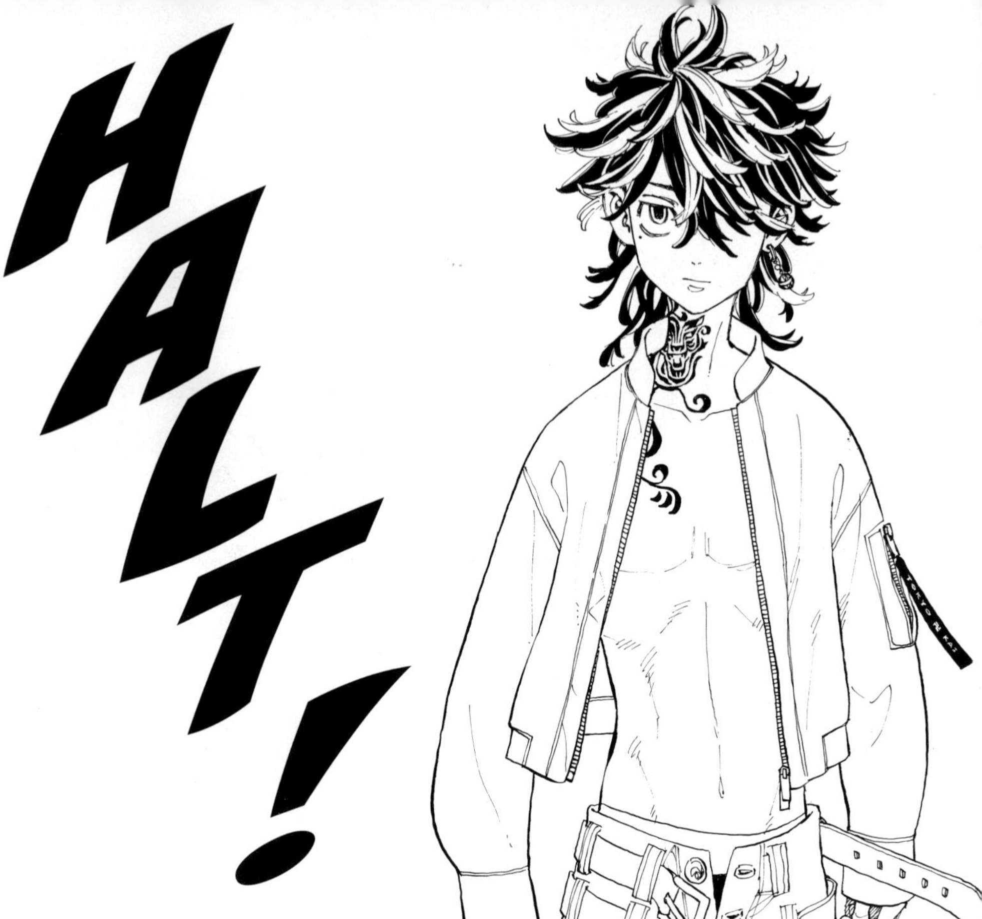

»TOKYO REVENGERS« ist eine japanische Serie, und in Japan wird von »hinten« nach »vorn« und von rechts nach links gelesen. Weil wir bei Carlsen Manga so originalgetreu wie möglich übernehmen, erscheint auch »TOKYO REVENGERS« auf Deutsch in der ursprünglichen Leserichtung. Man muss diesen Manga also »hinten« aufschlagen und Seite für Seite nach »vorn« weiterblättern. Auch die Bilder auf jeder Seite und die Sprechblasen innerhalb der Bilder werden von rechts oben nach links unten gelesen. Das ist gar nicht so schwer. Viel Spaß mit »TOKYO REVENGERS«!

CARLSEN MANGA
Deutsche Ausgabe/German Edition

Aus dem Japanischen von Martin Bachernegg

First published in Japan in 2022 by Kodansha Ltd., Tokyo
Publication rights for this German edition arranged through Kodansha Ltd., Tokyo.
Redaktion: Britta Hellwig · Produktionsmanagement Tobias Hametner

ISBN: 978-3-551-02739-9